AF425792

أعلى الممالك

قراءات في شعريّة أبي تمّام والمتنبّي

د. مفلح الحويطات

أعلى الممالك

قراءات في شعريّة أبي تمّام والمتنبّي

إصدارات دائرة الثقافة، حكومة الشارقة 2022 م

الناشر: دائرة الثقافة ـ حكومة الشارقة ـ دولة الإمارات العربية المتحدة

هاتف: +9716 5123333

برّاق: +9716 5123303

بريد إليكتروني: sdc@sdc.gov.ae

811.95

ح م. أ

الحويطات، مفلح

أعلى الممالك : قراءات في شعرية أبي تمام والمتنبي/ مفلح الحويطات .ـالشارقة، الإمارات العربية المتحدة : دائرة الثقافة، 2022.

268 ص؛ 21X14 سم.

يشتمل على إرجاعات ببليوجرافية.

1 ـ الشعر العربي ـ تاريخ ونقد ـ العصر العباسي الثاني

2 ـ الشعر العربي ـ تاريخ ونقد ـ العصر العباسي الأول

3 ـ أبو تمام، حبيب بن أوس بن الحارث، 23 ـ 190 هـ.

4 ـ المتنبي، أحمد بن الحسين بن الحسن، 303 ـ 354 هـ. = 915 ـ 965 م.

أ ـ العنوان

ISBN: 9789948826217

«...وذلك أنّي وقفتُ على أشعار الشُّعراء قديمِها وحديثِها حتّى لم أترك ديواناً لشاعرٍ مُفْلِق يثْبُتُ شِعْرُه على المِحَكّ إلّا وعرضتُه على نَظَري، فلم أجد أجمعَ من ديوان أبي تمّام وأبي الطيّب للمعاني الدّقيقة، ولا أكثرَ استخراجاً منهما للَطيفِ الأغراض والمقاصد...».

ابن الأثير
المثل السائر

المقدِّمة

لأبي تَمّام وأبي الطيّب في تاريخ الشِّعريّة العربيّة مكانةٌ عاليةٌ قلّ أن يجاريَهما فيها شاعرٌ من الشُّعراء العرب قدماءَ ومحدَثين، ولا يكاد يَرِد اسمُ أحدهما أو تعرض سيرتُه إلا خطر اسمُ ثانيهما وحضرت سيرتُه. وهما الشّاعران اللّذان توجد بينهما ـ ربّما ـ من الجوامع والمشتركات ما لا توجد عند غيرهما. ولعلّهما، في الوقت ذاته، من الشُّعراء الأكثر إثارة للجدل في تاريخ الشّعر العربيّ كلّه، وهو الجدل الذي يبدأ من اختلاف الدّارسين حول نسبهما وحياتهما، ولا ينتهي عند مذهبهما الشّعريّ بما ينطوي عليه هذا الجانب من تفصيلات وتعارضات نتج عنها مؤلَّفاتٌ واسعةٌ في الاحتجاج لهذا المذهب أو الاحتجاج عليه.

وإذا كان قد قيل «أبو تَمّام والمتنبّي حكيمان، والشّاعر البُحتريّ»، فإنّ هذا القول يمكن أن يكشف عن جانب مُهمّ يلتقي فيه هذان الشّاعران أيضاً، وهو حضور المرجعيّة الفلسفيّة والمعرفيّة في شعرهما حضوراً واضحاً، وهو ملمحٌ ينماز به كلّ شعر عظيم، وقد تبدّى هذا

الأمر في طريقتهما في بناء المعنى الشّعريّ وتشكيله، وهي طريقة تفرّدا بها وتجاوزا كثيراً من الشُّعراء، ويعود ذلك إلى موهبتهما الشّعريّة الأصيلة، واستيعابهما لثقافة عصرهما استيعاباً منتجاً تجلّت آثارُه في فنّهما الشّعريّ. وهما وإنْ كانا شاعرَيْ مديح شأنهما في ذلك شأن كثير من شعراء تلك العصور، إلّا أنّ عبقريتهما الشّعريّة ارتقت بهذا الموضوع، وصهرتْه بنار الفنّ الخلّاقة فاستصفتْ منه جوهرَه الإنسانيّ، ودمجت فيه الذّاتيّ بالموضوعيّ على نحو فريدٍ غيرِ مسبوق في الشّعر العربيّ، بل إنّ هذا الموضوع الشّعريّ الذي كثيراً ما كانت تذوب فيه شخصيّة المبدع لم يحجب ذاتهما، أو يَحُلْ دون تقديم رؤيتهما العميقة للحياة والوجود. وينبغي ألّا يغيب عن البال أنّ قسماً كبيراً من مديح هذين الشّاعرين العظيمين قد ارتبط بمواقفَ جمعيّةٍ مصيريّةٍ؛ أعني شعرهما في وصف الصّراع الدّائر بين المسلمين والرّوم، وتجسيد صور البطولة العابقة بمعاني التّضحية والمجد في التاريخ العربيّ الإسلاميّ، وهو ما أعطى هذا المديح قدراً كبيراً من التّعاطف والقَبول.

أمّا مسوّغ الجمع بينهما في كتاب واحد فهو – زيادةً على ما ذُكِر من قواسمَ جامعةٍ بين الشّاعرين – توجُّهٌ ليس جديداً؛ فقد ذهب بعض القدماء إلى ذلك في بعض مصنّفاتهم، وكان أهل المغرب – مثلاً – يطلقون تثنية «الشّعرين» على شعر أبي تمّام وشعر أبي الطيّب [كما أنّ] بعض الشُّرّاح والنقّاد القدماء جمعوا بينهما كمؤلَّف «النّظام، في شرح ديواني المتنبّي وأبي تمّام»، ومؤلَّف «المآخذ الكوفيّة من المعاني الطّائيّة»، ومؤلَّف «نزهة الأديب، في سرقات المتنبّي من

حبيب»‹(*).. إلخ. ولعلّ عملَنا هذا هو مضيٌّ في هذه السّبيل أو ما هو قريب منها، دون أن يهدف ذلك إلى إقامة أيِّ شكلٍ من أشكال المفاضلة ــ التي تطّرد نماذجُها عند كثيرٍ من القدماء ــ بين هذين الشّاعرين اللذين يستقلّ كلٌّ منهما بعالمه الشّعريّ الفريد.

وتأتي هذه الدّراسة في أربعة فصول؛ يبحث الفصلان الأوّل والثّاني منها ظاهرة موضوعيّة في مجمل شعر كلٍّ من الشّاعرين الكبيرين، بينما يتّجه الفصلان الثالث والرابع إلى اختبار نظريّة بلاغيّة نقديّة هي نظريّة الحِجاج في قراءة قصيدة واحدة لكلٍّ من هذين الشّاعرين.

وعليه فقد بحث الفصلُ الأوّل في مكانة الشّاعر في العصر العبّاسيّ متّخذاً من شعر أبي تمّام أنموذجاً دالّاً على هذه الظّاهرة، فبدأ بتقديم عَرْضٍ يُجْمِل أبرز التغيُّرات السّياسيّة والاقتصاديّة والثقافيّة التي استجدّت في هذا العصر، وما كان لها من آثار سلبيّة على هذه المكانة. ويأتي اختيار شعر أبي تمّام لبحث هذه الظّاهرة؛ بوصفِه من أكثر الشّعر الذي رصد هذا التّحوّل وتأثّر به؛ إذ كثُرت فيه الشّكوى من تراجُع دور الشّعر وتردّي حال أهله. ويتناول هذا الفصل الجَدَل الذي أثاره بعض شعر أبي تمّام في علاقته الملتبسة بالسُّلطة السّياسيّة، محاولاً استكناهَ الدّلالات المواربة التي ظلّ ينطوي عليها خطابُه في قصائده المدحيّة. ويقف الفصل أخيراً على فكرة احتفاء أبي تمّام بنصّه الشّعريّ وافتتانه الدّائم به، وهو أمرٌ يكشف عن استراتيجيّة

____

(*) ابن شريفة، محمد، أبو تمّام وأبو الطيّب في أدب المغاربة، ط1، دار الغرب الإسلامي، بيروت، 1986، ص5.

الشّاعر في الدِّفاع عن شعره، الذي رأى فيه ملاذَه الحصين، وسلطتَه الباقية في هذا الوجود.

أمّا الفصل الثاني فيتناول موضوع الصَّداقة في شعر المتنبّي؛ إذ يتبيّنَ لكلِّ مدقّقٍ أنَّ لهذا الموضوع امتداداً بيّناً في شعره. وأنَّ مفرداتٍ من مثل «الصَّداقة»، و«الصَّديق»، و«الخِلّ»، و«الصَّاحب»، و«النَّديم» تطَّرد في هذا الشِّعْر على نحو يسترعي النَّظر ويثير الانتباه. ويجهد الفصلُ في بحث هذا الموضوع واستقصاء تجلِّياته في خطاب المتنبّي الشِّعْريّ؛ فيقدِّم أولاً تمهيداً يُبْرِزُ فيه أهميّة الفكرة ومسوِّغات دَرْسِها في شعر المتنبّي. ويبحثُ، من بَعْدُ، فكرة عزلة الذّات الشّاعرة ووحدتها، وعلاقة هذه الذّات بالآخر، والنّتائج المتحصِّلة من هذه العلاقة، وأثر ذلك كلّه على ظاهرة الصَّداقة. ويقف الفصل، من ثَمَّ، على الرُّؤية التي ينطلق منها المتنبّي في تصوُّره لمعنى الصَّداقة وصفات الصَّديق، متَّخذاً من علاقة الشّاعر بسيف الدَّولة الحَمْدانيّ مثالاً لصداقة ظلَّت متذبذبةً بين البهجة والخذلان.

ويحاول الفصل الثالث تقديمَ قراءةٍ نصيّةٍ تحليليّة لقصيدةِ أبي تمّام الميميّةِ ذاتِ المطلعِ: «أرضٌ مُصَرَّدةٌ وأُخرى تُثْجَمُ / منها التي رُزقتْ وأُخرى تُحرَمُ»، وهي القصيدة التي قالها في مَدْح مالك بن طوق التَّغلبيّ، وَفْقَ مدخلٍ قرائيٍّ يوظِّف البلاغة الحِجاجيّة في مُقاربةِ النّصِّ الشِّعْريّ واستنطاقِه. وينتظمُ هذا الفصل في مقدِّمةٍ تعرضُ لمفهومِ الحِجاج ولبعضِ الاحترازاتِ المنهجيّةِ التي يبغي الباحثُ توكيدَها ابتداءً. وقد حَرَصَ الباحث على بيان المَنْحَى الحِجاجيّ الذي قامت عليه القصيدة من بدايتِها حتّى نهايتِها، كاشفاً عن قدرةِ الشّاعر

على المواءمة بين البُعْدين الجماليّ والتّداوليّ في نصِّه، مُتتبّعاً استراتيجياتِ الشّاعرِ وأدواتِه الحِجاجيّةَ والفنيّةَ التي وظّفها في هذه القصيدةِ بُغْيةَ إحداثِ تأثيرها المطلوب.

وعلى غرار الفصل السّابق يذهب الفصل الرّابع إلى تقديمِ مقاربةٍ نصيّةٍ حجاجيّةٍ لقصيدة المتنبّي العينيّة التي مطلعُها: «غيري بأكثرِ هذا النّاسِ يَنْخَدِعُ / إنْ قاتلُوا جَبُنُوا أو حدَّثُوا شَجُعُوا». مستثمراً منجزاتِ هذه النّظريّةِ في الخطابِ، وتوظيفِها في قراءةِ هذه القصيدة من شعر المتنبّي. وقد قسّم الباحثُ ـ لغايات إجرائيّة ومنهجيّة ـ القصيدةَ إلى خمسِ وحداتٍ نصيّةٍ، كاشفاً في كلِّ وحدةٍ الآليّاتِ والوسائلَ البلاغيّةَ والأُسلوبيّةَ والإيقاعيّةَ التي استخدمَها الشّاعرُ في تقديم حُجَجِه وتوكيدها، محاولاً إيجادَ المنطقِ الحِجاجيّ الذي يَحْكُمُ القصيدةَ كلَّها بوصفِها نصّاً يستوي في بِنْيةٍ قائمةٍ متماسكةٍ. وقد عَمِلَ الباحثُ على ربطِ النّصِّ بسياقِه؛ وذلكَ لما لهذا الجانبِ من أثرٍ في مثلِ هذه الدّراساتِ الحِجاجيّةِ التي تتجاوزُ مقارباتُها النّظرةَ النّصيّةَ المغلقةَ في تحليلِ الخطاباتِ.

ولا بدّ من الإشارة أخيراً إلى أنّ العنوان الرّئيس لهذه الدّراسة مستمدٌّ من قول أبي الطيّب في أحد مطالعه الشّهيرة: «أعلى الممالكِ ما يُبْنى على الأسَلِ / والطَّعْنُ عند مُحبِّيهنّ كالقُبَلِ». وإذا كان وصف «أعلى الممالك» قد استُحضِر من غير شاعر في العصر الحديث كشوقي الذي يرى «أنّ أعلى الممالك ما كُرسيُّهُ الماءُ...»، ومحمّد علي شمس الدّين الذي يذهب إلى أنّ «أعلى الممالك ما يُشاد على الزُّهور لا السَّيف...»، فإنّ إعادة توظيف هذا الوصف من شعر

المتنبّي ليكونَ عنواناً لكتابٍ مخصَّصٍ، في الأصل، لشعره وشعر أبي تمّام فيه أبلغ تعبير عن توصيف القيمة الشِّعريّة لشاعرَي العربيّة الكبيرين اللّذين تناولتْهما فصولُ هذا الكتاب. وإذا كان لأبي الطيّب الحقُّ في تقديم منطقه الشّعريّ في هذه الممالك وبيان سرِّ تفرُّدها وعلوِّ مكانتها، فإنّ أعلى الممالك وأبقاها – في تقدير الباحث – هي مملكة الشِّعر التي بقيت صامدةً سامقةً في وجه الزّمن حين طالت نُذُر الزّوال غيرَها من ممالك وتيجان، وهي المملكة التي مثّل أبو تمّام والمتنبّي أنموذجين من أنصع تجلّياتها في تاريخ الشّعريّة العربيّة.

الفصل الأوّل:

مكانة الشَّاعر بين قلق الدَّور ورغبة التَّجاوز

قراءة في تجرِبة أبي تمّام

مقدِّمة:

تمتّع الشّاعر في العصر الجاهليّ بمنزلة رفيعة باعدت بينه وبين الآخرين، وجعلتْه يحظى في حياته بمكانة مايزته عن غيره من أفراد مجتمعه، ولعلّ مما يُبرِز قَدْر هذه المكانة أنّه «كانت القبيلة من العرب [كما يروي ابن رشيق] إذا نبغ فيها شاعرٌ أتت القبائلُ فهنّأتها، وصنعت الأطعمة، واجتمعت النِّساء يلعبن بالمزاهر، كما يصنعون في الأعراس، ويتباشر الرِّجال والولدان؛ لأنّه حمايةٌ لأعراضهم، وذبُّ عن أحسابهم، وتخليدٌ لمآثرهم، وإشادةٌ بذكرهم، وكانوا لا يهنّئون إلا بغلام يُولد، أو شاعر ينبغ فيهم، أو فرس تنتج»[(1)]. بل إنّ هذه المكانة بلغت ــ في بعض وجوهها ــ مقاماً قرَّبها من حدود النّبوّة؛ فقد رُوي أنّ عمر بن الخطاب قال لكعب الأحبار: «يا كعب هل تجد للشُّعراء ذِكْراً في التّوراة؟ فقال كعب: أجد في التّوراة قوماً من ولد إسماعيل، أناجيلهم في صدورهم، ينطقون بالحكمة، ويضربون الأمثال، لا نعلمهم إلّا العرب»[(2)]. وهي المكانة التي يُؤكِّدها أيضاً أبو عمرو بن العلاء بما يرويه عنه الأصمعي: «كانت الشُّعراء في الجاهليّة عند العرب بمنزلة الأنبياء في الأُمم، حتّى خالطَهم أهلُ الحضر، فاكتسبوا بالشّعر[(3)]، فنزلوا عن رتبتهم»[(4)].

ومعَ أنّ الشِّعر بقي دائمَ الحضور في حياة العرب في العصور الإسلاميّة التّالية، إلا أنّ مكانة الشّاعر أصبحت، منذ العصر العبّاسيّ، عرضةً لكثير من التّحوّلات التي كان لها آثارُها على الشِّعر والشُّعراء وَفْقَ ما سيتبيّن لنا لاحقاً.

وتنطلق فكرة هذا الفصل من بَحْثِ هذه الإشكاليّة التي واجهها الشّاعر في العصر العبّاسيّ، متّخذةً من شعر أبي تمّام، حبيب بن أوس الطّائيّ[5] (ت231هـ / 845م) مثلاً دالّاً عليها؛ بوصفه من أكثر الشُّعراء وعياً بهذا المأزق وتعبيراً عنه.

وعلى الرّغم من أنّ أبا تمّام لم يخرج، بالمعنى الصّريح، على السُّلطة في عصره، ولم تكن له ــ على نحو ما كان لبشار بن بُرْد وأبي نواس مثلاً ــ مواقفُ حدّيّةٌ تومئ إلى أيِّ صدام معَها، إلا أنّ القراءة الفاحصة لشعره تكشف عن وجوه من الصِّراع المكتوم الذي ظلّ يتخفّى عليه هذا الشِّعر؛ فقد بقيتْ نغمة التبرُّم والاحتجاج مبثوثةً في كثير من قصائده على نحو ما ستظهرُه هذه الدِّراسة في حينه.

ولعلّ جابر عصفور وعبد الفتاح كيليطو هما أبرز من تناول هذا الموضوع ــ مكانة الشّاعر في العصر العبّاسيّ على نحو عامّ ــ في دراسات سابقة؛ فقد أشار عصفور في عدد من المقالات القصيرة إلى ملامح هذا التّحوُّل الذي استجدّ على هذه المكانة، مُحلِّلاً الظّاهرة من حيثُ أسبابُها ونتائجُها المختلفة[6]. ووقف وقفة سريعة على العلاقة الإشكاليّة التي ربطت أبا تمّام بالوزير الكاتب محمّد بن عبدالملك الزيّات[7]، كاشفاً عمّا كانت تنطوي عليه هذه العلاقة، في وجهها الآخر، من توتُّر والتباس، ولّدهما، فيما يبدو، تلك المكانةُ المتميزةُ

التي ظلّ ينعم بها «الكاتب» في العصر العبّاسيّ، مقابلَ ذلك الهوان الذي أصاب مكانة «الشّاعر» على امتداد هذا العصر [8]. أمّا كيليطو فقد عُنِيَ ببحث وَضْع الشّاعر والتّغيُّر الذي طرأ على وظيفة الشّعر في العصر العبّاسيّ، مستقصياً السّياقاتِ السّياسيّةَ والاقتصاديّةَ والثقافيّةَ التي كانت وراء سَلْب الشّاعر قيمتَه التي ظلّ ينعم بها في العصر الجاهليّ، ولم يفقدْها تماماً حتّى في عهد الدّعوة النّبويّة والعصر الأمويّ [9].

ويسعى هذا الفصل إلى النّظر في تجرِبة أبي تمّام نظراً مستأنياً مُدقّقاً لتمثُّل هذا القلق الذي استبدّ بالشّاعر بسبب تراجع المكانة وغياب الدّور، وتلمُّس تلك الرّغبة التي بقيت تسكنُه لتجاوز ثقل الحالة وقيدها. وإذا كانت ملامح من الشّكوى والتشاؤم قد لحقت بالشّاعر في لحظات ضعفه وانكساره، فإنّه بقي، معَ كلّ ذلك، شديدَ الثّقة بفاعليّة نصّه وجدواه في هذا الوجود؛ «فالشِّعر عنده [وفق ما يذهب أدونيس] ليس أسير الحياة، بل آسرها، يكيّفها ويختارها ويخلقها على مثال فنّيّ خاصّ» [10]. من هنا، يستطيع القارئ تفسير وفائه الدّائم لشعره الذي تغنّى فيه، أمام أكثر ممدوحيه، بزهو وخيلاء لافتين، وكأنّه كان يرى فيه التّعويذة التي ستحفظ له بقاء القيمة وديمومتها.

مكانة الشّاعر وتراجع الدّور:

أصاب المكانةَ الرّفيعة التي تمتّع بها الشّاعر العربيّ في القرون السّابقة تحوُّلٌ كبيرٌ في العصر العبّاسيّ أعادها إلى مراتب دنيا في درجات السُّلَّم التّراتبيّ لطبقات المجتمع؛ فبعد «أن كنّا نواجه ما يُقال

عن رفعة الشِّعر وأهميّة الشّاعر، ونسمع أنّ الشُّعراء في الجاهليّة، كانوا بمنزلة الأنبياء فيهم، صرنا نواجه مهانة الشُّعراء، ونسمع عن هوان حرفة الشِّعر»[11]. وقد بدأت ملامح هذا التَّحوُّل منذ نهاية القرن الثاني وبداية القرن الثالث للهجرة[12].

ويعود هذا الأمر إلى جملة أسباب، لعلّ أبرزها ذلك «التَّحوُّل الذي انتقل ببنية السُّلطة من هيكل القبيلة إلى هيكل الدَّولة»[13]، وما أحدثه التَّنظيم الاجتماعيّ الجديد الذي نشأ بعد تأسيس الدَّولة وقيام المدن من دَفْع الشّاعر إلى التماس أسباب رزقه ومعيشته لدى بلاطات سلاطين تلك العهود وأمرائها[14]. الأمر الذي كان وراء ارتباط سِيَرِ كثيرٍ من الشُّعراء المحدَثين بالبحث عن ممدوح يؤمِّن للشّاعر الرِّعاية والعيش الكريمين، بعد أن بلغ هوان الحال بمكانة الشِّعر والشُّعراء مبلغاً اقترب بها من حدود الكُدْية والاستجداء[15]. وهي الحال التي عبّر عنها أبو حيّان التّوحيديّ في معرض المفاضلة بين الشّعر والنّثر بقوله: «... بل لا ترى شاعراً إلّا قائماً بين يدَيْ خليفة أو وزير أو أمير باسط اليد، ممدود الكفّ، يستعطف طالباً، ويسترحم سائلاً، هذا مع الذّلّ والهوان، والخوف من الخيبة والحرمان...»[16].

وقد صاحب ذلك انقطاعٌ في وظيفة الشِّعر نفسها بسبب المكانة التي احتلّتْها علوم التّدوين؛ ففي حين كان الشّاعر في القديم مُحتكِراً لسلطة القول، ومتحكِّماً في فضّ النِّزاعات وإشعالِها، بدأت ــ في هذا الوقت ــ فئاتٌ أخرى بمنافسته، ومحاولة تجريده من هذه السُّلطة النّافذة؛ من مثل المؤرِّخ والفقيه وعالم الحديث والمفسِّر وغيرهم[17]. وأخذت بعض الوظائف كوظيفة كاتب الدّيوان تحتلُّ مكانة متميّزة

بتأثير من تعقيدات النّظام الإداريّ الجديد للدّولة، وما كان يتطلّبه من تدبير وتنظيم لشؤون الحكم وأعبائه المتزايدة.

وقد أشار الجاحظ، في وقت مبكّر، إلى بوادر هذا التّحوُّل الذي أصاب مكانة الشّاعر الذي كان ينال في الماضي، بفضل النِّظام القبليّ، حظوة بالغة نظيرَ ما يقدِّمُه للقبيلة من شعر يخلّد مكانتها، ويبقي ذكرها حاضراً بين غيرها من القبائل المتنافسة. ثمّ بيان ما آلت إليه هذه المكانة من تراجع حين بدأت دواعي تلك الخدمة بالزّوال. يقول الجاحظ: «وقال أبو عمرو بن العلاء: كان الشّاعر في الجاهليّة يُقَدَّم على الخطيب، لفرط حاجتهم إلى الشِّعْر الذي يُقيِّد مآثرهم ويُفخِّم شأنَهم، ويُهوِّل على عدوِّهم ومَنْ غزاهم، ويهيِّب من فرسانهم ويخوّف من كثرة عددهم، ويهابهم شاعر غيرهم فيراقب شاعرهم. فلمّا كثُر الشِّعْر واتّخذوا الشِّعْر مَكْسَبَة ورحلوا إلى السُّوقة، وتسرَّعوا إلى أعراض النّاس، صار الخطيبُ عندَهم فوقَ الشّاعر» [18].

فالجاحظ حينما يذهب «إلى أنّ وظيفة الشّاعر أقلّ أهميّة من منزلة الخطيب، فهو إنّما يدلي بتقويم سياسيّ يبيّن، من خلاله، أنّ الدّعاية المستخدمة لمصلحة عائلة حاكمة أو عقيدة لم تعد مقصورة على الشّاعر المطرب وحده. إنّ هذه المهامّ أصبحت تسند إلى الكتابات النثريّة» [19]. ثم هو – أي الجاحظ – يُشخِّص لنا هذا التّغيير الذي انتهت إليه مسالكُ الشّعر، ويبيّن الأثر السّلبيّ الذي سبّبته له عمليّة التّكسُّب والارتزاق، حين اتّجه كثيرٌ من الشُّعراء إلى اتّخاذ شعرهم وسيلةً يحصّلون بها أسباب رزقهم ومعاشهم، بعد أن دفعتْهم الحاجة والضّرورة إلى انتهاج هذه السَّبيل.

وتُصوِّر مقامات بديع الزّمان الهمذانيّ – في زمن لاحقَ – جوانبَ من هذا التّردّي المتواصل الذي لازم مكانة الأديب / الشّاعر. يقول الهمذانيّ في المقامة الحمدانيّة واصفاً ما آلت إليه أحوال بعض الأدباء في هذه الحِقبة: «رأيت بالأمس رجلاً يطأ الفصاحة بنعليه، وتقف الأبصار عليه، يسأل النّاس»[20]. ومعَ أنّ المقامة تجنح في نَسْج بنيتها السّرديّة إلى ممارسة فِعْل التَّخيُّل، ما يعني عدم الاطمئنان إلى واقعيّة الخبر الذي تقدِّمه، إلا أنّها معَ ذلك تمثِّل «علامة ثقافيّة رمزيّة دالّة على نَسَق ثقافيّ... تقوم بتمثيله خطابياً»[21]. فهي، في النتيجة، تكشف عن كثيرٍ من أنماط السّلوك والقيم الأخلاقيّة والاجتماعيّة والاقتصاديّة التي شهدها العصر العبّاسيّ. ولهذا فإنّ الوصف السّابق الذي يرد على لسان راوي المقامة يدفع القارئ إلى تصوُّر ذلك الواقع غير السَّويّ الذي كان يعيشه بعض أدباء تلك العصور وشعرائها، ممّن وصلت بهم سوء الحال إلى الاستجداء ومسألة النّاس. وهو الأمر الذي دفعت إليه جملةٌ من المواضعات السِّياسيّة والاجتماعيّة والاقتصاديّة التي لم يكن بمُكنة الشّاعر منعَها أو الحدَّ من تأثيرها. ولذا فإنّه لا بدّ من الاحتراز وتقييد القول عند إصدار كثير من الأحكام الأخلاقيّة التي نَذهب إلى اتّهام شعراء ذلك الزّسن بامتهان أنفسهم، وتسخير شعرهم في غرض المديح تسخيراً مهيناً[22]؛ إذْ لم يكن هذا الوضع خياراً فرديّاً على الإطلاق، وإنّما هو نتيجة متوقَّعة لمجمل التّحوّلات السّياسيّة والاقتصاديّة والاجتماعيّة التي مرّت بها الدّولة الإسلاميّة في عصورها المتعاقبة[23].

وقد حلّل أبو الطّيّب بن علي في رسالته في الدِّفاع عن الشّعر

السّياق الثَّقافيّ لهذا الواقع بقوله: «ولعلّ المعترض أن يجعل من معايب الشِّعر وأهله وقوع الاجتداء منهم به والتّكسُّب بقوله، وما استعمله بعضُهم من إفراط في شُكْرٍ وذمٍّ، وغلوٍّ في هجاء ومدح، وتطرح له قومٌ منهم في الطّلب الذي صار كالكدية ومعدوداً في المطالب الدّنيّة. وهذا لم يكن منهم إلا لما اضطروا إليه بفساد الزّمان وتغيُّر الأحوال ووقوع الاستيثار بالأموال من عهد معاوية ومن بعده بني أُميّة»[24]. وواضح ما يتمخَّض عنه هذا الحكم من دلالات لها أهميتُها في تعرُّف مسار التّحوّلات المختلفة التي انعكست آثارُها على الشّاعر ومكانته.

ولا غرابة بعد كلّ هذا التراجع في منزلة الشّاعر، أن نجد من بين النّقاد القدامى من يذهب إلى التّقليل من قيمة الشّعر، وتفضيل النّثر عليه، وهو أمر كان نتيجةَ مؤثّرات دينيّة وسياسيّة واضحة. يقول أبو هلال العسكريّ في تأكيد هذا الجانب: «وممّا يعرف أيضاً من الخطابة والكتابة أنّهما مختصّتان بأمر الدّين والسّلطان، وعليهما مدار الدّار، وليس للشّعر بهما اختصاص. أمّا الكتابة فعليها مدار السّلطان...، والخطابة لها الحظّ الأوفر من أمر الدّين...؛ لأنّ الخطبة شطر الصّلاة التي هي عماد الدّين، في الأعياد والجمعات والجماعات، وتشتمل على ذِكْر المواعظ التي يجب أن يتعهّد بها الإمام رعيّته؛ لئلا تدرس من قلوبهم آثارُ ما أنزل الله عزّ وجلّ من ذلك في كتابه إلى غير ذلك من منافع الخطب...، ولا يقع الشّعر في شيء من هذه الأشياء موقعاً»[25].

وهكذا يتبيّن أنّ المكانة المتميّزة التي حصّلها الشّاعر القديم في

العصر الجاهليّ، حين كان يمثِّل صوت القبيلة وحكيمها المستشار في أحوال سلمها وحربها، أصابها تحوّلٌ كبيرٌ، دفع بها إلى درجات من الهوان والهامشيّة، فلم يتعدَّ دورُ الشَّاعر دورَ المدّاح الذي كان يتنقّل بشعره على باب هذا الحاكم أو ذاك؛ طلباً للتّكسُّب والارتزاق. لقد تمكّنت السُّلطة من امتلاك الشَّاعر وأَسْره بعد أن عملت على توظيف المال في هذا الجانب توظيفاً ماكراً؛ فللحاجة سلطانُها الذي لا يُقاوم. وما دام الأمر على هذه الحال، فإنّه من الواضح أن ليس «بإمكان شعر في خدمة الفئة الحاكمة إلا أن يكون مقيّداً تقييداً شديداً من قبلها، إنّ له، كي يروج، هامشاً ضيّقاً حدّده أولئك الذين يستعملونه لخدمتهم»‏[26].

ولعلّ أبا تمّام من أكثر الشُّعراء العبّاسيين وعياً وتأثُّراً بهذه التّحوُّلات التي أصابت الشّعر، ونالت من مكانة الشَّاعر. وقد تراوح موقفُه من هذه القضيّة بين الشّكوى المؤثِّرة التي تعّبر عن شاعر بلغ به سوء الحال مبلغه، والمواجهة «النّاعمة» التي وظّفَ فيها كلَّ إمكاناته الشّعريّة أملاً في استرجاع مجدٍ وهيبةٍ عملَ الزّمنُ بتغيُّراته المتلاحقة على ضياعهما.

«الزّمن الكنود»‏[27] والحظّ المعاند:

تبدو نبرة الشّكوى والاحتجاج على مفارقات الزّمن وسوء تقديراته واختياراته واضحةً في شعر أبي تمّام؛ فقارئ هذا الشّعر يلمس هذه النّبرة في أبيات قد تتّخذ أحياناً صورة الحكمة السّائرة التي قد يتمثّلها النّاس وَفْقَ غايات متعدّدة وحالات مختلفة، ومن ذلك قوله‏[28]:

يَنالُ الفَتى مِنْ عَيْشِهِ وَهْوَ جاهِلٌ

ويُكْدِي الفَتَى فـي دَهْرِه وَهْوَ عالِمُ

وَلَوْ كانتِ الأرزاقُ تَجري على الحِجا

هَلَكْـنَ إذنْ مِـنْ جَهْلِهِـنَّ البَهائِمُ

ومعَ أنّ البيتين السّابقين يجريان مجرى الحكمة كما ذُكر تَوّاً، إلا أنّ نبرة الاحتجاج فيهما واضحة لا تخفى؛ فأكثر مَنْ يستشهد بهما يسوقهما ــ في الغالب ــ معترضاً (أو ساخراً) على مفارقات الحياة التي كثيراً ما تجري فيها أسبابُ الغِنى والرِّزق على نسق ومنطق غير مفهومين. وهو أمر بقدر ما يعبّر عن حالة من الرِّضا والقناعة التي لا سبيل أمام المرء إلا قبولها حين تصل كلّ جهوده ومحاولاته في هذا الجانب إلى أفق مسدود، فإنّه يكشف من وجه آخر عن حالةٍ من الرّفض والاحتجاج السّاخطين، لدى بعض النّاقمين، ممّن لم يرقهم ما هم عليه من حال. غير أنّ المهمّ هنا أنّ البيتين السّابقين يحيلان، وإن اتّخذا صفة التّعميم، على الذّات الشّاعرة إحالة واضحة؛ ويتأكّد مثل ذلك حين نجد الشّاعر يكرّر مثل هذا المعنى على نحو لافت؛ فهو يعترف ــ في مواضعَ متفرّقةٍ من ديوانه ــ أنّه لم يحوِ «وفراً مجمّعاً»[29]، ويصف دهره بالحمار الذي لم يعدل بين النّاس في قسمة الأرزاق وتوزيعها[30]، فأثرى أعداؤه وأرمل هو[31]، وهو يشكو بحرقة تردّي حال الأدب وأهله[32]، في زمن «حَلَتْ نُطَفٌ منه لِنِكْسٍ، وذو النُّهى / يُدافُ له سُمًّ من العيش مُنْقَعُ»[33]. وكلّها إشارات تعزّز، كما نلحظ، مثل هذه النّبرة التي بدت في البيتين السابقين، والتي تعبّر عن ضيق الذّات واحتجاجها على اختلال موازين عصرها.

23

ويُعمّق الشّاعر حسّه السّاخر في بيتيه السّابقين من خلال إقامة هذه المقابلات اللافتة بين: جاهل / عالم، وأهل الحِجا / البهائم، بما يمكن أن ينجم عنها من مفارقات تبرز تناقضات الواقع المختلفة.

ويطّرد مثل هذا المعنى في قول الشّاعر [34]:

أبــا جَعْفَـرٍ إنَّ الجَهالــةَ أُمُّها

ولُـــودٌ وأُمُّ العِلْـــمِ جَـدّاءُ حائِلُ [35]

أرى الحَشوَ والدَّهماءَ أضْحَوا كَأنَّهُمْ

شُـــعُوبٌ تَلاقَـتْ دُونَنـا وقبائِـلُ

غَـدَوْا وَكَأنَّ الجَهْـــلَ يَجْمَعُهُــمْ بِهِ

أبٌ وذوو الآدابِ فيهـــمْ نَواقِـلُ

فَكُـــنْ هَضْبَةً نَـأوي إليهـا وَحَرَّةً

يُعَـــرِّدُ عَنْها الأعْوَجِـيُّ المُناقِلُ [36]

فـــإنّ الفتى في كلِّ ضَربٍ مُناسِبٌ

مَنَاسِبَ روحانيــةً مَـنْ يُشاكِلُ

إذ تقوم هذه الأبيات على ثنائيّة ضدّيّة تكشف عن نسقين؛ أوّلهما ما يسمّيه الشّاعر أهل الجهالة / الحشو / الدّهماء، وهو الأكثريّ الغالب. وثانيهما ما يطلق عليه أهلَ العلم / ذوي الآداب، وهو القليل المهمَّش. وتكشف هذه الثنائيّة عن رؤية الشّاعر التي تتمثّل في احتجاجه على تحيّزات عصره الذي تفاوتت فيه، وَفْق تصوّره، الموازين واختلّت.

ومعَ أنّ الأبيات تصبُّ ــ في معناها الظاهر ــ كلّ غضبها

24

واعتراضها على «أهل الجهالة»، هؤلاء الذين «أضحوا كأنّهم شعوب وقبائل»، إلا أنّ المدقِّق فيها يلحظ أنّ الشّاعر لا يُبرِّئ السُّلطة، متمثّلةً هنا في الوزير أبي جعفر الزّيّات، من مسؤوليّة ما يجري؛ فكأنّ السّلطة بسياساتها وأدواتها هي التي عمّقت مثل هذا الواقع ورسّخته؛ إذ لو نهجت هذه السّلطة ـ وَفْق ما يستشفّ من شكوى الشّاعر ورغبته ـ نهجاً مغايراً يقوم على الاحتفاء «بأهل العلم وذوي الآداب»، وتقريبهم وإنزالهم منزلتَهم المستحقّة، لما كان هذا الواقع هو السّائد المهيمن، ولذا نجد الشّاعر يستحثُّ ممدوحه بقوله: «فكن هضبةً نأوي إليها...» في إشارة إلى الدّور المغيَّب الذي ينبغي للسّلطة أن تقوم به في هذا الجانب كما يرجو الشّاعر ويؤمِّل. بل إنّه يبلغ حدود النّقد والتّعريض حين يرسل القول على صورة حكمة سائرة فحواها أنّ المرء تكون قيمتُه بمن يخالط ويعاشر: «فإنّ الفتى في كلّ ضرب مناسب...». ولعلّ في كثرة من يسمّيهم الشّاعر أهل الجهالة ما ينبئ عن اختلال في طريقة الاصطفاء وتقريب الخلصاء، ويعزِّز هذا قولُ الشّاعر: «تلاقت دوننا»؛ فكأنّ أولئك حالوا بين أهداف هؤلاء وغاياتهم، وكان الأوْلى بالممدوح / السُّلطة ـ وَفْق تقدير الشّاعر ـ أن يكون أكثرَ حصافة وإنصافاً في سوس الأمور وتصريفها.

ويعاود الشّاعر ـ في قصيدة أخرى وفي الممدوح نفسه ـ الشّكوى، وإنْ بدت نبرة الاحتجاج هنا أشدّ وأوضح. ولعلّ في توارد هذا المعنى ما يؤكّد تمكُّنه وإلحاحه على عقل الشّاعر الذي بدا شديد النّقمة على ما يمور به زمنُه من مفارقات. ويُلحظ أنّ أبا تمّام يورد كلّ ذلك في أثناء المدح، فيرسل إشاراتِه وتلميحاتِه المراوغةَ التي تكشف مقصدَه وسط المعاني المسترسلة في قصيدة المديح. يقول⁽³⁷⁾:

وَأَصْرِفُ وَجْهِـي عَنْ بِلادٍ غَدا بها
لِسـانيَ مَشْـكولاً وقَلْبِــيَ مُقْفـلا

وَجَـدَّ بها قَـومٌ سِـواي فصادفُوا
بها الصُّنْعَ أَعْشـى والزّمانَ مُغَفَّلا

فهذان البيتان يأتيان من قصيدة في مدح ابن الزيّات كما ذُكر. ومعَ أنّ الشّاعر يكاد يقصر نصّه على موضوع المديح الذي يدلف إليه الشّاعر مباشرة، متجاوزاً المقدّماتِ الطّلليّة والغزليّةَ التي كثيراً ما ترد في هذا الغرض الشِّعريّ، إلا أنّ القصيدة لم تخلُ معَ ذلك من صور الشّكوى والتّحسُّر وأحياناً التّعريض الذي يهدف الشّاعر منه إلى تسجيل موقف، أو تبليغ رسالة ما، ومن ذلك بيتاه السّابقان اللّذان يعبِّر فيهما عن رغبته في هجرة هذه البلاد (بلاد الممدوح) التي لم يلقَ فيها – كما كان يأمل ويرجو – التّقدير المستحقّ، والمكانة المأمولة، في حين فاز بذلك غيرُه ممّن وجد الفرصة سانحة في بلاد كان بها «الصّنع أعشى والزّمان مُغَفّلا!»، مُسْبِغاً عليها كلّ صفات البلاهة والغفلة وضياع العقل. وما هذه الصّفات – عند التّدقيق – إلا صفات أهلها وبالأخصّ مَن بحكمها ويدير شؤونها؛ فكأنّ الذي ساعد أولئك القوم على بلوغ هذه الحظوة التي لا يستحقّونها – وَفْق تقدير الشّاعر وقناعته – إنّما هو غياب النّباهة، وعدم القدرة على ميز الصّوت من الصّدى، والأصل من الزّيف. وهو ما يدفع الشّاعر إلى الرّغبة في هجرة المكان الآنيّ الذي لم يحظَ فيه بما يستحقّ من تقدير إلى مكان آخر؛ إلى «الرّحِم الدُّنيا التي قد أجفّها / عُقُوقي عسى أسبابُها أن تبلَّلا»[38]، في إشارة تكشف عن مبلغ النّدم والحسرة على فراق

«أهله وقبيلته» الذين «باعدت بينه وبينهم تلك الآمال فلم يكن يراهم إلا لماماً. إنّه بحاجة إليهم الآن بعد أن أدرك أنّ الزّمان لم يعد ملكه وحده كما كان»‏[39]، وكأنّ رحلاتِ التّيه التي استغرقت كثيراً من سنيّ العمر لم تتمخّض إلا عن الخيبة والنّدم[40]:

وإلا تَكُـنْ تِلْــكَ الأمانـيُّ غَضَّـــةً

تَـرفٌ فَحَسْــبي أَنْ تُصــادَفَ ذُبَّلا

فَليسَ الّذي قاســى المَطالِبَ غُدْوَةً

هَبيداً كَمَنْ قاسى المَطالبَ حَنْظَلا[41]

ولا يفوت الشّاعر في الأبيات الأخيرة من قصيدته أن يُذكِّر ممدوحه بنفاسة ما قَدَّم إليه من أشعار: «ووالله لا أنفكُّ أهدي شواردا...»، تلك الأشعار التي «يُزْهى لها قومٌ وإنْ لم يُمدحوا بها»، فكيف بمن شرف بنيلها ومُدح بها! وفي هذا إلماحٌ إلى قيمة ما قدّم الشّاعر لممدوحه، كما أنّ فيه شيئاً من تباهٍ وتفضُّلٍ يمنُّ بهما الشّاعر على ذلك الممدوح الذي ينبغي عليه أن يقدّر ما قيل فيه من شعر، فيحفظ الصّنيع، ويجازي على الإحسان بإحسان. ويبالغ الشّاعر في الوقوف على هذه القيمة، موظِّفاً أسماء التفضيل في استقصاء سمات هذه المدائح، ووقعها في نفس سامعها: «ألذّ من السّلوى، أطيب نفحة من المسك، أيسر محملا، أخفّ على قلب، أقصر في سمع الجليس وأطولا»، بما يمكن أن يكون لتواتر هذه الأسماء واطّرادها من أثر في الوصول بالدّلالة إلى منتهاها.

ولعلّ من دواعي تنامي هذا المعنى في شعر أبي تمّام ذلك الهوان

27

الذي استبدّ بالشّاعر بسبب سوء المآل الذي تحدّرت إليه مكانة الشّعر والشُّعراء في هذا الزّمن، وممّا يؤكِّد ذلك ما نجده في مثل قوله[42]:

لِتَبْكِ القَوافي شَجْوَها بَعْدَ خالِدٍ

بُـكـاءَ مُضِلّاتِ السَّـماحِ نواشِـدِ

لَكانـتْ عَذاراهـا إذا هِـيَ أُبرِزَتْ

لَدَى خـالِـدٍ مِثْلَ العَـذارى النَّواهِدِ

وَكانَتْ لِصَيْـدِ الوَحْشِ مِنْها حَلاوةٌ

عَلـى قَلْبِهِ ليسَـتْ لِصَيْـدِ الأوابِدِ

وَكَانَ يَـرى سَـمَّ الـكَلامِ كَأنَّما

يُقَشِّـبُ أحياناً بِسَـمِّ الأسـاوِدِ[43]

تَقَلَّـصَ ظِلُّ العُـرْفِ فـي كُلِّ بَلْدَةٍ

وأُطْفِـئَ في الدُّنيا سِـراجُ القَصائِدِ

ومعَ أنّ الأبيات تأتي في سياق الرّثاء الشّخصيّ، إلا أنّها تنتقل من فرديّة الحالة إلى عموميّتها؛ فترى في حادثة فَقْد المرثي / خالد بن يزيد رثاءً للشّعر الذي تضاءل شأنُه إلى أبلغ حدّ. وإذا كانت ذكرى استدعاء خالد / الماضي تثير حالةً من الحنين والشّوق لعهده؛ بوصفه يمثّل راعياً للشّعر وأهله: «لتبكي عذاراها إذا هي أبرزت...»، وكانت لصيد الوحش منها حـلاوة...»، فضلاً عن وعيه العميق بخطورة الكلمة وأثرها: «وكان يرى سمّ الكلام...»، فإنّ هذا الاستدعاء يثير، من جهة مقابلة، بؤس الحاضر الذي تبدّلت فيه الحال بغير الحال، بعد أن «تقلّص ظلّ العرف» فيه، «وأُطفئ في الدّنيا سراج القصائد»!

إنّ فكرة «بكاء القوافي» تظلّ معنًى لازباً يجد حضورَه في شعر أبي تمّام. وإذا كانت الأبيات السّابقة قد وقفت عند حدّ بكاء الشّعر والتأثُّر لحاله، فإنّ الشّاعر في أبياته الآتية يرثي الشّعر رثاءً حارّاً حين يعلن عن موته المحقّق. يقول[44]:

ألا إنَّ نَفْسَ الشِّـعْرِ ماتَتْ وإنْ يَكُنْ

عَداها حِمـامُ المَوتِ فَهْـيَ تُنازِعُ

سَـأبْكي القَوافي بالقَوافي فإنَّها

عليها ــ ولَـمْ تَظْلِمْ بِذاكَ ــ جَوازِعُ

لكنّ أبا تمّام لا يمضي في شكواه الباكية هذه إلى منتهاها، فلا يُغلق المعنى على هذا الرّثاء والإحباط المؤثِّرين، «فهو يتنبّأ لشعره بالبقاء والخلود»[45]. يقول في خاتمة القصيدة التي أخذت منها الأبيات السّابقة[46]:

كَشَـفْتُ قِناعَ الشِّعْرِ عَنْ حُرِّ وَجْهِهِ

وطَيَّرْتُـهُ عَـنْ وَكْرِهِ وَهْـوَ واقِعُ

بِغُـرٍّ يَراهـا مَـنْ يَراها بِسَـمْعِهِ

فيَدْنُو إليها ذو الحِجا وَهْوَ شاسِعُ

يَـودُّ وِداداً أنَّ أَعْضـاءَ جِسْـمِهِ

إذا أُنْشِـدَتْ شَـوْقاً إليها مَسـامِعُ

وهذا التَّحوُّل الذي نلمسه في الموقف يمثِّل الخلاصة التي يحرص أبو تمّام على الانتهاء إليها. وهي خلاصة تؤكِّد عودة الحياة للشّعر

بعد أن يحرّرَه قائلُه من قيوده ومعيقاته: «كشفت قناع الشّعر عن حُرّ وجهه»، فينبعث من جديد كطائر العنقاء بعد موته: «وطيّرته من وكره وهو واقع». وإذا كان أبو تمّام رثى في أبياته السّابقة عموم الشّعر، فإنّه يسند لشعره هنا دوراً إحيائيّاً يعيد للشّعر ألقَه الذي فقده، فتبدو قصائدُه كالخيل الأصيلة: «بغُرّ». وواضح ما للخيل من قيمة مركزيّة في العرف والثقافة العربيتين. وهو يتخيّر لنصّه متلقياً مختلفاً (ذو الحِجا)؛ ليقيم بينهما علاقة من الانشداد والانخطاف، تبرز ما للشّعر من تأثير وسحر في نفوس عاشقيه ومتذوّقيه. وهكذا يتعمّد أبو تمّام أن ينهيَ قصيدته بهذه الرّؤية المنفتحة على آفاق ثريّة من الفاعليّة والتّجدُّد والانطلاق.

وقد تقترن الشّكوى بالمديح في شعر أبي تمّام، وهو ملمح بدا واضحاً في نماذجَ سابقةٍ، فكأنّ الشّاعر يصيب هدفين في آن واحد؛ فهو، من جانب، يُعبّر عن تبرُّمه وضيقه من المكانة التي وصل إليه الشّعر في زمانه. وهو، من جانب آخر، يدعو إلى تدارُك هذا التّردّي بما يمكن أن يكون للممدوح / السّلطة من دور في إصلاحه[47]:

فَمَا بَالُ وَجْهِ الشِّـعْـرِ أَغْبَـرَ قَاتِماً

وَأَنْفُ العُلى مِنْ عُطْلَةِ الشِّعرِ راغِمُ؟

تَدارَكُـهُ إِنَّ المَكْرُمَـــاتِ أَصابِـعٌ

وإنَّ حُلى الأَشْـعارِ فيهـا خَواتِمُ

إذا أَنْـتَ لَـمْ تَحْفَظْهُ لَمْ يَـكُ بِدْعَةً

ولا عَجَبـاً أَنْ ضَيَّعَتْـهُ الأَعاجِـمُ

فَقَـدْ هَـزَّ عِطْفَيهِ القَريـضُ تَوقُّعاً

لِعَذْلِـكَ مُذْ صـارتْ إليـكَ المَظالِمُ

وَلَولا خِلالٌ سَنَّها الشِّـعْرُ ما دَرَى

بُغاةُ النَّدى مِنْ أَيـــنَ تُؤْتى المَكارِمُ

تأتي هذه الأبيات من خاتمة قصيدة في مدح أحمد بن أبي دواد. ولعلّ في موقعها هذا من القصيدة ما يؤكّد حرص الشّاعر على أن تكون آخر ما يبقى في ذهن السّامع / الممدوح، وكأنّها تتركه ليتأمّل مرامي القول ومقاصده. ومعَ أنّ الأبيات تذهب في الشّكوى ورثاء حال الشّعر مذهباً بعيداً، عمّقه لجوءُ الشّاعر إلى التّشخيص بما يمكن أن يكون له من دور في توكيد الدّلالة وترسيخها: «وجه الشّعر أغبر قاتم ... أنف العلى من عطلة الشّعر راغم ...» إلا أنّ الشّاعر، كما نلحظ، لا يستكين لضعفه طويلاً، ولا يستسلم لشكواه استسلاماً تامّاً، فلديه من كوامن القوّة والتّأثير ما يرى أنّه حقيق بالنّظر والتّقدير، وهذا يتّضح فيما يسنده للشّعر من دور ووظيفة؛ فطريق العُلى والمكرمات لا يكون إلا به: «أنف العُلى من عُطلة الشّعر راغم ... إنّ المكرمات أصابع، وإنّ حُلى الأشعار فيها خواتم ... ولولا خلال سنّها الشّعر ما درى / بغاة النّدى من أين تُؤتى المكارم». وهي الفكرة التي بدت في أبيات سابقة من هذه القصيدة، ممّا يؤكّد مركزيّة هذا المعنى في رؤية الشّاعر الذي يرى في الشّعر سلاحاً وأداةً بالغتي الأثر والتأثير [48]:

ولا كالعُلـى ما لَمْ يُرَ الشِّـعْرُ بَيْنَها

فَـكالأَرْضِ غُفْلاً ليسَ فيهـا مَعالِمُ

وَمـــا هُوَ إلا القَوْلُ يَسْـري فَتَغْتَدِي

لَـهُ غُـــرَرٌ فـــي أَوْجُـــهٍ وَمَواسِـمُ

يُـــرى حِكْمَةً مـــا فِيهِ وَهْـــوَ فُكاهةٌ

ويُقْضى بما يَقْضِي بِـــهِ وَهْوَ ظالِمُ

إنّ فكرة ربط الشِّعر بالعُلى تتكرّر هنا أيضاً، بيد أنّ الخطاب يتضمّن – فضلاً عن ذلك – بعض الإشارات المواربة التي تتمثّل في ورود عدد من الثنائيّات، حيثُ الشَّيءُ ونقيضه؛ فالشِّعر قد يحسّن ويزيّن، كما أنّه قد يقبّح ويشين، وتتخاتل فيه المعاني بين مَن يرى فيها الحكمة ومَن يرى فيها الفكاهة. إنّها سلطة الشِّعر التي يرغب الشّاعر في تأكيدها، والتي قد تقلب منطق الأشياء، فتنفذ أحكامُها وتسري بين الورى حتّى لو كانت جائرة: «ويُقْضى بما يقضي به وهو ظالم». وربما جاز للدّارس، بعد كلّ هذا، أن يقول إنّ حضّ الشّاعر للممدوح على تدارُك حال الشِّعر وحفظه بعد أن جارت عليه الجوائر، وضيّعتْه الأعاجم كما دعا في الأبيات السّابقة، يتضمّن، في وجهه الآخر، شيئاً من اللّوم والتّقريع لتخاذل السّلطة وتهاونِها في رعاية الشِّعر والشُّعراء.

جدل الشِّعر والسُّلطة:

إنّ إحساس الشّاعر العميق بغياب دوره، وتراجع مكانته الاعتباريّة، كما فُصِّل القول في ذلك قبلاً، دفعه، فيما يبدو، إلى العودة إلى شعره، والنَّظر إليه بوصفه سلطةً قادرةً على مناجزة السّلطة

السِّياسيّة وتجاوزها؛ فالشّاعر يدرك أنّه يتملّك سلطةً هي أبقى من كلّ سلطة. إنّها سلطةٌ أكثر ديمومةً وبقاءً من كلّ أشكال السّلطة الأخرى المنذورة للزّوال والتّلاشي، فها هو أبو تمّام يُذكّر ممدوحَه ابن أبي دواد بهذه الحقيقة قائلاً[49]:

كَـــمْ معـانٍ وشّـــيتُها فيــكَ قَـــدْ أمْـــ
سَتْ (وَأصْبحَتْ)[50] ضَرائراً للرّياضِ

بِقَـــوافٍ هِـــيَ البَواقـــي علـــى الدَّهْـــ
ـرِ وَلَـــكِـــنْ أثْـــمـــانُـــهُـــنَّ مَـــواضِ

إنّ الوعي بديمومة الشّعر / الكلمة وخلوده مقابل زوال العطاء / المال وفنائه يتبدّى واضحاً في بيتي أبي تمّام السّابقين[51]؛ فالشّاعر يَظْهَر بصورة المنعم المتفضّل على السّلطة / الممدوح، فما قدّمه لها أبقى وأسمى ممّا قدّمت له. والفكرة تلحّ كثيراً على إدراك أبي تمّام، يقول في ممدوح آخر[52]:

أنـــا ذو كَسَـــاكَ مَحَبَّـــةً لا خَلَّـــةً
حِبَـــرَ القَصائـــدِ فُوِّفَـــتْ تَفْويفـــا

مُتَنَخِّـــلٍ حَـــلّاكَ نَظْـــمَ بَدائـــعٍ
صَـــارَتْ لآذانِ المُلُوك شُـــنُوفا[53]

ولنا أن نتأمّلَ دلالاتِ بعض الألفاظ في هذين البيتين: «أنا»، «كساك»، «حلّاك نظم بدائع»... وما يمكن أن تثيرَه من إيحاءات متباينة، لعلّ أقربها إلى تصوّر الذّهن إبراز مركزيّة الأنا التي تتصدّر

33

القول هنا بمثل هذا الوضوح السّافر، مذكّرةً الممدوح بقيمة ونفاسة ما قدّمته له. ثم لنا أن نتأمّل أيضاً هذا الرّبط المتعمَّد بين «بدائع نظم» الشّاعر «وآذان الملوك» التي صارت هذه القصائد شنوفاً لها. وسواء أخذنا بالدّلالة الماديّة لهذه الصّورة؛ إذ الشّنوف هي جمع شَنْف وهو القرط[54]، أو تجاوزنا هذا إلى الدّلالة المعنويّة التي تبيّن شوق أولئك الملوك لهذه القصائد، وتشنّف / تُمتّع آذانهم بسماعها، فإنّ الغاية المتحصّلة من كلّ ذلك هي رغبة الشّاعر في الإشارة إلى أهميّة شعره، وتأكيد محوريّة دوره.

وعليه، فإنّ مجد الممدوح / السّلطة لن يكون ذا أثر وشأن إن لم يقرن بشعر الشّاعر؛ فهو الوسيلة المؤثّرة الفاعلة في التّعريف به ونشره في الآفاق، وكأنّ حاجة الممدوح للشّاعر وشعره أمر لا بدّ منه، تماماً كما هي حاجة الشّاعر للممدوح الذي يقدّم له المال، ويهيِّئ له المكانة التي فقدها بسبب التغيّرات الاجتماعيّة والسّياسيّة التي استجدّت على الحياة العربيّة، وهي تفارق مرحلة لتدخل أخرى أكثر تعقيداً وتركيباً. والشّاعر لا يني – وإنْ جاء ذلك إيحاءً وتلميحاً – يُذكِّر بمكامن قوّته وتأثيره في أكثر قصائده المدحيّة. يقول أبو تمّام من قصيدة له في مدح خالد بن يزيد بن مزيد الشّيباني الأبيات الآتية التي يجعلها خاتمة قصيدته، وآخر ما يستقرّ في ذهن سامعها / قارئها ويعلق به. وهي استراتيجيّة في الخطاب يلجأ إليها الشّاعر كثيراً، وقد بدت في نماذجَ سابقةٍ كما لحظنا، وستبدو كذلك في شواهدَ لاحقةٍ[55]:

سَـــلَفُوا يَرونَ الذِّكــرَ عَقْباً صالحاً

ومَضَـــوا يَعُدُّونَ الثَّنـــاءَ خُلُـــودا

إنَّ القَوافِـــيَ والمَســـاعِيَ لَـــمْ تَزَلْ
مِثْـــلَ النِّظـــامِ إذا أَصابَ فَرِيدا

هِـــيَ جَوهرٌ نَثْـــرٌ فَإِنْ أَلَّفْتَـــهُ
بالشِّـــعْرِ صـــارَ قلائـــداً وعُقُـــودا

فـــي كُلِّ مُعْتَـــرَكٍ وَكُلِّ مَقامَـــةٍ
يأخُـــذْنَ مِنْـــهُ ذِمَّـــةً وعُهُـــودا

فـــإذا القَصائدُ لَـــمْ تَكُـــنْ خُفَراءَها
لَمْ تَرْضَ مِنْها مَشْـــهداً مَشْـــهودا

مِنْ أَجْـــلِ ذلكَ كانَتِ العَـــرَبُ الأُلَى
يَدْعُـــونَ هـــذا سُـــؤْدَداً مَحْـــدودا

وَتَنِـــدُّ عِنْدَهُـــمُ العُلـــى إلا عُلَـــى
جُعِلَـــتْ لها مِرَرُ القَصِيـــدِ قُيُودا(56)

إنّ قَفْل القصيدة بالحديث عن الشِّعر إجراءٌ فَنِّيٌّ لا يأتي عفوَ الخاطر؛ فـ «النّهاية (الخاتمة) Closure [تُعدُّ] الرّكن الأهمّ في تشكيل بنية النّصّ الإبداعيّ، ولها وهجُها ودورُها في تحديد مسار العمل واتّجاهه... وهي النّقطة الأخيرة التي يقول فيها المؤلِّف ما يريد تلخيصه وإيجازه» (57). ويرى ابن رشيق القيروانيّ أنّ الانتهاء «هو قاعدة القصيدة، وآخر ما يبقى منها في الأسماع، وسبيله أن يكون محكماً: لا تمكن الزّيادة عليه، ولا يأتي بعده أحسن منه، وإذا كان أوّل الشّعر مفتاحاً له، وجب أن يكون الآخر قفلاً عليه» (58).

ولعلّ مثل هذا التّصوُّر هذا لم يغب تماماً عن بال أبي تمّام؛ فمن الواضح أنّه يتقصّد إنهاء قصيدته، في حالات كثيرة، بالحديث عن شعره؛ جمالِه وفاعليّتِه ودورِه في شهرة ممدوحيه ومجدهم. والشّاعر يقيم تلازماً غير قابل للفصل بين الشّعر وحفظ المكارم وتخليدها؛ فالشّعر هو الذي يشيع «المساعي» ويذيعها بين النّاس، فيكسبها قيمةً وجوهراً لا يكونان إلّا به: «إنّ القوافي والمساعي لم تزل مثل النّظام... هي جوهر نثر... بالشّعر صار قلائداً وعقودا»؛ فكأنّ مكارم الممدوح وأمجادَه كالجوهر المنثور الذي لا سبيل إلى إحصائه وإبرازه إلّا بالشّعر حين يتحلّى به الممدوح ويتجمّل. ثمّ إنّ الشّعر لا غِنى لكلّ ذي سلطة عنه في حربه وسلمه: «في كلّ معترك وكلّ مقامة...»، فهو الذي يكتب لكلّ ذلك الخلود والسّيرورة: «يأخذن منه ذمّةً وعهودا... فإذا القصائد لم تكن خفراءها / لم ترض منه مشهداً مشهودا». إلى ذلك فإنّ الشّاعر يشير في البيتين الأخيرين من قصيدته إلى العرب القدامى، وربّما صحّ للدّارس أن يستشفّ من هذه الإشارة، في أقلّ تقدير، دلالتين؛ أولاهما أنّها تتكشّف عن حنين موجع لعهد مضى كان فيه الشّعر والشّعراء يلقون تقديراً وحظوة لم يحظيا بمثلهما في زمنهم هذا. وثانيتهما أنّ فيها دعوةً إلى «عرب أبي تمّام» ليكونوا على شاكلة أجدادهم «العَرَب الأُوَلى» الذين كانوا يُعلون من قَدْر الشّعر وأهله، ويرون أنّ أيَّ مكرمة لم يقيّدها الشّعر إنّما هي «سؤدد محدود»! وأنّ العلى تنِدّ عندهم إنْ لم يحفظْها الشّعر من التبدُّد والضّياع⁽⁵⁹⁾.

هكذا ظلّ أبو تمّام يحرص ــ في سبيل تأكيد سلطته الشّعريّة ــ على إقامة هذا التّرابط بين شعره وممدوحيه؛ إذ من النّادر ألا يشير

إلى مثل هذه العلاقة المتلازمة التي تُظْهِر مدى حاجة كلا الطَّرفين إلى الآخر. ولعلّ تعمُّد أبي تمّام انتهاجَ هذا النَّهج يدلُّ على رغبته في نقض الصّورة السّلبيّة التي تُبرِز الشّاعر متسوّلاً مُمتَهناً، يصرفه الممدوح متى شاء وكيفما شاء. فههنا يتبدّى أنّ السُّلطة ـ وَفْق مقاصد النّصّ المتوارية ـ هي أيضاً تَجِدُّ في طلب الشّاعر، وتتمنّى الظّفر بشعره ومدحه. يقول الشّاعر مؤكِّداً مثل هذا المعنى في إحدى خواتم مدائحه⁽⁶⁰⁾ :

فيا حُسْنَ ذاكَ البِـرِّ إذْ أنـا حاضِرٌ
ويا طِيْبَ ذاكَ القَـوِل والذُّكْرِ مِنْ بَعْدِي

وَمـا كُنْـتُ ذا فقْرٍ إلـى صُلْـبِ مالِهِ
وَمـا كانَ حَفْـصٌ بالفقيرِ إلـى حَمْدِي

ولَكِـنْ رَأى شُـكْرِي قِـلادَةَ سُـؤُدُدٍ
فَصـاغَ لَهـا سِـلْكـاً بَهيّـاً مِـنَ الرِّفْدِ

فمـا فاتَنِـي مـا عِنْـدَهُ مِـنْ حِبائِـهِ
ولا فاتَـهُ مِنْ فاخِرِ الشِّـعْرِ ما عِنْدِي⁽⁶¹⁾

وَكَـمْ مِـنْ كَرِيـمٍ قَـدْ تَخَضَّـرَ قَلْبُـهُ
بِـذاكَ الثَّنـاءِ الغَضِّ في طُـرُقِ المَجْدِ

والنّاظر في الأبيات السّابقة يلحظ أنّها تنماز بظاهرة أسلوبيّة بارزة هي ظاهرة التّوازي، ولا سيما في الأبيات الأوّل والثّاني والرّابع. والتّوازي ـ في أعمّ تعريفاته ـ: «نسق من التّناسبات المستمرّة [في

البنية الشّعريّة] على مستويات متعدِّدة: في مستوى تنظيم وترتيب البنى التّركيبيّة، وفي مستوى تنظيم وترتيب الأشكال والمقولات النّحويّة...»[62]، والأبيات السّابقة تتقابل عناصرها تقابلاً لافتاً إنْ على المستوى الصّوتيّ أو الصّرفيّ أو التّركيبيّ.

ومن المؤكَّد أنّ التّوازي يقوم على مبدأ التّكافؤ في بنية العبارة وتركيبها، وكأنّ التّكافؤ في الشّكل يقابلُه ويوازيه تكافؤٌ في الدّلالة التي يحرص الشّاعر على تقديمها؛ ذلك أنّ التّوازي «يفرض عادة أنّ الطّرفين متعادلان في الأهميّة»[63]. ومعَ كلّ هذا الحرص على إقامة التّكافؤ في العلاقة بين الشّاعر والممدوح، تلك العلاقة التي بقي الواقع يُغلِّب فيها الطّرف الثّاني على الأوّل طولَ امتداد العصر العبّاسيّ، فإنّ أبا تمّام ينحاز في أبياته السّابقة إلى جانب السّلطة الشّعريّة التي يعطيها دوراً أكبر حين يجعل البيت الأخير من هذه القصيدة خالصاً للأثر الذي يتركه الشّعر على الممدوح / السّلطة؛ فالشّاعر يقفل قصيدته على صوت الشّعر ليبقى صداه يرنّ طويلاً في أُذن الممدوح الذي عليه أن يعيَ أنّ الشِّعر هو الوسيلة الحقيقيّة التي يمكن أن توصلَه إلى مراتب السّموّ والمجد. وواضح ما تؤدّيه سيمياء اللّون في هذا البيت «قد تخضّر قلبُه» من دلالات عابقة بقيم الحياة والتّجدُّد والنّماء، وهي القيم التي تُعزِّز ما للشّعر من دور في إمساك اللّحظات الهاربة من عمر الممدوح وتخليدها لتبقى حيّة على مرّ الزّمان. وهكذا فإنّ البنية التركيبيّة والدّلاليّة قد تضافرتا في الأبيات السّابقة تضافراً ساعد على تعضيد الرّؤية الشّعريّة لأبي تمّام وتأكيدها.

وإذا كان الخطاب الشّعريّ قد بقي، في النّماذج السّابقة، عند حدود

المهادنة التي تُظْهِرُ حاجة كلّ من الشّاعر والممدوح / السّلطة إلى الآخر، فتبدو الحالة على شيء من التّوافق والانسجام، فإنّه – أي الخطاب – قد يجنح أحياناً إلى ما يقرب من الاحتجاج وربّما الوعيد الذي يكشف عن حالة من التّوتُّر في العلاقة بين الشّاعر والممدوح، وذلك حين يلجأ الشّاعر إلى تضمين نصّه بعض الإشارات المراوغة التي قد تتحوّل بالمعنى من الإيجاب / المدح إلى السّلب / الذّمّ؛ فالشّاعر يدرك أنّ شعرَه يمكن أن يكون سلاحاً يشهره في وجه السّلطة إذا ما وجد أنّها تتجاهله، أو تعامله بما يرى أنّه ليس جديراً به. ويتواتر مثل هذا المعنى في مدائح أبي تمّام، وهو لا يأتي على نحو صريح مباشر، ولكنّه ينسرب من بين معاني المديح ليؤدّيَ غايته المقصودة بمواربة وخفاء. يقول – مثلاً – مُختتِماً إحدى مدائحه[64]:

سَلْ مُخْبِراتِ الشِّــعْرِ عَنِّيَ هَلْ بَلَتْ
فِــي قَدْحِ نــارِ المَجْدِ مِثْـلِ زِنادِي

لَــمْ أُبْـقِ حَلْبَــةَ مَنْطِـقٍ إلّا وَقَـدْ
سَــبَقَتْ سَــوابِقَها إليــكَ جِيادِي

أَبْقَيْنَ فِــي أَعْناقِ جُـوّدِكَ جَوْهَراً،
أَبْقــى مِنَ الأَطْــواقِ فِي الأَجْيادِ

وَغَــداً تَبَيَّــنُ كَيْفَ غِــبُّ مَدائِحي
إنْ مِلْـــنَ بِي هِمَمِي إلــى بَغْدادِ[65]

... وَمِنَ العجائبِ شــاعِرٌ قَعَدَتْ به
هِمَّاتُــهُ أو ضَــاعَ عِنْــدَ جَــوادِ

39

ينهي الشّاعر قصيدته بهذا الفخر الذي يتّجه إلى الشّعر / أداة الشّاعر الوظيفيّة وسلطته الوحيدة التّي يناجز فيها السّلطة السّياسيّة في زمنه. والأبيات تصوّر الشّاعر ذربَ اللّسان، سبّاقاً إلى امتلاك المعاني والوصول إليها. ولنا أن نتصوّر ماذا يمكن أن يدور في خلد الممدوح – بعد هذه الاستفاضة في الوصف – لو تخيّل أنّ الشّاعر قد يتحوّل – مثلاً – في وظيفة الشّعر من موقف المدح إلى موقف الهجاء. وهو هاجس قد تولّده عبارة من مثل: «.. إنْ مِلْنَ بي هممي إلى بغداد»؛ ففيها إشارة إلى أنّ إمكانيّة التّحوّل أو الميل قائمة.

ويبدو الشّاعر في صورة المُنْعِم صاحب الفضل على الممدوح: «أبقين في أعناق جودك... وغداً تبيّن كيف غِبّ مدائحي...»، فهو وإن اعترف بجود ممدوحه، إلا أنّ هذا الاعتراف يأتي عرضيّاً؛ لأنّ الشّاعر، في الأساس، يؤكِّد فكرة ديمومة شعره التي أصبح بفضلها جودُ ذلك الممدوح خالداً: «أبقى من الأطواق في الأجياد»؛ فالأبيات تحتفي إذن بالشّعر قبل أيِّ شيءٍ آخرَ، وتهدف إلى تكريس دوره وإبراز فضائله على السّلطة. هذا الدّور وتلك الفضائل التي لم يُكافأ عليها الشّاعر بما يستحقّ، وَفْق ما يعبّر عن ذلك بوضوح في البيت الأخير من قصيدته: «ومن العجائب شاعرٌ قعدتْ به...»، فهو يسوق إحباطه واستياءه بهذه المفارقة السّاخرة التي لا تتكشّف في النّهاية إلا عن الخسران وخيبة المسعى.

وقد يُلحُّ أبو تمّام بجرأة واضحة على حقّه في نَيْل العطاء؛ فهو يصارح بعض ممدوحيه بأنّ مديحَه سيكون لقاءَ عطائهم؛ فكأنّ الأمر يخضع لمبدأ من المقايضة أو المبادلة يقول: «ادفعْ واحصلْ على

المديح!». أو كما هو يقول هو نفسه في مخاطبة أحد ممدوحيه، مفصحاً عن هذا التّوجُّه بصراحة لا تشوبها مداورة: «فألبَسني من أُمّهات تلاده / وألبستُه من أُمّهات قلائدي» [66]. بل إنّه قد يتجاوز هذا الحدّ ـ مرّةً ـ حين يخاطب ممدوحه موظِّفاً أسلوبَ الأمر بما يمكن أن يثيرَه من دلالات بالغة في هذا المقام: «وقد حرّرتُ في مديحِكَ جهدي / «فحرِّرْ» بالنّدى صِلة القصيد» [67]، ومرّةً حين يتوعّده مهدِّداً بمثل قوله [68]:

لا تَصْرِفَــنَّ نَــداكَ عَمَّــنْ لَــمْ يَدَعْ

للقَــولِ فيكَ إلـــى سِــواكَ تَصَرُّفا

.. لا تَـــرْضَ ذاكَ فَتُسْــخِطَنَّ أَوَابِداً

هَزَّتَــكَ إلاّ أَنْ تُصيبَــكَ مُرْهَفـا

ويستثمر أبو تمّام في هذا الاتّجاه فاعليّة الصّورة الشّعريّة بما يمكن أن تحملَه من أنساق مضمرة في تصوير قوّة شعره وأثره. والصّورة الغالبة على هذا الشّعر بروزُه قوّةً خارقةً مهيمنة؛ فقصيدتُه تبدو تارّةً كـ «أحلام رعب أو خطوب طُرَّق» [69]، وتارّةً «كالطّعنة النّجلاء... أو كالضّربة الأخدود» [70]، وتارّةً ثالثة «كرُقى الأساود والأراقـم» [71]، وكـ«السِّحر الحلال» [72] و«الصّاب الجديح» [73]. وإذا كان الشّاعر قد وصف لسانه بالمفتوق [74]، وأنّ الكلام قد وقف ببابه [75]، فإنّ شعرَه كالحسام الذي به يمضي [76]، وهو «شعر مقيل السَّم فيه» [77]، «يكاد المَيْت يفهمه» [78]. أمّا الممدوح «فـ[يـ]خرّ صريعاً بين أيدي القصائد» [79] التي يتصدّع منها الصّخر الصُّلب [80].

والمُلاحَظ على هذه الصّور التي اختيرتْ من مجمل شعر أبي تمّام، دون قَصْد الاستيعاب التامّ والحصر الكليّ، هو توزُّع مصادرِها على الحقول الدّلاليّة الآتية:

– الحقل العجائبيّ / الخوارقيّ: الرّقى، السّحر، أحلام رعب، خطوب، الموت.

– الحقل الحربيّ ومستلزماته: الحُسام، الطّعنة النّجلاء، الضّربة الأخدود.

– حقل الصّلابة والرّسوخ: الصّخر.

– حقل المذاق القاتل أو المرّ: السّمّ، الصّاب.

ولعلّ تخيُّر أبي تمّام لهذه الصّور المثيرة في وصف شعره يأتي في إطار حركيّة الصِّراع المكتوم الذي ظلّ يسم علاقة الشّاعر الملتبسة بالسّلطة في عصره؛ فالشّاعر يهدف من تشكيل هذه الصّور ذات المدلولات المرعبة – التي تتوسّل بكلّ ما من شأنه أن يُثير مشاعر الهلع والتّوجُّس – إلى تضخيم صورة شعره وتأثيره في نفوس سامعيه وأذهانهم. وبما أنّ أغلب هذه الصّور يأتي في سياق قصيدة المديح[81] التي تتّجه، في الظّاهر، إلى الممدوح / السّلطة، متغنّية بمآثرهما وأمجادهما، فإنّ براعة أبي تمّام تكمن في قدرته على مخادعة ممدوحيه بمثل هذه الإشارات المخاتلة التي تتخفّى في ثنايا الخطاب وجماليّاته؛ ذلك «أنّ من الخصائص المميزة للّغة [الشّعريّة] أن تكون قادرة على إخفاء المعنى وراء إشارة مضلّلة، مثلما نخفي الغضب أو الكراهية وراء ابتسامة»[82].

وإذا كانت السّلطة هي التي تمتلك المـال، وتتصرّف فيه على النّحو الذي تريد، فتحتكره أو تهبه لمن تشاء، فإنّ الشّاعر قد يلجأ، نتيجة ذلك، إلى ابتزاز هذه السّلطة للحصول على المال؛ فهو يرى أنّه هو الآخر يتملّك سلطة فاعلة وقادرة على تحصيل المال ولو بالقوّة والإكراه. ويجب ألا يغيب عن البال أنّ للشّعر سلطانَه ووهجَه وتأثيرَه في النّفوس في ذلك الزّمن، على الرّغم من كلّ التّردّي الذي أصاب مكانة الشّاعر كما لحظنا فيما سبق من قول؛ فالشّعر يبقى، معَ ذلك، الوسيلة الإعلاميّة الأولى في ذلك العصر، ومن المؤكّد أنّ السّلطة تحتاج إلى مَن يروّج لها ولأفعالها، كما أنّها تخشى، في الوقت نفسه، أن يتحوّل مسار هذا الشّعر فيصبح أداةً تُستخدم في ذمِّها والتّشهيرِ بها.

ويجب تجاوز التعميم المتداول الذي يصوّر شاعر المديح بإطلاق على أنّه متكسّب ممتهن القيمة والكرامة؛ فمثل هذا الرّأي يغفل عن تحوّلات الواقع وتعقيداته العميقة التي فعلت فعلها، وأوصلت الشّاعر إلى مثل هذه المكانة الدّونيّة، ودفعتْه إلى سلوك هذه الطّريق دفعاً على نحو ما فُصِّل القول في ذلك سابقاً. ثمّ إنّ هذا الحكم قد ينطبق على بعض الشُّعراء ممّن امتهنوا أنفسَهم، وبدتْ ملامح الذُّلّ والخنوع واضحةً في تملُّقهم ممدوحيهم ومخاطبتِهم، حتى تلاشت شخصيّاتُهم في شخصيّات أولئك الممدوحين لشدّة ما انتهوا إليه من تصاغر وهوان. ومن هؤلاء مثلاً أبو دُلامة[83] الذي عُرف بمثل هذا المسلك[84].

ولكنّ هذا الرّأي لا ينطبق تماماً على شاعر كبير كأبي تمّام الذي كانت له مكانتُه وشروطُه التي ظلّ يفرضها على ممدوحيه؛ فحين

يورد أبو الفرج الأصفهانيّ خبراً عنه يقول: «ما كان أحدٌ من الشُّعراء يقدر على أن يأخذ درهماً بالشّعر في حياة أبي تمّام، فلمّا مات اقتسم الشُّعراء ما كان يأخذه»[85]، فهذا يدلُّ ــ على ما في هذا القول من مبالغة كما لحظ ذلك طه حسين من قبل[86] ــ على أنّ أبا تمّام شاعر غير عاديّ، وأنّ السّلطة كانت تَجِدُّ في طلب شعره ومكافأته عليه. هذا فضلاً عمّا كان يضمّنه نصَّه ــ كما رأينا ــ من إشارات مخادعة ومضلّلة تكشف عن استراتيجيّة ماهرة في تعامله معَ السّلطة. وليس أدلّ على خطر أبي تمّام ومكانته من قول أبي العميثل مخاطباً عبدَالله بن طاهر، وكان هذا الأخير قد جفا أبا تمّام: «أيّها الأمير، أتتهاون بمثل أبي تمّام وتجفوه؟ فواللهِ لو لم يكن له ما له من النّباهة في قَدْره، والإحسان في شعره، والشّائع من ذكره، لكان الخوف من شرّه، والتّوقّي لذمّه، يوجب على مثلك رعايته ومراقبته...»[87] .

من أجل كلّ ذلك ينبغي التّأكيد مرّةً ثانية على الاحتراز في إصدار بعض الأحكام التي تتعالى على الواقع، وتتجاهل أصْل المشكلة، ومن ذلك ما يذهب إليه عبدالله الغذّامي حين يصف أبا تمّام ــ في جملة أحكام تتّخذ الطّابع المعياريّ الصّارم ــ بالشّاعر الذي لا يتورّع عن إعلان غايته الانتفاعيّة في شعره[88]، والذي يعرض بضاعته على ممدوحيه ممارساً كلّ أساليب الابتزاز والتّخويف من أجل تحصيل المال[89] . ومعَ أنّ الموقف الأخير لم تنفه هذه الدّراسة، كما أُشير إلى ذلك من قبل، وإن جاء ذلك وَفْق تصوُّر وسياق مغايرين، إلا أنّ الغذّامي يعزل الشّاعر تماماً عن عصره، ويتجاهل أثر المتغيّرات السّياسيّة والاقتصاديّة والاجتماعيّة التي فرضت على الشّاعر

أوضاعاً بالغة الصّعوبة والتّعقيد. وهو يتجاهل كذلك ممارسات السّلطة وتعاليها على الشّاعر الذي لا يعدو في عرفها «كائناً تكميليّاً ملحقاً. يُستدعى وقتَ الحاجة وإلا نُبذ، لا يُسمح له بالاستقلال الحقيقيّ، يعيش في ظلّ رابطة متوتّرة معَ النّخب الفاعلة في المجتمع (الدّينيّة والسّياسيّة)، وفي ظلّ مديونيّة أخلاقيّة تجاه ممدوحيه ورعاته. بالعموم يشوب وضعَه الاجتماعيّ كثيرٌ من الالتباس»[90].

إنّ الحال التي وجد الشّاعرُ نفسَه فيها منذ القرن الثّاني الهجريّ قد خلق أوضاعاً جديدة، وأنتج أنماطاً من العلاقة معَ السّلطة لم تكن مألوفة من قبل. والشّاعر في المحصّلة ليس كائناً «أثيريّاً» لا صلة له بالواقع ومتغيّراته. وليس بمُكْنة أحد أن يُغْفِل دور المال الذي كان وسيبقى عاملاً مؤثّراً ومحرّكاً لمناحي النّشاط البشريّ، والذي كثيراً ما ترتبط به أسباب النّجاح والمكانة المرموقة في الحياة، ولا سيّما في العصر العبّاسيّ الذي تعاظم فيه دور المال بعد تعقُّد أنظمة الدّولة، ونشوء الحواضر والمدن الكبرى[91].

وليس القصد هنا تسويغ توجُّه الشّاعر ومباركة تحصيله المال بأيِّ وسيلة، وإنّما الهدف تحليل الظّاهرة وتفكيكها للوقوف على الأسباب الكامنة وراءها، وما كان لها بَعْدُ من نتائجَ خطيرةٍ في تاريخ الشّعر العربيّ كلِّه.

قصيدة المديح ومديح القصيدة:

لعلّ أبا تَمّام من أكثر الشّعراء العرب احتفاءً بنصّه الشّعريّ

والتفاتاً إليه؛ إذ من النّادر أن نقرأ له قصيدة دون أن نجد حديثاً عن هذا الشّعر، وإبرازاً لجماليّاته واختلافه عن غيره. لقد ظلّ أبو تمّام مسكوناً بهاجس القيمة الشّعريّة التي سعى كثيرون إلى انتقاصها والتّقليل من قدرها. والسّؤال الملحُّ في هذا السّياق: بمَ يمكن تفسير هذا الإلحاح في الحديث عن شعره في أكثر قصائده المدحيّة؟

إنّ التّأويلاتِ في هذا الجانب قد تتعدّد، بيدَ أننا سنقتصر، في هذا المقام، على دافعَين نرى أنّهما مرتبطان ارتباطاً وثيقاً بفكرة هذه الدّراسة؛ أوّلهما: دافع نقديّ؛ إذ من المعروف أنّ أبا تمّام قد أثار – في عصره وما بعده – جدلاً كبيراً حول طريقته الشّعريّة. وإذا كان الشّاعر قد حظي ببعض الرّضا والقبول من بعض المؤيّدين، فإنّ مذهبَه الشّعريّ، في الأغلب الأعمّ، قد قوبل بكثير من الإنكار والاعتراض[92]. ولعلّ لمثل هذه الحملة الشّديدة التي استهدفت أساساً إلغاءه شعريّاً أثراً في تعميق وعيه النقديّ بقيمة نصّه، وتحديد مكامن تفرُّده وتميّزه.

وثانيهما دافع سياسيّ يتّصل بما سبق تأكيدُه مراراً من غياب لدور الشّاعر الذي كثيراً ما نُظر إليه على أنّه صاحب دور تكميليّ لا أكثر، ووظيفتُه تسليةُ رجال السّلطة من خلفاء وأمراء ووزراء وقادة، والإشادة بمآثرهم وأمجادهم. إنّه دور لا يُقارن مثلاً بدور الكاتب الذي قرّبته السّلطة، وبوّأته أرفع المناصب وأخطرها.

إزاء هذا الاستهداف (النّقديّ والسّياسيّ) الذي طال فنَّ الشّاعر ومكانتَه، وجـد أبو تمّام نفسَـه يمضي في كشـف جماليّات قصيدته،

وعَـرْض مناحي تفرّدها واختلافها بإسـهاب بالغ؛ فهـي «ابنة الفكر المهــذّب» [93]، «مشـغولة بمثقّف ومقوّم» [94]، «تمـلأ كلّ أذن حكمة وبلاغــة» [95]، «جديدة المعنــى» [96]، «مثقّفة القوافي» [97]، «سـالمة النّواحـي من الإقـواء فيها والسّـناد» [98]، عذراء كأنّهـا عروس [99]، «مكرَّمة عـن المعنى المعاد» [100]، «من دوحـة الكَلِم» [101]، معانيها أبكار [102].

إنّها قصيدة خالدة عمرها أطول من عمر الأبد [103]، باقية «ببقاء الوحي في الصُّمّ الصِّلاب» [104]، «يزيدها مرُّ الليالي جِدَّةً / وتقادُمُ الأيام حُسْنَ شباب» [105]، سائرة على الألسن «سيّارة في الأرض... تَدُرُّ ذُرُورَ الشّمس» [106]، «تظلّ تُتلى كما تُتلى الفتوح» [107]، تتلقّاها الملوك بالحفاوة والتّكريم [108]. «تَروح وتَغدو، بل يُراح ويُغتدى / بها، وهي حَيْرى لا تَروح ولا تَغدو» [109]. وهي القصيدة التي تجمع «نوافر الأضداد» [110] فـ «الجِدُّ والهَزْل في توشيع لُحْمَتها / والنُّبْل والسُّخف والأشجان والطَّرَب» [111]. على ما تثيرُه هذه الأوصاف الأخيرة في وعي الممدوح / السّلطة من معانٍ ملتبسة، ومثل هذا الالتباس المتعمَّد نلمسه أيضاً في وصفه لها: «أفادتْ صديقاً من عدوٍّ وغادرتْ / أقارب دنيا من رجالٍ أباعدِ» [112]؛ فالتّركيز هنا على الأدوار والتّحوّلات التي يمكن أن تحدثها القصيدة في عالم الواقع، وذلك إذا ما رغب الشّاعر ـ مثلاً ـ في تحويل موقفه من هذه الجهة إلى تلك. وهو أمر ينبغي على السّلطة أن تعيَه وتقدّرَه. وأخيراً فإنّها القصيدة التي يُجمِل أبو تمّام وصفَها بقوله الدّالّ الآتي من قصيدة في مدح الخليفة الواثق [113]:

جاءَتْكَ مِنْ نَظْمِ اللّسانِ قِلادَةٌ
سِـمْطانِ فيهـا اللُّؤلُـؤُ المَكْنُونُ

حُذِيَتْ حِـذاءَ الحَضْرَمِيَّـةِ أُرْهِفَتْ
وَأجادَها التَّخْصيرُ والتَّلْسيـنُ [114]

إِنْسِـيَّةٌ وَحْشِـيَّةٌ كَثُـرَتْ بِهـا
حَرَكاتُ أَهْلِ الأَرْضِ وَهْيَ سُـكُونُ

يَنْبُوعُهـا خَضِلٌ وَحَلْـيُ قَريضِها
حَلْيُ الهَديِّ وَنَسْجُها مَوْضُونُ [115]

أَمَّـا المَعانـي فَهْـيَ أَبْكارٌ إذا
نُصَّـتْ وَلَكِـنَّ القَوافِـيَ عُـونُ

أَحْذاكَهـا صَنَـعُ اللِّسـانِ يَمُـدُّهُ
جَفْـرٌ إذا نَضَبَ الـكَلامُ مُعينُ [116]

لقد ظلّ التفاتُ أبي تمّام إلى قصيدته، في إطار قصيدة المديح، استراتيجيّةً دائمة الحضور يلحظُها كلُّ مَن يقرأ متنه الشّعريّ. وإذا كان من البدهيّ القول إنّ قصيدة المديح تتضمّن في بنيتها العامّة عدداً من التوقيعات كالغزل والطّلل والرّحلة ما أصبح تقليداً شعريّاً سار عليه كثيرٌ من الشّعراء، فإنّ من المعاني المضافة التي ميّزت مدائح أبي تمّام الحديثَ عن القصيدة نفسها، والافتتانَ في الوقوف عليها والاحتفاءَ بها. ومع أنّ هذا المعنى قد وُجد عند بعض الشّعراء على نحو أو آخرَ [117]، إلّا أنّ وعي أبي تمّام بحداثة قصيدته، وتعمُّدَه

المتكرّر مَدْحَها إلى جانب مَدْح الممدوح يشكّل فكرة مركزيّة تكاد تتكرّر في كلّ قصيدة مديح لديه.

إنّ شغف أبي تمّام وإلحاحَه على مديح قصيدته، ولفت الأنظار إليها في حضرة أصحاب السّلطة والنّقاد، يُعبِّر عن رغبة واضحة في تأكيد دور الشِّعر والعودة به إلى عهده الأوّل، حين كان يتسيّد وجوه القول الأخرى، قبل أن تنافسَه مثلاً أشكالٌ كتابيّة جديدة سادت في مرحلة التّدوين والمدنيّة في العصر العبّاسيّ كما أشير إلى ذلك من قبل؛ فالقصيدة عند أبي تمّام [118]:

لا يُسْــتَقى مِنْ جَفيرِ الكُتْــبِ رَونقُها

وَلَمْ تَزَلْ تَسْــتَقي مِــنْ بَحْرِها الكُتُبُ

ففي هذا القول «تتجاوب دلالة الكتب والكتابة، على مستويات الحضور والغياب، في الإشارة إلى نقيض حرفة الكتابة، أعني صيغة الشِّعر التي لم تزل تستقي من بحرها الكتب والكتابة» [119]. فكأنّ أبا تمّام يعبِّر بذلك عن حُمّى التنافس بين الأجناس الأدبيّة في عصره، فيحرص على أن يكون الشِّعر أعلاها مرتبةً، وأكثرها سموّاً وإبداعاً.

هكذا بقي أبو تمّام حريصاً على ترسيخ شعريّته، وتقديمها على هذا النّحو من الإتقان والثّراء الذي لا يتأتّى، وَفْق وصفه، لغيرها من أصناف الخطاب. وواضح أنّ كلّ هذا الإصرار لا يكون دون غاية. ومعَ أنّ شعر أبي تمّام قد ينطوي أحياناً على قدر من الزّهو في مخاطبة ممدوحيه على شاكلة قوله في المعتصم [120]:

لَقَدْ لَبِسْتَ أميـرَ المُؤْمِنِيـنَ بِها

حَلْيـاً نِظامـاهُ بَيْتٌ سـارَ أو مَثَلُ

غَريبــةٌ تُؤْنِـسُ الآدابُ وَحْشَـتَها

فَمَـا تَحُـلُّ على قَـوْمٍ فَتَرْتَحِـلُ

إلا أنّ الأمر في النّهاية يكشف عن شاعر شديد الإخلاص لفنّه، عميق الوعي بلغته وصنعته الشّعريّة؛ فبدت علاقتُه بنصّه الشّعريّ علاقةً «المُدْنَف الوَصِب»[121] على حدّ تعبيره. وهي علاقة تعبّر، في بُعْدها العميق، عن استراتيجيّة الشّاعر الذي ظلّ يَعُدُّ شعرَه، كما يقول هو نفسُه، «عِلْقاً لأعجاز الزّمان نفيسا»[122]. إنّه باختصار سلطتُه الباقيةُ له في هذا الوجود.

خاتمة:

يُبيّنُ لنا هذا الفصل أنّ المكانة العظيمة التي نالها الشّاعر في العصر الجاهليّ حين كان يتبوّأ أعلى الدّرجات في سُلّم التّراتُب الاجتماعيّ قد تراجعت في العصر العبّاسيّ بسبب ما شهده هذا العصر من تحوّلات سياسيّة واقتصاديّة واجتماعيّة وحضاريّة أدّت إلى تعقيد بنية السُّلطة، وانتقالها من نظام القبيلة إلى نظام الدّولة، بما رافق ذلك من توسُّع في الإدارة، وظهور الدّواوين التي رسخت دور «الكاتب» وأهميّته في العهد الجديد. فضلاً عن تطوّر في علوم التفسير والفقه والفلسفة، وتحوُّلٍ في وظيفة الشِّعر نفسه؛ إذ بات كثيرٌ من هذه العلوم ينافسُه ويأخذ دورَه الذي كان يحتكره في زمن مضى.

وأصبح دور الشّاعر مقتصراً على دور «شاعر البلاط»، بما يفرضه عليه هذا الوضع من قَيْد وتبعية للسّلطة التي لم ترَ فيه أكثر من نديم أو مدافع «رأمين» عن سياساتها وتوجّهاتها الأيديولوجيّة المختلفة. وقد تلاشت تلك الهالة التي ظلّت تقترن باسم الشّاعر لتبدو صورتُه أقربَ إلى المُكْدي أو المتسوِّل الذي يتردّد إلى أبواب السّلاطين فيمنعه هذا ويعطيه ذاك.

وقد كان أبو تمّام من أكثر الشُّعراء ضيقاً بهذا التّحوّل؛ إذ يكشف شعرُه عن صور ناطقة من الشّكوى والمرارة بسبب سوء المآل الذي وصل إليه الشّعر وأهله في هذا الزّمن. والشّاعر وإن بدا منكسراً في بعض الأحيان، إلا أنّه بقي في أكثرها شديدَ الوفاء والثّقة بشعره الذي رأى فيه القوّة الحقيقيّة التي يمكن الاستناد إليها. من هنا، نجد الشّاعر يكثر من الإشارة إلى نصِّه في حضرة ممدوحيه، متباهياً ومفاخراً بقيمته التي هي أبقى من عطاياهم. بل إنّ أبا تمّام كثيراً ما كان يُضمِّن مدائحَه بعضَ الإشارات المخاتلة التي تكشف عن وجوه من الصِّراع غير المعلن الذي ظلّ يحكم علاقته الملتبسة بأرباب السُّلطة في زمنه.

هوامش الفصل الأول:

1 – القيرواني، أبو علي الحسن بن رشيق (ت 456هـ / 1070م) العمدة في محاسن الشِّعر وآدابه ونقده، ط5، دار الجيل، بيروت، 1981، ج1، ص65.

2 – القيرواني، العمدة، ج1، ص25.

3 – اكتسبوا بالشِّعر: أي تكسّبوا بالشِّعر وحوّلوه إلى حِرفة.

4 – الـرازي، أبـو حاتم أحمد بن حمدان (ت 322هـ / 934م) كتاب الزينة: معجم اشـتقاقي فـي المصطلحات الدينيّـة والثقافيّة، تحقيق سـعيد الغانمي، منشـورات الجمل، بيروت، بغداد، 2015، ج1، ص117.

5 – فـي ترجمــة أبـي تمّام انظر: ابن المعتز، عبد الله بن محمد (ت296هـ / 909م) طبقات الشُّـعراء، تحقيق: عبد الستار أحمد فرج، ط3، دار المعارف، مصر، د. ت، ص 282 – 286؛ الصّولـي، محمـد بن يحيى (ت 335هـ / 946م) أخبار أبي تمّام، تحقيق: خليل محمود عسـاكر، ومحمد عبده عزام، ونظير الإسـلام الهندي، ط3، دار الآفاق الجديدة، بيروت، 1980؛ الأصفهاني، أبو الفرج علي بن الحسـين (ت 356هـ / 976م) كتاب الأغاني، تحقيق: إحسـان عبّاس، وإبراهيم السـعافين، وبكر عبّاس، ط3، دار صادر، بيروت، 2008، ج16، ص 265 – 278؛ ابن خلكان، أحمـد بن محمد (ت 681هـ / 1282م) وفيات الأعيان وأنباء أبناء الزمان، تحقيق: إحسـان عبّاس، دار صادر، بيروت، د. ت، ج2، ص 11 – 26؛ الصّفدي، صلاح الدّيـن خليل بن أيبك (ت 764هـ / 1363م) الوافي بالوفيات، تحقيق واعتناء: أحمد الأرنـؤوط، وتركي مصطفى، ط1، دار إحياء التـراث العربي، بيروت، 2000، ج11، ص225 – 230؛ البديعي، يوسف (ت 1073هـ / 1662م) هبة الأيام فيما يتعلّق بأبي تمّام، نشره: محمود مصطفى، مطبعة العلوم، القاهرة، 1934.

6 – انظر: عصفور، جابر، غواية التراث، ط1، الدار المصرية اللبنانية، القاهرة، 2011، ص33 – 41؛ ص245 – 256.

7 – في ترجمته انظر: البغدادي، أحمد بن علي (ت463هـ / 1071م) تاريخ مدينة السلام، تحقيق: بشار معروف، ط1، دار الغرب الإسلامي، بيروت، 2001، ج3، ص593 – 595؛ ابن خلكان، وفيات الأعيان، ج5، ص94 – 103؛ الزركلي، خير الدين، الأعلام، ط15، دار العلم للملايين، بيروت، 2002، ج6، ص248.

8 – انظر: عصفور، غواية التراث، ص221 – 231.

9 – انظر: كيليطو، عبدالفتاح، الأدب والغرابة: دراسات بنيويّة في الأدب العربيّ، ط3، دار توبقال، الدار البيضاء، ص53 – 60؛ كيليطو، عبدالفتاح، المقامات: السَّرْد والأنساق الثقافيّة، ترجمة: عبدالكبير الشّرقاوي، ط2، دار توبقال للنشر، الدار البيضاء، 2001، ص59 – 69.

10 – أدونيس، علي أحمد سعيد، مقدمة للشّعر العربيّ، ط3، دار العودة، بيروت، 1979، ص46.

11 – عصفور، جابر، الصّورة الفنّية في التراث النقديّ والبلاغيّ عند العرب، ط3، المركز الثقافي العربي، الدار البيضاء، بيروت، 1992، ص330.

12 – كيليطو، الأدب والغرابة، ص56.

13 – عصفور، غواية التراث، ص33.

14 – اليوسفي، محمّد لطفي، فتنة المتخيَّل: الكتابة ونداء الأقاصي، ط1، المؤسسة العربيّة للدّراسات والنشر، بيروت، 2002، ج1، ص385.

15 – كيليطو، المقامات، ص66؛ وانظر أيضاً: إبراهيم، عبدالله، «الإسلام والسَّرْد: انكسار الوسيط السّرديّ ونزاع الأنساق والقيم»، مجلة أوان، جامعة البحرين، العددان7+8، 2005، ص141.

16 – التّوحيديّ، أبو حيّان، علي بن محمّد (ت414هـ / 1023م) الإمتاع والمؤانسة، صحّحه وضبطه وشرح غريبه أحمد أمين، وأحمد الزين، منشورات المكتبة العصريّة، بيروت، صيدا، د. ت، ج2، ص138.

17 – كيليطو، المقامات، ص64.

18 – الجاحظ، أبو عثمان، عمرو بن بحر (ت255هـ / 869م) البيان والتّبيين، تحقيق: عبدالسّلام هارون، ط5، مكتبة الخانجي، القاهرة، 1985، ج1، ص241.

19 – ابن الشّيخ، جمال الدّين، الشّعريّة العربيّة: تتقدّمه مقالة حول خطاب نقديّ، ترجمة: مبارك حنون، ومحمد الولي، ومحمد أوراغ، ط1، دار توبقال، الدار البيضاء، 1996، ص74.

20 – الهمذاني، بديع الزّمان أحمد بن الحسـين (ت398هـ / 1008م) شرح مقامات بديـع الزّمان الهمذاني، تأليـف: محمّد محيي الدين عبدالحميد، دار الكتب العلميّة، بيروت، د. ت، ص207؛ وقد قدّم عبدالفتاح كيليطو تحليلاً وافياً لدلالة هذا التّحوّل في وظيفة الشِّعر. انظر: كيليطو، المقامات، ص59 – 69.

21 – إبراهيم، عبدالله، «النقد الثقافيّ: مطارحات في النّظريّة والمنهج والتّطبيق»، مجلّـة فصول، الهيئة المصرية العامـة للكتاب، القاهرة، العدد63، شـتاء وربيع، 2004، ص202.

22 – مـن هـذه الأحكام ما يورده عبدالله الغذّامي حين يصف شـعر المديح بقوله: «وجاء فنّ المديح ليشكّل خلطة ثقافيّة من البلاغة والكذب (الجميل) وبينهما مادح وممـدوح، وكيـس من الذّهب، هذا شـجاع كريم يعطي وهذا شـاعر بليغ يثني». وسـتقف الدِّراسـة في متنها على آراء الغذّاميّ في موضع لاحق. انظر: الغذّامي، عبدالله، النقد الثقافيّ: قراءة في الأنسـاق الثّقافيّة العربيّـة، ط2، المركز الثقافي العربي، الدار البيضاء، بيروت، ص100.

23 – عن هذا الجانب وتأثيره في الشّـعر العربيّ انظر: الجندي، درويش، ظاهرة التّكسُّـب وأثرهـا في الشّـعر العربيّ ونقـده، دار نهضة مصـر، القاهرة، 1970، ص253 – 260.

24 – الطّيـب بـن علي بن عبد، «رسـالة الطّيب بن علي بن عبد في الدّفاع عن الشّـعر»، تحقيـق: زياد الزّعبي، مجلة أبحاث اليرمـوك، جامعة اليرموك، إربد، المجلد العاشر، العدد الأول، 1992، ص79 – 80.

25 – العسـكري، أبـو هـلال الحسـن بن عبدالله (بعـد 395هـ / 1005م) كتاب الصّناعتين: الكتابة والشّعر، تحقيق: مفيد قميحة، ط1، دار الكتب العلميّة، بيروت، 1981، ص154.

26 – ابن الشيخ، الشّعريّة العربيّة، ص70.

27 – التعبير مقتبس من قول أبي تمّام:

أُرجِّي أنْ تكونَ مَحَلَّ يُسْري وَمُنْتَصِري على الزَّمَنِ الكَنُودِ

انظـر: أبـو تمّام، حبيـب بن أوس الطائيّ (ت 231هـ / 845م) شـرح ديوان أبي تمّام (بشـرح الخطيب التبريزي)، ط4، تحقيق: محمد عبده عزام، دار المعارف، مصر، د. ت، ج2، ص134.

28 – أبو تمّام، ديوانه، ج3، ص178.

54

29 ــ أبو تمّام، ديوانه، ج2، ص23.

30 ــ أبو تمّام، ديوانه، ج2، ص154.

31 ــ أبو تمّام، ديوانه، ج3، ص108.

32 ــ أبو تمّام، ديوانه، ج1، ص237؛ ج4، ص550.

33 ــ أبو تمّام، ديوانه، ج2، ص325.

34 ــ أبو تمّام، ديوانه، ج3، ص117.

35 ــ جدّاء: الجَدّاء من الإبل أو الغنم ما قطعت أذنها.

36 ــ يُعرّد: يحيد ويفرّ. الأعوجيّ: منسوب إلى أعوج وهو الكريم من الخيل.

37 ــ أبو تمّام، ديوانه، ج3، ص105.

38 ــ أبو تمّام، ديوانه، ج3، ص104.

39 ــ الربّاعـي، عبد القادر، الصّورة الفنيّة في شـعر أبي تمّام، ط1، منشـورات جامعة اليرموك، إربد، 1980، ص99.

40 ــ أبو تمّام، ديوانه، ج3، ص106.

41 ــ الهبيد: حَبّ الحنظل.

42 ــ أبو تمّام، ديوانه، ج4، ص66.

43 ــ يُقَشَّب: يُخلط. الأساود: جمع أسْود وهو العظيم من الحيّات.

44 ــ أبو تمّام، ديوانه، ج4، ص583.

45 ــ بروكلمان، كارل، تاريخ الأدب العربي، نقله إلى العربية: عبد الحليم النجار، ط5، دار المعارف، مصر، د. ت، ج2، ص72.

46 ــ أبو تمّام، ديوانه، ج4، ص590 ــ 591.

47 ــ أبو تمّام، ديوانه، ج3، ص182 ــ 183.

48 ــ أبو تمّام، ديوانه، ج3، ص179.

49 ــ أبو تمّام، ديوانه، ج2، ص315.

50 ــ هكذا وردت في الدّيوان؛ وواضح أنّ البيت بذلك مكسور، ولعلّ الصّواب ــ كي يستقيم الوزن ــ أن تكون (أضحت) بدلاً من (أصبحت).

51 – ممّـا يؤكّد هذا الوعي في ذهن أبي تمّام حواره التالي مع البحتري: «قال لي أبو تمّام: بلغني أنّ بني حميد أعطوك مالاً جليلاً فيما مدحتهم به، فأنشدني شيئاً منـه، فأنشـدتُه بعض ما قلتُه فيهم، فقـال لـي: كم أعطوك؟ قلتُ: كـذا وكذا، فقال: ظلمـوك، والله ما وفوك حقّك، فلِمَ استكثرتَ ما دفعوه إليك؟ والله لبيت منها خيرٌ مما أخذتَ..». انظر: الأصفهاني، الأغاني، ج21، ص39.

52 – أبو تمّام، ديوانه، ج2، ص385.

53 – مُتَنَخِّل: من نخلتُه أي اخترته.

54 – ابن منظور، محمد بن مكرم (ت711هـ / 1311م) لسان العرب، دار المعارف، مصر، د. ت ، مادة (شنف).

55 – أبو تمّام، ديوانه، ج1، ص421 – 422.

56 – مرر: جمع مَرّ وهو الحبل.

57 – العدوانـي، معجب، «جماليّـات النهايـات الإبداعيّة: مدخـل نظريّ»، جريـدة الريـاض، العـدد 14808، 8 ينايـر، 2009، http://www.alriyadh. com/2009/01/08larticle400731.html.

58 – القيرواني، العمدة، ج1، ص239.

59 – يؤكِّـد هـذا قول ابن رشـيق القيرواني: «.. ومن ههنا عَظُم الشِّـعر، وتهيّب أهلـه، خوفـاً من بيت سـائر تُحْدى به الإبل، أو لفظة شـاردة يُضـرب بها المثل، ورجاء في مثل ذلك؛ فقد رفع كثيراً من الناس ما قيل فيهم من الشِّـعر بعد الخمول والاطراح، حتى افتخروا بما كانوا يعيِّرون به، ووضع جماعة من أهل السَّـوابق والأقدار الشَّـريفة حتى عُيِّروا بما كانوا يفتخرون به». انظر: القيرواني، العمدة، ج1، ص48.

60 – أبو تمّام، ديوانه، ج2، ص125؛ وانظر هذا المعنى في: المصدر نفسه، ج2، ص213.

61 – الحِباء: ما يحبو به الرّجل صاحبه ويكرمه به.

62 – ياكبسون، رومان، قضايا الشِّـعريّة، ترجمة: محمّد الولي، ومبارك حنون، ط1، دار توبقال للنشر، الدار البيضاء، 1998، ص106.

63 – مفتـاح، محمد، التشـابه والاختلاف: نحو منهاجيّة شمولية، ط1، المركز الثقافي العربي، الدار البيضاء، بيروت، 1996، ص97.

64 – أبو تمّام، ديوانه، ج2، ص130 – 131.

65 – غبّ: الغبّ من كلّ شيء عاقبته وآخرته.

66 – أبو تمّام، ديوانه، ج2، ص6.

67 – أبو تمّام، ديوانه، ج2، ص135.

68 – أبو تمّام، ديوانه، ج4، ص476.

69 – أبو تمّام، ديوانه، ج4، ص400.

70 – أبو تمّام، ديوانه، ج1، ص398.

71 – أبو تمّام، ديوانه، ج1، ص399.

72 – أبو تمّام، ديوانه، ج4، ص482؛ وانظر أيضاً: المصدر نفسه، ج2، ص182، ص349.

73 – أبو تمّام، ديوانه، ج4، ص331؛ والصّاب: عصارة شجر مرّ، وقيل: هو شجر مرّ؛ الجديح: كلّ ما خُلط.

74 – أبو تمّام، ديوانه، ج2، ص445.

75 – أبو تمّام، ديوانه، ج4، ص401.

76 – أبو تمّام، ديوانه، ج3، ص210.

77 – أبو تمّام، ديوانه، ج4، ص357؛ وانظر أيضاً: المصدر نفسه، ج4، ص66.

78 – أبو تمّام، ديوانه، ج4، ص490.

79 – أبو تمّام، ديوانه، ج2، ص5.

80 – أبو تمّام، ديوانه، ج4، ص357؛ وانظر أيضاً: المصدر نفسه، ج2، ص77.

81 – قد تأتي بعض هذه الصّور – على قلّة – في سياق هجاء الشّاعر لبعض منافسيه من الشّعراء، لكنّ الهدف، مع ذلك، يبقى واحداً، وهو رغبة الشاعر في ترسيخ فكرة الخوف والرّهبة لدى خصومه على اختلاف صورهم ومستوياتهم.

82 – دي مان، بول، العمى والبصيرة: مقالات في بلاغة النّقد المعاصر، ترجمة: سعيد الغانمي، ط1، منشورات المجمع الثّقافيّ، أبوظبي، 1995، ص36 – 37.

83 – هو زند بن الجون الأسدي، شاعر من أهل الظّرف والدّعابة، نشأ في الكوفة، ونال حظوة عند خلفاء بني العبّاس، توفي في حدود سنة 161هـ. انظر:

الأصفهانـي، الأغاني، ج10، ص188 – 216؛ ابن خلـكان، وفيات الأعيـان، ج2، ص320 – 327.

84 – المناعـي، مبـروك، الشّـعر والمال: بحـث في آليّات الإبداع الشّـعريّ عند العرب من الجاهليّة إلى نهاية القرن الثالث، ط1، دار الغرب الإسـلامي، بيروت، 1998، ص207.

85 – الأصفهاني، الأغاني، ج16، ص269 – 270.

86 – حسين، طه، من حديث الشعر والنثر، ط12، دار المعارف، القاهرة، د. ت، ص100.

87 – الأصفهاني، الأغاني، ج16، ص275.

88 – الغذّامي، النقد الثّقافيّ، ص182.

89 – الغذّامي، النقد الثّقافيّ، ص185 – 186.

90 – إبراهيم، النقد الثقافي، ص340؛ ويمكن في سـبيل توسـيع النظر في شـعر المديـح ومقاربته من زاوية تحليل جديدة غيـر مألوفة في النقد العربي العودة إلى دراسـات المستشرقة سـوزان سـتيتكيفيتش التي تقدم تفسـيراً عميقاً وموضوعياً لقصيدة المديح ووظيفتها في الشّعر العربي. انظر: ستيتكيفيتش، سوزان، القصيدة والسلطة: الأسطورة، الجنوسة، والمراسم في القصيدة العربية الكلاسيكية، ترجمة حسن البنا عزالدين، ط1، المركز القومي للترجمة، القاهرة، 2010.

91 – عن أثر المال في الشّعر العربيّ انظر: المناعي، الشّعر والمال.

92 – عن الصّراع النقدي حول أبي تمّام انظر: عبّاس، إحسان، تاريخ النقد الأدبيّ عند العرب، ط1، دار الشروق، عمّان، 1993، ص135 – 173.

93 – أبو تمّام، ديوانه، ج1، ص90.

94 – أبو تمّام، ديوانه، ج3، ص256.

95 – أبو تمّام، ديوانه، ج1، ص397.

96 – أبو تمّام، ديوانه، ج2، ص273.

97 – أبو تمّام، ديوانه، ج2، ص397.

98 – أبو تمّام، ديوانه، ج1، ص380؛ والإقواء والسّناد عيبان في القافية.

99 – أبو تمّام، ديوانه، ج2، ص217.

100 – أبو تمّام، ديوانه، ج1، ص382.

101 – أبو تمّام، ديوانه، ج2، ص373.

102 – أبو تمّام، ديوانه، ج3، ص330.

103 – أبو تمّام، ديوانه، ج4، ص337.

104 – أبو تمّام، ديوانه، ج1، ص288؛ والصُّمّ الصِّلاب: الصّخر.

105 – أبو تمّام، ديوانه، ج1، ص91.

106 – أبو تمّام، ديوانه، ج1، ص196.

107 – أبو تمّام، ديوانه، ج 4، ص331.

108 – أبو تمّام، ديوانه، ج2، ص95.

109 – أبو تمّام، ديوانه، ج2، ص94.

110 – أبو تمّام، ديوانه، ج1، ص368؛ وانظر أيضاً: ضيف، شوقي، الفنّ ومذاهبه في الشّعر العربيّ، ط11، دار المعارف، مصر، د. ت، ص250 – 254.

111 – أبو تمّام، ديوانه، ج1، ص258.

112 – أبو تمّام، ديوانه، ج1، ص78.

113 – أبو تمّام، ديوانه، ج3، ص328 – 331.

114 – يعني بالحضرميّة: النّعال، نسبة إلى حضرموت. ويقال: نعل مخصَّرة إذا كان لها خصران، وملسَّنة إذا كانت تستدقّ من طرفها الذي يلي الأصابع.

115 – الينبـوع: النّهـر الكثير الماء. خضل: مبتلّ. الهـديّ: العروس. الموضون: المنسوج نسجاً متقارباً.

116 – الجفر: البئر الواسعة الفمّ.

117 – انظـر مثـلاً: الأصفهاني، الأغاني، ج3، ص98، 169؛ أبو نواس، الحسـن بـن هانـئ (ت198هـ / 813م) ديوانـه، حققه وضبطه وشـرحه: أحمد عبد المجيد الغزالي، دار الكتاب العربي، بيروت، 1953، ص473؛ المتنبّي، أحمد بن الحسين (ت354هـ / 956م) شـرح ديوان المتنبي، وضعه: عبد الرحمـن البرقوقي، دار الكتاب العربيّ، بيروت، 1986، ج3، ص386، ج4، ص83 – 84.

118 – أبو تمّام، ديوانه، ج1، ص259.

119 – عصفور، غواية التراث، ص226.

120 – أبو تمّام، ديوانه، ج3، ص19.

121 – أبو تمّام، ديوانه، ج1، ص258.

122 – أبو تمام، ديوانه، ج2، ص273.

الفصل الثاني:

الأنا بين لوعة الفقد ونازع الحنين

قراءة في ظاهرة الصَّداقة في شعر المتنبِّي

وَمِــنَ العَــداوةِ مــا ينالُــكَ نَفْعُــهُ

ومِــنَ الصَّداقَــةِ مــا يَضُــرُّ ويُوْلِــمُ

المتنبِّي[1]

«وقبل كلِّ شيءٍ ينبغي أن نثق بأنّه لا صديق ولا مَنْ يتشبَّه بالصَّديق»

التّوحيدي[2]

مقدمة:

الصَّداقة، مثلها مثل الحبّ، قيمة إنسانيّة عظيمة لها مكانتُها المتميِّزة في حياة بني البشر. وهي قيمة خالدة يتجدَّد حضورُها بتجدُّد العصور والأزمان، ذلك أنّها شرط من شروط الحضور الإنسانيّ[3]؛ «فالإنسان سواء أكان خيِّراً أم شريراً، سعيداً أم تعيساً، بحاجة إلى أن يكون له أصدقاء. فبواسطتهم يكتشف نفسه كإنسان خيِّر سعيد، وعن طريقهم يتوصَّل إلى تجاوز تعاسته وحظّه العاثر، أو الإصرار على شرِّه كما هو حاصل أحياناً. ذلك أنَّ معرفة الذَّات (أو تعرُّف المرء على نفسه) يُضاء ويترسَّخ عن طريق الاحتكاك بالآخر»[4].

وقد شغل موضوعُ الصَّداقة عدداً من الفلاسفة والمفكِّرين والأُدباء، فقدَّموا فيه رؤاهم وتصوُّراتِهم المختلفة. ولعلَّ أرسطو (384 – 322 ق. م) أن يكون من أوائل الفلاسفة الذين بحثوا هذا الموضوع بحثاً مستفيضاً، ويُعدُّ ما كتبه مرجعاً لكثيرين ممّن تناولوا هذا الموضوع من بعده[5].

ومن الفلاسفة والمفكِّرين العرب القدامى الذين تناولوا موضوع الصَّداقة: ابن المقفّع (ت 142هـ / 759م)، ومسكويه (ت 421هـ /

1030م)، وأبو حامد الغزالي (ت 505هـ / 1111م)، وغيرهم[6]. ولعلَّ أبا حيَّان التَّوحيدي (ت 414هـ / 1023م) أبرز من عُنِي بهذا الموضوع من العرب؛ فقد كرَّس له كتاباً كاملاً هو «الصَّداقة والصَّديق» الذي ضمَّنه مختاراتٍ واسعةً من آراء وأقوال الفلاسفة والكُتَّاب والشُّعراء في الصَّداقة والأصدقاء[7].

وليست غاية هذه الدِّراسة استقصاء كلِّ التُّراث الذي كُتب في موضوع الصَّداقة، كما أنَّ الغاية لا تتَّجه إلى بحث هذا الموضوع بحثاً فكريّاً متخصِّصاً، فلذلك مجالٌ آخرُ غيرُ ما نحن فيه. وإنَّما غاية ما تهدف إليه هذه الدِّراسة بيان أهميّة موضوع الصَّداقة «بصفتها أمنية دائمة وكونيَّة للإنسان، وامتحاناً رائزاً للسُّلوك الدِّينيّ والأخلاقيّ والسِّياسيّ»[8] للفرد الذي يعيش في إطار اجتماعيّ تتداخل فيه العلاقات وتتقاطع، الأمر الذي جعلها موضوعاً أثيراً من موضوعات الأدب العربيّ القديم[9]، ثُمَّ استجلاء – ولعلَّ هذا ما يَهمُّ الباحث في مجال الأدب – هذه الفكرة وأثرها في الرُّؤية الشِّعريَّة لدى شاعر كبير كالمتنبِّي.

إنَّ بحث موضوع الصَّداقة في شعر المتنبِّي يكشف عن جانب من أزمة الذَّات الشَّاعرة ومعاناتها؛ ففي شعره لا نجد تمتُّعاً بمباهج الصَّداقة ومسارِّها، بل نصادف شكوى مريرة من قلَّة الصَّديق ونُدرته، في موقف يذكِّر بموقف التَّوحيدي – وهما ابنا عصر واحد – الذي يشكِّك بواقعيَّة الصَّداقة وإمكان وجودها[10]. ولعلَّ في الاقتباسين الافتتاحيين اللذين صُدِّرت بهما هذه الدِّراسة ما يدلُّ على أنَّ ثمَّة تقارباً في نظرة كلا الأديبين لموضوع الصَّداقة. وهي نظرة تتَّسم،

في عمومها، بالسِّلبيّة واليأس من إمكانيّة وجود صديق حقيقيّ. وتُعبِّر – في الوقت ذاته – عن ضعف ثقة كليهما بالنّاس. وهو أمر يكشف، على نحو أو آخر، عن نزعة تشاؤميّة تغلف رؤية كلا الرجلين للحياة والنّاس.

وإذا كانت رسالة «الصَّداقة والصَّديق» للتّوحيدي، في بُعْدها العميق، تُعدُّ تعبيراً عن حنين جارف إلى الصَّديق الذي لم يعرفه أبو حيّان ولم ينعم بوصله، كما يذهب إلى ذلك جمال الغيطاني [11]، فإنّ فكرة الحنين إلى صديق حميم ظلّت دائمة الحضور في شعر المتنبِّي أيضاً، وَفْقَ ما ستكشف عنه هذه الدِّراسة في فقرات لاحقة. وربّما ساعد على هذا التَّقارب في رؤية كلٍّ من الشّاعر والكاتب طبيعةُ شخصيّتيهما، وما قد تفتقران إليه من غنًى وحميميّةٍ في علاقتهما بالآخر، فضلاً عمّا يصدران عنه، في توجُّههما العامّ، من أسلوب احتداميّ في علاقاتهما الإنسانيّة [12]. وقد يكون أيضاً لطبيعة القرن الرّابع الهجريّ بتركيبته الاجتماعيّة المعقَّدة دورٌ في تأزُّم أوضاع الأدباء بما قد ينعكس على تواصلهم الإنسانيّ وحياتهم في جوانبها المختلفة [13]. غير أنَّ مثل هذا التَّوافق في الرُّؤية ينبغي ألا يصرف الذّهن عن الاختلافات الواضحة بين هاتين الشَّخصيّتين في الوقت ذاته [14].

وتتَّجه هذه الدِّراسة إلى بحث موضوع الصَّداقة في شعر المتنبِّي. والدِّراسة نصيّة تعتمد النّصّ الشِّعريّ أساساً في اكتناه محمولاته ودلالاته. وهو أمرٌ لا يعني على كلِّ حال إغفال السِّياق ودوره في تحديد الدّلالة وتعيينها؛ فالنَّصّ يبقى وثيق الصِّلة دائماً بشروط إبداعه وإنتاجه.

إنّ بحث موضوع الصَّداقة يتطلَّب من الدَّارس في هذا المقام أن يقف على عدد من القضايا المتداخلة بهذا الموضوع، والمتأثِّرة أو المؤثِّرة فيه؛ فاستقراء فكرة الوحدة والعزلة التي تشكِّل معنًى لازباً في شعر المتنبِّي، والوقوف على علاقة الذَّات الشَّاعرة بالآخر واستكناه ما تكشف عنه هذه العلاقة من أبعاد ودلالات، أمور لها تماسُّها الواضح بموضوع هذه الدِّراسة. والحقيقة أنّ فكرة الصَّداقة تتواتر في نصّ المتنبِّي في إشارات متوارية حيناً، وسافرة حيناً آخر، وهي تعلن عن نفسها في مثل هذه الموضوعات وغيرها. والدَّارس يمكنه، في المحصِّلة، أن يلمَّ بأبعاد هذا الموضوع بالنَّظر الشَّامل في نصِّ المتنبِّي الذي يكشف بعضُه وجوةَ بعضٍ.

عزلة الأنا:

يلمس كلُّ مَن يقرأ شعر المتنبي، منذ الوهلة الأولى، إحساساً ممضّاً بالوحدة. وقد بقي هذا الإحساس صفة ملازمة للشَّاعر في أغلب أطوار حياته. ولعلَّ في تكرار الحديث عن معنى الوحدة ما يشي، في بعض وجوهه، بقلّة الصَّديق، أو انعدامه أصلاً في عالم الذَّات الشَّاعرة التي تتملّكها أحياناً حالاتٌ بعيدةٌ من الشَّكوى والانكسار [15]:

أهـــمُّ بِشــيءٍ والليالــي كأنَّها

تُطارِدُنـــي عَــنْ كَونِـــهِ وَأُطارِدُ

وَحِيـــدٌ مِنَ الخُــلّانِ فــي كُلِّ بَلْـدَةٍ

إذا عظُمَ المَطْلوبُ قَلَّ المُساعِدُ

وَتُسْــعِدُني في غَمْرَةٍ بَعْدَ غَــمْــرَةٍ

سَبُوحٌ لها مِنْها عليها شَــواهِدُ⁽¹⁶⁾

تَثَنَّــى على قَــدْرِ الطِّعـانِ كأنَّما

مَفاصِلُها تَحْـتَ الرِّمـاحِ مَراوِدُ⁽¹⁷⁾

مُحَرَّمَــةٌ أكْفالُ خَيْـلِـي عـلى القَنَا

مُحَلَّــةٌ لَبَّاتُـها والقَلائِـدُ⁽¹⁸⁾

وَأُورِدُ نَفْسِــي والمُهَنَّـدُ في يَـدي

مَـوارِدَ لا يُصْدِرْنَ مَـنْ لا يُجالِـدُ

ففي الأبيات السّابقة تصويرٌ لتناقضات الذّات ومفارقاتها؛ فهي
تجهد في سبيل تحصيل مطلبها الذي يصطدم بعوارض الزّمن
وعوائقه، وهي كذلك «وحيدة» لا سند لها أو صديق في كلِّ مكان تحلُّ
فيه. ومع ذلك فإنَّ غايتها ومطلوبها بعيدان، وكلَّما عظم المطلوب،
وَفْقَ ما يقرِّر الشّاعر، قلَّ وجود المساعد / الصّديق، وفي هذا تعبيرٌ
عن إحساس الذّات بمأزقها الذي لا تجد في الخلاص منه، في اللّحظة
الرّاهنة، سوى استحضار صورة الفرس / الخيل⁽¹⁹⁾ التي تنقل دلالة
الأبيات إلى جوٍّ آخر تؤدِّي فيه لفظة «تسعدني» علامة إشاريّة فاعلة
بما تثيره من إيحاءات مغايرة لما سبق. ويعمِّق من حِدَّة الانتقال لهذا
المعنى أيضاً ما يضفيه الشّاعر على فرسه من صفات تناوش حدود
الأسطورة (سبوح، تثنَّى على قدر الطّعان، مفاصلها تحت الرّماح
مـراود..). إلى ذلك فإنّ الذّات تسعى، اتّكاءً على فاعليّة الصّورة
الشّعريّة وتأثيرها، إلى تحقيق وجودها باجتراح فعل الشّجاعة الذي

يمدُّها بالقوّة اللازمة في مواجهة وحدتها وعزلتها البالغتين.

وتتكرَّر فكرة الوحدة وقلّة النَّصير في شعر المتنبِّي، ومن ذلك الأبيات التّالية التي يبلغ فيها هذا المعنى حدوداً بالغة التّأثير، يقول[20]:

كَيــفَ الرَّجاءُ مِــنَ الخُطُـوبِ تَخَلُّصاً
مِنْ بَعْـدِ مـا أَنْشَبْنَ فِـيَّ مَخـالِبا

أَوْحَدْنَنِـي وَوَجَدْنَ حُزْنـاً واحِـداً
مُتناهِيـاً فَجَعَلْنَـهُ لِــي صـاحِبا

وَنَصَبْنَنِي غَـرَضَ الرُّمَـاةِ تُصِيبُنِي
مِحَـنٌ أَحَدُّ مِـنَ السُّـيوفِ مَضـارِبا

أَظْمَثْنِـيَ الـدُّنيا فَلَمَّـا جِئْتُها
مُسْتَسْـقِياً مَطَـرْتْ عَلــيَّ مَصـائبا

وَحُبِيْتُ مِــنْ خُوْصِ الرِّكـابِ بِأَسْـودٍ
مِـنْ دارِشٍ فَغَدَوْتُ أَمْشِـي راكِبـا[21]

يحسن بدايةً ربط هذه الأبيات بسياقها الذي قيلت فيه؛ فالأبيات من قصيدة يمدح فيها المتنبِّي عليّ بن منصور الحاجب الذي يقال إنّه لم يُجْزِ الشّاعر عليها إلا ديناراً واحداً؛ فسُمّيت بالقصيدة الدّيناريّة[22]. والأبيات من نتاج المرحلة التي سبقت اتّصال الشّاعر بسيف الدَّولة، والتي يُجْمِل الثَّعالبي وصفها بقوله: «وكان [المتنبِّي] كثيراً ما يتجشَّم أسفاراً بعيدة أبعد من آماله، ويمشي في مناكب الأرض، ويطوي المناهل والمراحل، ولا زاد إلا من ضرب الحراب، على صفحة

المحراب، ولا مطيّة إلا الخفّ أو النّعل»[23]. وهو وصف يعبّر عن مبلغ البؤس الذي وصلت إليه الذّات الشّاعرة في هذه الفترة النّكدة من حياتها.

ويجد وصف الثّعالبي هذا صداه في التّكوين النّصيّ للأبيات السّابقة التي وفّر لها الشّاعر من المؤثّرات الفنيّة ما جعلها تعبّر تعبيراً بالغاً عن فكرة وحدة الذّات التي تتلبّسها حالةٌ من الحزن الدّائم الذي غدا «كالصّاحب» الملازم لها. ومصاحبة الحزن فكرة أثيرة لدى المتنبّي الذي سيكرّر في المستقبل هذا المعنى في إحدى مقدّماته الغزليّة حين يصف من رحلوا وتركوه وحيداً: «لم يتركوا ليَ صاحباً إلا الأسى...»[24]. أقول إنّ الشّاعر وفّر لأبياته من المؤثّرات ما جعلها معبّرة عن حاله، ومن ذلك الصُّوَر الاستعاريّة التي كان لها دورٌ بارزٌ في تأكيد مأساويّة الرُّؤية التي تصدر عنها الأبيات؛ فالخطوب تبدو كالوحش الكاسر الذي ينشب مخالبه في فريسته في صورة تذكّر بصورة أبي ذؤيب الهُذليّ في وصفه الشّهير للمنيّة[25]. والذّات تكون هدفاً سهلاً للمِحَن التي تبدو في قسوتها كالسُّيوف الماضية.

ويوظّف الشّاعر أخيراً تقنية المفارقة التي تُعدُّ من السّمات المائزة في شعر المتنبّي[26]. وقد عمّقت هذه التّقنيةُ من حسِّ المأساة في الأبيات السّابقة، «وتتجلَّى المفارقة بوضوح حين يتوقّع المتلقّي أنَّ الدُّنيا ستكافئ الشّاعر بعد هذه المعاناة الدّائمة بحال غير هذه الحال، ولكنّ مثل هذا التّوقُّع سرعان ما يخيِّبه قول الشّاعر: «مطرت عليَّ مصائبا»، فبعد كلّ هذا الظّمأ في انتظار الماء والسُّقيا، تكون النّتيجة وابلاً من المصائب الجديدة التي تضاف إلى سابقاتها. وتتأكَّد حِدَّة

المفارقة حين يظهر أنَّ الشّاعر كان في السّابق يمتطي الإبل في تنقُّله وحركته، فإذا به الآن لا يملك إلا خفّاً أسود. وهكذا فقد تمكَّنَ الشّاعرُ من استثمار تقنية المفارقة في تصوير صراعه غير المتكافئ مع الزّمن، وتجسيد ما أصابه من تحوُّلات سلبيّة تركت أثرها القاسي على نفسه وحياته»[27].

هكذا تتعمّق فكرة الوحدة في حياة الشّاعر؛ فالذّات تبدو ممعنةً في الرَّحيل، عازمةً على مفارقة الآخرين واعتزالهم، وكأنّها تجد في ذلك خلاصاً وانعتاقاً ممّا هي فيه[28]:

أوَانــاً في بيُـــوتِ البَـــدوِ رَحْـــلـي

وَآونــــةً علــــى قَتَــــدِ البَعِــــير[29]

أُعرِّضُ للرِّمـــاحِ الصُّـــمِّ نَحْري

وَأنْصِبُ حُــرَّ وَجْهِـــي للهَجِير[30]

وَأسْـرِي في ظَلامِ اللَّيـــلِ وَحْـدي

كأنّــي مِنْــهُ فـــي قَمَـــرٍ مُنِيــــرِ

.. وَقِلَّـــةِ ناصِـــرٍ جُوزِيــــتَ عَنّـــي

بشَـــرٍّ مِنْـــكَ يـــا شَــــرَّ الدُّهُـــورِ

عَــدُوِّي كُلُّ شَــيْءٍ فِيــــكَ حتّى

لَخِلْـــتُ الأُكْمَ مُوْغِـــرَةَ الصُّدُورِ[31]

ففي الأبيات السّابقة وصفٌ لذاتٍ أدمنت الرَّحيل، فصار كأنّه صفةٌ ملازمة لها[32]. ومع ما تسعى الذّات إلى اجتلابه من صورٍ

70

القوّة والصّلابة: «أعرّض للرّماح الصّمّ نحري / أنصب حُرّ وجهي للهجير / أسري في ظلام اللّيل وحدي»، فإنّها تَشفُّ، مع ذلك، عن إحساس بالغ من الضّعف والضّياع، وقد تمثّل ذلك أوّلاً في الشّكوى من قلّة النّاصر / الصّديق الذي يمكن أن تأنس إليه الذّات وتجد فيها عوناً وسنداً لها. وتمثّل ثانياً في الشّكوى من كثرة الأعداء – والحديث عن قلّة الصّديق هنا يستدعي حديثاً مقابلاً عن كثرة العدوّ – حتّى لكأنّ كلّ ما في الوجود بات عدوّاً لهذه الذّات، خصيماً لها. وتتأكّد مثل هذه الفكرة أيضاً في قول المتنبّي التالي [33]:

خَليلايَ دُونَ النّاسِ حُــــزنٌ وَعَـبـرةٌ
على فَقْـدِ مَنْ أحْبَبْــتُ ما لَهُمَـا فَقْـدُ

تَلَـجُّ دُموعِـي بالجُـفُـونِ كَأنَّـمـا
جُفونِــي لِعَيْنِـيْ كُــلِّ باكِيـةٍ خَـدُّ

وَإنِّــي لَتُغْنِيْنِــي مِــنَ المَــاءِ نُغْبَـةٌ
وَأصْبِرُ عَنْهُ مِثْلَ مــا تَصْبِرُ الرُّبْـدُ [34]

وَأمْضِي كَمـا يَمْضِي السِّـنانُ لِطِيَّتِي
وَأطْوِي كَما تَطْوِي المُجَلَّحَةُ الــعُقْدُ [35]

وَأُكْبِرُ نَفْسِــي عــن جَــزاءٍ بِـغِيْبَـةٍ
وَكُلُّ اغْتِيـابٍ جُهْدُ مَنْ ما لَـهُ جُهْدُ

وَأرْحَـمُ أقْـوامـاً مِـنَ العِـيِّ والغَبَـا
وَأعْـــذِرُ فِـي بُغْضِي لأنَّهُـمُ ضِـدُّ [36]

وإذا كان افتقاد الذّات للصّديق في هذه الأبيات: «خليلاي دون النّاس حزن وعبرة» ذا أثر في طبعها بهذه المسحة البادية من الحزن ولوعة الفقد: «تلجُّ دموعي بالجفون كأنّما..»، فإنّ الذّات الشّاعرة، في سبيل تعويض هذه الخسارة، تمعن في تعميق حضورها، وإبراز وجوه قوّتها وامتلائها، مستثمرة عنصر المبالغة بما يمكن أن يكون له من دور في تعميق الدّلالة وتأكيدها: «وإني لتغنيني من الماء نُغْبَة، وأصبر عنه..، وأمضي كما يمضي..، وأطوي كما تطوي..». بل إنَّ الذّات لتكابر في هذا التَّمايز حين تترفَّع عن الآخر بسموِّ الموقف والخلق: «وأُكْبِرُ نفسي عن جزاء بغيبة.. وأرحم أقواماً.. وأعذر في بغضي..»، مقيمة حدّاً فاصلاً بين ضدّين لا يلتقيان: الآخر بما تسبغه عليه الأبيات من صفات منقوصة (العِيّ والغَبا)، والأنا بما يمكن أن تتميّز به من صفات إيجابيّة غائبة ساعد على استحضارها تلك الصّفات الشّائعة للآخر. وهكذا فإنّ الأمر، في حالة المتنبّي هذه، لا يمكن أن يفضي إلى التقاء.

وربّما كان لهذا المنزع الصِّدامي مع الآخرين أثرٌ في دفع الذّات إلى عالَم غير عالَم البشر، علّها تجد فيه شيئاً من تعويض وتكريم ضائعين[37]:

أَجَارُكِ يا أُسْـدَ الفَرَادِيسِ مُـكْـرَمُ

فَتَسْكُنَ نَفْسِي أَمْ مُهَـانٌ فَمُسْلَمُ[38]

وَرَائِــي وَقُـدَّامِي عُـدَاةٌ كَثِيرَةٌ

أُحَـاذِرُ مِنْ لِـصٍّ وَمِنْـكِ وَمِنْـهُمُ

فَهَلْ لَــكِ فِي حِلْفِي عَلى مَـــا أُرِيدُهُ
فَإِنِّــي بِأَسْــبابِ المَعِيْشَــةِ أَعْـلَمُ

إِذاً لأَتَــاكِ الخَيْرُ مِــنْ كُلِّ وِجْهَــةٍ
وَأَثْرَيْــتِ مِمَّــا تَغْنَمِيــنَ وَأَغْنَمُ

تكشف الأبيات عن إحساس بالغ بالوحدة وانعدام الأنيس، ولعلَّ
ذلك هو الذي جعل الذَّات تنظر في إقامة حلف / صداقة مع عالم
الحيوان بعد أن تقطَّعت أواصر الأُلفة والمودَّة مع عالم الإنسان.
وواضح ما تكشف عنه الأبيات من حالة متمكِّنة من الشُّعور بالضَّياع
والنَّفي، الأمر الذي دفعها إلى مخاطبة «أُسْد الفراديس» بمثل هذا
الرَّجاء المنكسِر. واللافت للنَّظر أنَّ فكرة كثرة الأعداء تتكرَّر في هذه
الأبيات كما في سابقتها، والتَّكرار هنا ليس منعدم الدَّلالة؛ «ذلك أنَّ
النَّصّ يعمل في أغلب الأحيان على تأكيد حضور أيٍّ وحدة أسلوبيّة
ودلاليّة من أجل إعطائها طابع الاستمراريّة في النَّصّ، وكذلك من
أجل إبرازها أمام انتباه القارئ، وتحديد الدَّور الذي تقوم به بين
مجموع الوحدات الأخرى»[39]. فكأنَّ هذا الحديث «المتكرِّر» عن
هذه الفكرة جاء تعبيراً عن شواغل الذَّات وهواجسها المستبدّة التي ما
إن تغب عن مداركها لحظةً، حتَّى تعاود ظهورَها من جديد.

ولعلّ فكرة الأبيات أخيراً – بما تتضمَّنه من نزوع إلى عالَم مفارِق
– تذكِّر بحالة الشَّنفرى الذي وجد هو الآخر في صداقة الحيوان ما
يغني عن صداقة الإنسان أو التَّعايش معه[40]، وإن بدت حالة الشَّنفرى
أكثر اندماجاً واستغراقاً في هذا العالَم من حالة المتنبِّي التي بدت

عرضيَّة[41]، وكانت أقرب إلى التَّوجُّس والحذر: «أحاذرُ من لصٍّ ومنك ومنهم.. فهل لك في حلفي.. إذاً لأتاك الخير..».

الأنا والآخر:

تقتضي دراسة موضوع الصَّداقة في شعر المتنبّي الوقوف على طبيعة علاقته بالآخر؛ فاستقراء هذه العلاقة يساعد الدَّارس على بَحْثِ هذا الموضوع وتحديد أبعاده؛ فالصَّداقة، في المحصِّلة، نتاج تواصل إيجابيّ متصالح مع الآخر، وهي تتأثَّر بمزاج الفرد وتركيبته النَّفسيّة والاجتماعيّة، وقدرته على التَّجانس والانسجام مع محيطه. ومع أنَّ الصَّداقة بمفهومها العميق تتجاوز مسألة التَّفاعل الاجتماعيّ أو التَّواصل مع الآخر بمعناه العامّ، باعتبارها «حالة إنسانيّة خاصّة تقع في منتصف الطَّريق بين الذَّات من جهة والمجتمع من جهة أخرى: حالة هي أرحب من عزلة الذَّات، ولكنّها أقلّ اتّساعاً وأكثر حميميّة من الكتلة الاجتماعيّة»[42]، إلا أنَّ ذلك لا ينفي أنَّ الصَّداقة، بما هي علاقة تجمع بين ذاتين، يتحدَّد حضورُها أو غيابها برغبة الذَّات في التَّفاعل مع الآخر، وقدرتها على مدّ وشائج حقيقيّة من «الاستعداد الرُّوحيّ والتَّناغم النَّفسيّ»[43] معه.

والـدَّارس لحياة المتنبّي وشعره يجد أنَّ شخصيّته «في أدبه شخصيّة اصطداميّة»[44]، وأنّه «يفرز نفسه ويعرضها عالماً فسيحاً من اليقين والثِّقة والتَّعالي في وجه الآخرين وضدّهم»[45]، وهو «يمثِّل ذروة الإحساس بالعظمة والتَّفوُّق»[46]. ولا يحتاج تعزيز هذه الأحكام وتأكيدها في شعر المتنبّي كبير عناء؛ فكثيراً ما كانت رؤيته للنَّاس

تتَّخذ أشكالاً من التَّوجُّس وإساءة الظَّنِّ بهم، ومن ذلك قولُه التَّالي الذي يتحرَّر من قيد الاحتراس الواجب ليدخل في مطلق التَّعميم [47]:

فَإِنِّي قَـــدْ أَكَلْتُهُمْ وَذَاقَـا	إذَا مَا النَّـــاسُ جَرَّبَهُمْ لَبِيبٌ
وَلَـــمْ أَرَ دِيْنَهُمْ إِلَّا نِفَاقَـا	فَلَـــمْ أَرَ وُدَّهُـمْ إِلَّا خِدَاعـاً

والبيتان يعبِّران، في مباشرتهما الحادَّة، عن سوء ظنّ بالنَّاس الذين ترسَّخت في عالمهم، وَفْقَ رؤية الشَّاعر، كثيرٌ من القيم السَّالبة من خداع ونفاق... إلخ. وانتفت لديهم، في المقابل، كلُّ القيم الموجبة التي يتعمَّق بها معنى الحياة ويتحقَّق. والبيتان من قصيدة في مدح سيف الدَّولة، وفيها حديثٌ عن الحاسدين ومكائدهم. ولعلَّ لموقف المتنبِّي هذا، بما ينطوي عليه من يأس وإحباط ظاهرين، ارتباطاً باللَّحظة التَّاريخيّة من حياة الشَّاعر في ظلِّ سيف الدَّولة، وما كان يدور في بلاط الأمير من صور الشَّحناء والتَّباغض التي وجد المتنبِّي نفسه «دوماً في الوسط اللاعج منها» [48].

ومثل هذا المعنى بالغ الوضوح في شعر المتنبِّي، ومن ذلك أبياته التَّالية التي اجتزئت من قصيدة قالها سنة 352هـ، أي بعد خروجه من مصر بنحو عامين [49]:

هَــوِّنْ عَلـــى بَصَرٍ مَــا شَــقَّ مَنْظَرَهُ

فَإِنَّمَــا يَقَظَـــاتُ العَيْـنِ كالحُلُـــم

وَلا تَشَــكَّ إلــى خَلْـقٍ فَتُشْمِتَهُ

شَــكوى الجريحِ إلى الغِرْبــانِ والرَّخَم

وَكُــــنْ عَلـــى حَـذَرٍ للنَّــاسِ تَسْـــتُرُهُ

وَلَا يَغُــرُّكَ مِنْـــهُـمْ ثَغْــرُ مُبْتَسِــم

غَـــاضَ الوَفـــاءُ فَمَـــا تَلْقاهُ فــي عِدَةٍ

وَأَعْوَزَ الصِّـــدْقُ في الأَخْبارِ والقَسَــم

فالأبيات تكشف عن نزعة تشاؤميّة يتداخل فيها شعور اليأس واللاجدوى من النّاس: «ولا تثكَّ إلى خلق..»، وشعور الحذر وعدم الثِّقة بهم: «وكُنْ على حَذَر.. ولا يغرّك..»، ليتبدّى الموقف أخيراً عن حُكْم تعميميّ ينفي وجود صفتي الوفاء والصّدق في هذا الوجود قاطبة. وواضح أنَّ الأبيات تعبِّر في النّهاية عن وحدة الذّات وعزلتها في هذا العالم، فهي تتنكفئ في شرنقتها لتقيم من نفسها مخاطباً / أنيساً تبثُّه الشّكوى حين لا تجد من يمكن أن تنفتح عليه لتبوح له بمكنونها وداخلها المعذَّبين.

وتحتدُّ العلاقة بين الذّات والآخر لتتَّخذ شكلاً هجائيّاً حادّاً يكشف عن شعور عدائيّ تجاه أهل الزّمان عامة[50]:

أَذُمُّ إلـــى هـذا الزَّمــــانِ أُهَيْلَـــهُ

فَأَعْلَمُهُمْ فَـــدْمٌ وَأَحْزَمُهُمْ وَغْدُ[51]

وَأَكْرَمُهُــمْ كَلْـبٌ وَأَبْصَرُهُـمْ عَـمِ

وَأَسْـــهَدُهُمْ فَهْدٌ وَأَشْـجَعُهُمْ قِرْدُ

وَمِنْ نَكَـدِ الدُّنيا على الحُرِّ أَنْ يَرَى

عَـــدُوّاً لَهُ مَا مِـنْ صَداقَتِـــهِ بُـدُّ

تستثمر الأبيات السّابقة في سبيل تأكيد دلالتها أمرين؛ الأوّل: التّصغير. «والتّصغير تغييرٌ مخصوصٌ في بنية الكلمة، وهو من هذه الوجهة تحوُّل صرفيّ محض، ولكنّه من وجهة أخرى يعتبر وصفاً في المعنى، ومن هنا تأثيره في الدّلالة الجزئيّة للكلمة، ثمّ في الدّلالة الكلّيّة للنّسق اللّغويّ»[52]. ومن الواضح أنّ التّصغير، بما يقدّمه، في بعض دلالاته، من معاني التّحقير والتّهوين وتقليل الشّأن، يتّفق وشعور المتنبّي النّاقم على أهل زمانه. والثّاني: المفارقة التي تتمثّل هنا في الجمع بين أزواج متنافرة: «أعلمهم / فدم، أكرمهم / كلب، أبصرهم / عم...»، وواضح «أنّ التّوتُّر النّاشئ من المفارقة يزداد حفزاً كلّما ازداد التّباين بين حدّيها»[53]؛ فالشّاعر يقدّم اسم تفضيل ذا دلالة إيجابيّة يقرنه بصفة أو كلمة ذات دلالة سلبيّة ليتولّد من الموقف صورٌ من السُّخرية القاسية التي لا تبعد غايتُها الدّلاليّةُ عن الغاية التي عبّر عنها التّصغير.

وتتجلَّى المفارقة أخيراً في التَّعبير عن سوء اشتراطات الزّمن واختياراته التي قد تجبر المرء أحياناً على صداقة عدوِّه، وذلك حين تصبح هذه الصَّداقة أمراً لا بدَّ منه؛ فقد «يستصحبُ الإنسانُ مَنْ لا يُلائمه»[54] كما يقرِّر الشّاعر في مناسبة أخرى. ومع أنَّ المعنى في البيت الأخير من الأبيات السّابقة يأخذ صفة الإطلاق ليصبح حكماً يمكن أن يتمثَّله كلُّ من يجد فيه تعبيراً عن حاله، إلا أنَّ إحالته على المتنبّي تحديداً واضحة لا تخفى؛ «فالحُرُّ» هنا ليس إلا المتنبّي الذي جار عليه زمنُه، وَفْقَ ما يتبدّى من الرّؤية المهيمنة التي يصدر عنها نصُّه، والتي تصوّره ذاتاً متفرّدة وحيدة تقف في جهة، ويقف العالَمُ كلُّه في الجهة التي تقابلها[55].

ولعلَّ هذه القطيعة مع الآخر، وعدم انفتاح الذّات عليه أو التّفاعل معه، بالحميميّة المأمولة والصّفاء المرتجى، هي وراء انكفاء الذّات على داخلها، والوصول إلى نتيجة مفادها أنّ الإنسان لا صديق له سوى نفسه[56]:

خَليلُـكَ أَنْـتَ لا مَـنْ قُلْـتَ خِلِّي
وَإنْ كَثُـرَ التَّجَمُّـلُ والـكَلامُ

وَلـو حِيـزَ الحِفـاظُ بِغَيْـرِ عَقْلٍ
تَجَنَّبَ عُنْـقَ صَيْقَلِهِ الحُسَـامُ[57]

وَشِـبْهُ الشَّـيْءِ مُنْجَـذِبٌ إليـهِ
وَأَشْـبَهُنَا بِدُنْيـانـا الطَّغَـامُ[58]

إنّ الوصول إلى هذه النّتيجة يعني أنّ أسباب الثّقة والالتقاء مع الآخر باتت غير ممكنة، وأنّه لا سبيل أمام الفرد إلا أن يلوذ بعزلته ويتحصَّن بداخله بسبب ما ينطوي عليه الخارج من أشكال المداهنة والتَّملُّق: «وإنْ كَثُرَ التَّجمُّل والكلام»، واختفاء الحفاظ والعهد بين النّاس: «ولو حيز الحفاظ بغير عقل...». والأبيات تسوق منطقَها بأسلوب المحاجَّة العقليّة التي تتوخَّى التّأثير والإقناع، ومع أنَّ البيت الثّالث يوظِّف فكرة «المشاكلة» لتسويغ وجاهة منطلقه، وهي فكرة كثرت النّوادر وأقوال الحكماء وأبيات الشّعر التي تتّخذ منها تفسيراً لموضوعات من مثل: المؤاخاة والموَدَّة والألفة والصّداقة والمحبَّة[59]، إلا أنَّ هذا الطَّرح يكشف عن رؤية سوداويّة للدُّنيا تتمثَّل في إقامة مشاكلة تامَّة بينها وبين أراذل النّاس (الطَّغام) تحديداً، في صورة تقدِّم</p>

78

وجهاً واحداً للموقف لا تتجاوزه. ومثل هذه الحدّيّة في النَّظر تعني أنَّ الذّات قد تصدر، في تقييمها الأشياء والمواقف، عن مزاجها الخاصّ الذي يعبّر عن مبلغ نقمتها وسخطها على الدُّنيا والنّاس معاً. ومن الواضح أنَّ هذا الموقف الانفعاليّ قد حجب عن الذّات رحابة الرُّؤية للوجود الذي يتَّسم بتعدُّد وجوهه وتناقضها أحياناً.

وتأخذ فكرة الصِّدام مع الآخر والتباس العلاقة به وتعقيدها حيِّزاً واضحاً في القصيدة التي اجتزئت منها الأبيات السّابقة، ويتبدَّى ذلك منذ مطلعها الذي يقيم تمايزاً قاطعاً وحادّاً بين الذّات والآخر؛ فيبدو هذا الأخير على درجة بالغة من الدُّونيّة والانتقاص: «ودهرٌ ناسُهُ ناسٌ صغارٌ / وإن كانت لهمْ جُثثٌ ضِخامُ» [60]، وتبدو الذّات في المقابل على درجة بالغة من التَّفرُّد والاختلاف: «وما أنا منهمُ بالعيش فيهم / ولكنْ مَعْدِن الذَّهبِ الرَّغامُ» [61]. وتكشف أبيات أخرى من القصيدة عن غربة متمكِّنة ظلّت تتلبّس الذّات التي لم تحظَ بالألفة والاندماج المطلوبين مع الآخر [62]:

وَلَـمْ أَرَ مِثْـلَ جِيرانِـي وَمِثْـلِـي

لِمِثْلِـي عِنْـدَ مِثْـلِهِـمْ مُقـامُ

بِـأَرْضٍ ما اشْـتَهيْتُ رَأَيْتُ فيها

فَليـسَ يَفُوتُـهـا إلّا كِـرامُ

فَهَـلّا كانَ نَقْـصُ الأَهْـلِ فيها

وَكـانَ لِأَهْـلِـهـا مِنْـهـا التَّمَـامُ

فالانفصام بين الذّات والآخر يتَّخذ منحًى حدِّياً؛ فإمكانيّة المقام أو

التَّوافق بين الطَّرفين تبدو بعيدة. وتعيش الذَّات حالة من المفارقة التي تتجسَّد في هذا التَّباين اللافت بين جماليّات المكان الذي جذب الذّات وأثار فضولها، وبين سوء ساكنه الذي غيَّب قيمة الكرم وعطَّل معنى الجمال فيه. وتعبِّر الأبيات الثّلاثة الأخيرة عن حنين بالغ إلى الألفة المفقودة والانسجام الغائب اللذين تتشوّف إليهما الذّات وتتوق؛ فالمكان يتحدَّد معناه وقيمتُه بمن يسكنه، ولذا فلا غرابة أن نجد الشّاعر يتمنّى أن يكتسب الإنسانُ من صفات المكان التَّمامَ والكمالَ، ولا بأس لديه لو تعطَّلت، في سبيل هذه الغاية، تلك الصِّفاتُ في المكان ذاته.

بيد أنَّ الذّات لا تستسلم، وَفْقَ ما يكشف عنه النَّصُّ الشِّعريّ في تحوُّلاته المختلفة، لضعفها أو تستكين له إلى النّهاية، ولكنّها تسعى — كعادتها — إلى تجاوز ما هي فيه باجتراح وجوه من القوّة والتَّميُّز والاختلاف، وكأنّها في نهجها هذا تؤكّد استغناءها عن الآخر، مكتفيةً بحضورها المتفرّد الخلّاق. يقول المتنبّي في سياق آخر بعيد[63]:

وإنّــي لَنَجْـــمٌ تَهْتَدي بِـي صُحْبَتي

إذا حــالَ مِـنْ دُونِ النُّجُومِ سَـحــابُ

غَنِيٌّ عنِ الأوطـــانِ لا يَسْتَفِزُّني

إلــى بَـلَـدٍ سَـافَرْتُ عَنْـهُ إيابُ

وعَـنْ ذَمَلانِ العِيسِ إنْ سَامَحَتْ به

وإلا ففِـي أكْوارِهـنَّ عُقــابُ[64]

.. وللسِّرِّ مِنّـي مَوْضِـــعٌ لا يَنالُـهُ

نَديمٌ ولا يُفْضِـي إليــهِ شَرابُ

.. أَعَزُّ مَكانٍ فِي الـدُّنى سَـرْجُ سَابِـحٍ
وَخَيـرُ جَليـسٍ فـي الزَّمـانِ كِتـابُ

فالذّات تبدو في هذه الأبيات ذاتاً فاعلة، يتنامى حضورُها الفرديُّ وينحسر مقابلَه حضورُ الآخر الجماعيّ، فتكون كالمركز الذي تدور حوله الأطراف: «تهتدي بي صحبتي». وهي تمعن في تقديم صورة متعالية لنفسها؛ ولعلَّ في تشبيهها بالنَّجم في علوِّه وسموِّه، وبالعُقاب في ارتفاعه وتحليقه، ما يؤكِّد هذه الدَّلالة ويعمِّقها.

وإذا كانت الذّات تذهب في تصوير تميُّزها واستعلائها آماداً بعيدة، فإنّها تمضي كذلك في التّباعد عن الآخر أشواطاً بعيدة أخرى؛ فهي ذات محصَّنة منيعة لا يكشف سرَّها نديمٌ أو شرابٌ، وهي تجد في سرج الفرس مكانها الأثير. وفي هذا إشارةٌ إلى أنَّ الذّات دائمة الحركة لا يستقرُّ بها الحال في مكان. والفكرة ذاتها تكرَّرت في البيت الثّاني: «غَنيٌّ عن الأوطان..». أمّا الصُّحبة المفضَّلة والجليس الأنيس لديها فهو الكتاب، وكأنَّها تؤكِّد فكرة الرَّحيل والانتقال مرَّةً أخرى؛ ذلك لأنَّ في القراءة ذاتها ارتحالاً وتنقُّلاً في أزمنة وأمكنة متعدِّدة. وهكذا فإنَّ الذّات، إمعاناً منها في مفارقة عالم الآخرين، تستغرق في هذا كلِّه، وربّما وجدت فيه ما يغنيها عن فكرة التَّواصل والالتقاء.

ومع كلّ ذلك، فإنّ قراءة متفحِّصة في القصيدة التي اجتزئت منها الأبيات السّابقة تكشف أنَّ الذّات بقدر ما تجهد في إبراز ملامح قوّتها وتساميها واستغنائها عن غيرها، بقدر ما تَظْهَرُ، من جهة مقابلة، مكامنُ ضعفها وانكسارها وغربتها؛ وكأنّ رسم هذه الصّورة المائزة

للذّات، في وجهها العميق، تعويضٌ عمّا تعانيه هذه الذّات من أشكال الوحدة والغربة والخذلان. ويؤكّد ذلك أمران؛ أوّلهما: سياق القصيدة التي قالها الشّاعر في مدح كافور وهي آخر مدائحه فيه[65]. وواضح ما كانت تعانيه الذّات في هذه الفترة من قيود وإكراهات[66]. وليس النَّصُّ، مهما بالغت بعضُ الاتّجاهات النَّقديّة الحديثة في اعتباره بِنْيَةً مستقلّة عمّا عداها[67]، ببعيد عن شروط إنتاجه وتأثيرها فيه. وثانيهما: ما يلمسه الدّارس في نصّ القصيدة من إشارات دالّة تعبّر عن صور من الضّعف والخيبة والانكسار، ومن ذلك هذه الشّكوى الصّريحة التي يشوبها الشّكُّ والارتياب في صدق نوايا كافور ووعوده: «أرى لي بقربي منكَ عيناً قريرةً / وإنْ كان قُرْباً بالبِعادِ يُشابُ»[68]. ثمّ ذلك الرَّجاء المتذلّل الذي يستحثُّ كافوراً على إنجاز ما كثر الإلماح إليه من حاجات ورغبات: «وفي النّفسِ حاجاتٌ وفيكَ فطانةٌ / سكوتي بَيانٌ عندها وخِطابُ»[69]. وأخيراً إحساس الشّاعر بخيبة مسعاه إلى كافور بعد فراقه سيف الدَّولة، ذلك الإحساس الذي لم يبدّده ادّعاء المتنبّي بصحّة خياره وخطأ توقُّعات الآخرين[70]:

وَمَـــا شِـــئْتُ إلّا أَنْ أَدُلَّ عَواذِلــي

علـــى أنَّ رأيي في هَـــواكَ صَوابُ

وأُعْلِمَ قَوْمـــاً خَالَفُونِي فَشَـــرَّقُوا

وَغَرَّبْـــتُ أنّي قَدْ ظَفِـــرْتُ وَخابُوا

فكأنّ اجتلاب تلك الصُّورة النّاطقة بالحيويّة والامتلاء التي واجه بها الشّاعرُ سامعَه / قارئه في مقتبل القصيدة ما هو إلّا ردّ فعل مسبّق تسعى الذّات من خلاله إلى التّسامي على جراحها وعذاباتها وإخفاقاتها

البالغة. ومن المؤكَّد أنَّ الإبداع يحقِّق للمبدع شيئاً من ذلك على صعيد الفنِّ؛ فالإبداع «عمليّة ناشطة في التّعبير عن الذّات أو الوعي الذّاتيّ أو تحقيق الذّات. بكلام آخر، كلّ إبداع فنّيّ (...) هو نشاط إيجابيّ يتسامى من خلاله الكاتب [الشّاعر] على نفسه ويتجاوز أوضاعه النّفسيّة (...) هو نوع من الحلم الذي يحقّق أمنية ما، فيختبر الإنسان من خلال الإبداع تجربة تنفيسيّة أو تطهريّة (...) أو متسامية»[71]. ولعلّ الذّات الشّاعرة كانت تقصد شيئاً من ذلك، إن على نحو واعٍ، أو غير واعٍ.

الصَّداقة: الأَصْل والزَّيف:

تأخذ فكرة الأصل والزَّيف حضورها اللافت في نصِّ المتنبّي الشِّعريّ، وهي فكرة متمكِّنة تتبدّى أولاً في تأكيد أصالة هذا النّصّ الذي يتمايز – وَفْقَ رؤية صاحبه – عن غيره من نصوص زائفة[72]:

وَدَعْ كُلَّ صَوتٍ غَيْـرَ صَوتِـي فَإِنّني

أنا الصّائـــحُ المَحْكِـــيُّ وَالآخَرُ الصّدى

وهو معنى يتكرَّر كثيراً؛ فالنَّصُّ الشِّعريّ يبقى دائماً هو القيمة / الأداة الفارقة في تميُّز الذّات عن الآخرين[73]:

أنا السَّـــابقُ الهَادي إلى مـــا أَقُولُهُ

إذِ القَـــولُ قَبْـــلَ القَائِليـــنَ مَقُـــولُ

وَمَا لِـــكَلام النَّاسِ فِيمـــا يُرِيْبُنِي

أُصُـــــولٌ وَلا لِقَائِلِيهِ أُصُـــولُ

وتتبدَّى فكرة الأصل والزَّيف لتأخذ دلالةً أكثر عموميّة واتّساعاً حين يكشف نصُّ المتنبّي عن التّعارض القائم بين قيمة الأصالة والنّقاء من جانب، وقيمة التَّصنُّع والتزييف من جانب آخر، وجدليتهما الحاضرة في هذا الوجود. ولعلَّ أبرز ما يمثِّل ذلك مقدِّمة قصيدته في مدح كافور: «مَن الجآذر في زِيِّ الأعاريب..»[74]، بما تتضمَّنه ــ في ظاهرها ــ من تغزُّل بالبدويّات اللواتي يتميزن بحسنهنّ الفطريّ، وعفويتهنّ في الحديث والكلام، مقابل الحطّ من قدر الحضريّات بحسنهنّ المجلوب بالحيلة والمعالجة، ومهارتهنّ بـ «مَضْغ الكلام .. وصبغ الحواجيب». وما تنطوي عليه هذه المقدِّمة ــ في باطنها ــ من دلالات رامزة تتجاوز تلك المعاني المباشرة[75]، لتنفذ إلى تأكيد «قضيّة الأصالة المنشودة في كلّ شيء، وبلا حدود، قضيّة الصِّدق مع النّفس حتى لو ابتعثت صراحةُ هذا الصِّدق من المرارة ما تبتعثه صراحةُ المشيب:

وَمِنْ هَوى كُلِّ مَنْ لَيسَـــتْ مُمَوِّهَـةً

تَركْتُ لَوْنَ مَشِيبي غَيرَ مَخْضُـوب

وَمِنْ هوى الصِّدْقِ في قَولِي وَعَادَتِه

رَغِبْتُ عَنْ شَعَرٍ في الوَجْهِ مَكْذُوب

أترانا ــ بعد هذا الكشف ــ بإزاء موقف من هذا الوجود الذي تتقنَّع حقائقُه بمظاهر التّلبيس والتّمويه، بقدر ما تفتقد من معاني النّقاء والبكارة»[76].

لقد ظلَّت فكرة الأصل والزَّيف هاجساً يُلحُّ دائماً على عقل

84

المتنبِّي، حتّى لكأنَّ رؤيته للأشياء والمواقف لا تقوم إلا على هذا الفرز الواضح بين ما ينبغي أن يكون وما لا ينبغي؛ فالصَّداقة ذاتها تتكشَّف ـ عند اختبارها ـ عن جوهر أصيل لا يخبر عنه المظهر الذي غالباً ما يكون خادعاً[77]:

وَمَا الحُسْنُ في وَجْهِ الفَتى شَرَفاً لَهُ

إذا لَـمْ يَكنْ في فِعْلِـهِ والخَـلائِـقِ

وَمَا بَلَـدُ الإنسـانِ غَيـرُ المُوافِقِ

ولا أَهْلُهُ الأَدْنَونَ غَيـرُ الأَصادِقِ

وَجَائِزةٌ دَعْـوى المَحبَّـةِ والهَـوى

وإنْ كانَ لا يَخْفَـى كَـلامُ المُنافِقِ

فالفكرة التي تسعى الأبيات إلى تأكيدها هي فكرة الأصل والجوهر في كلّ شيء؛ فأفعال الإنسان وأخلاقه هي ما يقرِّر حقيقته وجوهره، وبلده الحقيقيّ هو ما تطيب به الإقامة ويلذُّ فيه العيش، وكذا أهله الأدنون إنّما هم الأصادق (جمع صديق)[78]؛ أي من يخلصون له الودَّ والمحبَّة. وكأنَّ المتنبِّي يصدر، في موقفه هذا، عن رغبة عزيزة تتَّفق مع رؤية بعض الفلاسفة العرب الذين قدَّموا للصَّداقة تصوُّراً مثاليّاً بقي نادر الوجود؛ فـ «الصَّداقة إذا أخذتها من جانب اشتقاق لفظها كانت من الصِّدق، والصِّدق ميزان النَّفس وصورة العقل وكمال الجملة وزينة التَّفصيل، وإذا ألِفَ إنسانٌ إنساناً فقد أجراه مجرى جميع ما سمّيناه، وإذا صادقه فقد رفع من شأنه وأعلى مكانه وميّز قدره وأفرد حاله فيما لا يصدّق إذا حدث، ولا ينصف إذا عومل»[79].

وقد يكون لتجربة الذّاتِ دورٌ في تعميق حسِّها في النّظر إلى المواقف والأشياء، ورصد أوجه العلاقات الإنسانيّة بتناقضاتها وتعقيداتها المختلفة؛ فكأنَّ إحساس الذّات الشّاعرة بالنَّقص الذي يخترم هذه العلاقات دفعها إلى المقارنة بين ما هو كائن وما تأمل أن يكون. ويمكن التَّمثيل على ذلك بالأبيات التّالية التي قالها الشّاعر من قصيدة له في مدح كافور، وفيها يَعْرض جانباً من رؤيته للصَّداقة. ولعلَّ هذه الرُّؤية تولَّدت بتأثير من تجربة الشّاعر المؤلمة في فراق سيف الدولة، وما ولَّدته في الذّات من صراعات وتناقضات متباينة وَفْقَ ما ستكتشف عنه هذه الدِّراسة في موضع لاحق. يقول[80]:

أُصـــادِقُ نَفْسَ المَرْءِ مِنْ قَبْلِ جِسْـمِـهِ

وأَعْرِفُهـا فـي فِعْلِـهِ والتَّكلُّــم

وأَحْلُــمُ عَـنْ خِلِّـي وأَعْلَـمُ أَنَّـهُ

متـى أَجْـزِهِ حِلْماً علـى الجَهْلِ يَنْدَم

وإنْ بَذَلَ الإنْسانُ لي جُــوْدَ عـابِسٍ

جَزَيـتُ بِجُـودِ البـاذِلِ المُتَبَسِّــم

وأهوى مِــنَ الفِتيانِ كُـلَّ سَـمَيْذَعٍ

نَجيبٍ كَصَدْرِ السَّـمْهَريِّ المُـقَوَّم[81]

خَطَّتْ تَحْتَـهُ العِيسُ الفَـلاةَ وخالطَتْ

بـهِ الخَيلُ كَبّاتِ الخَميـسِ العَرَمْرَم[82]

ولا عِفّــةٌ فـي سَـيفِهِ وسِـنانِهِ

ولكنَّهـا فـي الكَـفِّ والفَـرْج والفَم

تذهب الأبيات إلى تعيين ماهيّة الصّداقة التي تتوق إليها الذّات وتتمنّاها. والفكرة، كما في النّموذج الشّعريّ السّابق، تتَّجه إلى تقديم القيمة / الأصل: «أصادق نفس المرء.. في فعله والتَّكلُّم» على الشَّكل والمظهر: «من قبل جسمه». وتقدّم الأبيات منهجاً في معاملة الصّديق صديقَه: «وأحلم عن خِلِّي.. وإن بذل الإنسان..»، وكأنّها بذلك تشير إلى ما يناقض هذا المنحى من تجارِبَ خبرها الشّاعر في علاقاته وصداقاته. إلى ذلك فإنَّ الذّات تسعى إلى خلق البديل: «وأهوى من الفتيان..» وهي في رسمها هذا البديل تعبِّر عن حنين عارم إلى صداقة بخل بها واقع الحال عليها؛ وكأنّها بذلك تقدّم النّموذج / الأصل الذي ينبغي أن يكون عليه الصّديق الحقيقيّ. ويُلحظ أنَّ قيمة الجود: «سميذع، نجيب» والشَّجاعة: «خطَت تحته العيس الفلاة..» تظلان عنصرين فاعلين في صفات هذا النّموذج المتمنَّى. وقد بقي المتنبِّي وفيّاً لهاتين القيمتين على امتداد متنه الشّعريّ، وكأنّه في استحضارهما يُرسِّخ دائماً إرادة القوّة التي يجدها الوسيلة النّاجعة في مواجهة قدره وظروفه القاهرة[83].

وربّما وجد الدّارس في صورة هذا النّموذج المتخيّل معادلاً لصورة الذّات الشّاعرة نفسها، أو ما تسعى إلى أن تبدو عليه هذه الذّات أمام الآخرين. ويعزِّز مثل هذا التّأويل ما يتوارد إلى الخاطر من صفات لهذه الذّات، كما توردها بعض المرويّات، مع بعض الصّفات المرسومة لهذا النّموذج المتميّز (عِفّة الكفّ والفرج والفم تحديداً). ومن ذلك ما يرويه عليّ بن حمزة البصريّ[84] عن الشّاعر حين يقول: «بلوتُ من أبي الطّيّب ثلاث خِلال محمودة؛ وتلك أنّه ما

كذب، ولا زنى، ولا لاط ...»[85]. وسواء اتّفقت صورة هذا النّموذج مع صورة الذّات أو اختلفت، فإنَّ هذه الصُّورة المثلى للصَّديق تبقى في النّهاية تعبيراً عن رغبة الذّات الأثيرة في وجود مثل هذا الصّديق الذي تشتدُّ الحاجة إليه كلّما ضاقت الذّات بواقعها وقيوده الثّقيلة.

ومن التّجارب المؤثِّرة في هذا الاتّجاه تجربة إقامة الشّاعر في مصر، وهي الإقامة التي عبَّر عنها في عدد من قصائده ومنها قصيدته في الحُمَّى [86] التي صوَّرت حال المتنبّي في مصر، وما كان يتنازعه فيها من مشاعر وأهواء على نحو بالغ التّأثير. يقول الشّاعر في بعض أبياتها ممّا له صلة بموضوع هذه الدِّراسة[87]:

فَلمَّـا صَـارَ وُدُّ النَّـاسِ خِبّـاً

جَزَيْتُ على ابْتِسـامٍ بابْتِسـام[88]

وَصِـرْتُ أَشُكُّ فيْمَـنْ أَصْطَفيهِ

لِعِلْمِـي أَنَّـهُ بَعْـضُ الأَنـام

يُحِـبُّ العاقِلُـونَ على التَّصافي

وَحُـبُّ الجاهِلينَ على الوَسـام[89]

تعبِّر الأبيات عن تجربة مؤلمة في علاقة الذّات الشّاعرة بالنّاس، وهي العلاقة التي تتكشَّف عن صور من المجاملات الكاذبة والشَّكّ المهيمن الذي طال حتّى الصَّديق: «وصرت أشكُّ فيمن أصطفيه»، ليس لشيء سوى «أنّه بعض الأنام». وهو موقف يكشف، بما يصدر عنه من تعميم بالغ، عن سوء ظنّ وانعدام ثقة في الجنس البشريّ كلِّه. ولعلَّ هذه التَّجربة القاسية هي التي دفعت الذّات إلى تأمُّل فكرة

الأصل والزّيف في موضوع الصّداقة والاصطفاء؛ فإذا كانت أشكال الخداع والمداهنة قد استشرت وباتت، وَفْقَ رؤية النّصّ الشّعريّ، هي الوجه الغالب على علاقات النّاس بعضهم ببعض، فإنّ في ذلك ما يدعو إلى التَّعلُّق بجوهر الصّداقة الحقيقيّة التي تقوم على الصّفاء الخالص الذي لا ينخدع بجمال المظهر وتأثيره: «يُحبُّ العاقلون على التّصافي / وحُبُّ الجاهلين على الوَسام». ولا يخفى ما في هذا الموقف من حنين إلى صداقة خالصة لم تسعد بها الذّات في هذه الفترة العصيبة من حياتها، وهو ما عبّر عنه الشّاعر بوضوح حين شكا قلّة الأصدقاء، وكثرة الحُسّاد، وبُعْد غايات الذّات التي تحول دونها عوائق ومثبّطات: «قليل عائدي سقم فؤادي / كثير حاسدي صعب مرامي».

مباهج الصّداقة وخيباتها:

يلحظ الدّارس أنّ الفكرة الأكثر حضوراً في موضوع الصّداقة في شعر المتنبّي هي تعبيره الدّائم عن ضياع الصّداقة وفقدها، ثُمَّ حنينه المتكرّر إلى صداقة وصديق لم يَجُدْ بهما واقعُ الحال. وتطّرد هذه الفكرة على نحو بالغ الوضوح في شعر المتنبّي كلّه، وربّما وجدت حضورها الأوسع في فترة القطيعة التي حدثت بين سيف الدّولة والمتنبّي، ثمّ في مرحلة فراقهما التي لم يعقبْها لقاءٌ.

وبما أنّ المتنبّي شاعر عروبيّ النّزعة[90]، فإنّ لقاءه بسيف الدّولة لم يكن لقاء عاديّاً؛ فقد «التقت العبقريّة الشّعريّة الفذّة بالفعل التّاريخيّ، فاخترقت الحدث إلى أبعاده الحضاريّة، وأبدعت صوراً

أسطوريّة لنماذج أصيلة متجذِّرة في اللاوعي الإنسانيّ (...). لقد وجد هذا الشّاعرُ في أمير حلب، سيف الدّولة الحمدانيّ، الذي حارب الرّوم وانتصر في بعض معاركه ضدّهم، رمز التّخطّي لواقع التّردّي والاضمحلال الذي تعيشه الأُمّة العربيّة في زمنه»[91]. وإذا كان ثمّة من يرى أنّ الصّداقة ضربٌ من ضروب الحُبّ[92]، فإنّ المتنبّي قد عبّر عن حبّه الصّريح لسيف الدّولة غير مرّة:

- أُحِبُّكَ يا شَـمْسَ الزَّمـــانِ وبَدْرَهُ
وإنْ لامنـي فِيكَ السُّـها والفَراقِـدُ[93]

- ما لـي أكتُّمُ حُبّـاً قَدْ بَرَى جَسَـدي
وَتَدَّعِي حُبَّ سَـيفِ الدَّولـةِ الأُمَمُ[94]

وعليه، فإنّه يمكن القول بشيء من الاطمئنان إنّ العلاقة التي قامت بين سيف الدّولة والمتنبّي قد تجاوزت علاقة أمير بشاعر مدّاح، كما هو الوجه الغالب على مثل هذه العلاقة في الشّعر العربيّ؛ فقد «جعل منه الأميرُ شاعرَه الرّسميّ، ثمّ اتّخذه صاحباً له وصفيّاً، فلم يكن ليفترق عنه في وقت السّلم أو في وقت الحرب»[95]. وأمر هذه الصّداقة بين الرّجلين ثابت، تشهد به سيرتُهما وعلاقتُهما الممتدّة التي لم تنتهِ بعد فراقهما. ويؤكّدها الشّعر الذي عبّر عنها بحميميّة وتأثير؛ «فقد فارق أبو الطّيّب سيفَ الدّولة، وهو لا يزال مستقصياً لأخباره في كلّ بلد ينزله، متتبّعاً لشعره الذي يقوله لكلّ مَن مدحه من بعده. وكان أيضاً لا يزال يهدي إليه من هداياه، مع أنّه فارقه ومدح غيره، بعد إكرامه له إكراماً لم يلقَ مثلَه أبو الطّيّب قبل اتّصاله به. وكان أيضاً يكاتبه، ويتلقّى منه بعض كتبه، وكلّ هذا دليلٌ على أنّ المحبّة

التي كانت بين الرَّجلين لم تكن محبَّة أمير لشاعره فحسب، بل كانت صداقة لا يقطع فيها حدثٌ من أحداث الزّمان..»[96].

وظلَّ المتنبِّي، في المقابل، وفيّاً لسيف الدَّولة، دائم الشَّوق إليه، «وكان متعلِّقاً به تعلُّقاً شديداً، يرى أنَّه جمع صفات الزَّعيم العربيّ الكامل، فقد كان عظيماً شجاعاً مسماحاً»[97]. وقد بدا هذا في شعره الذي كثيراً ما كان يتجاوز المسالك المألوفة التي سار عليها شعر المديح العربيّ، لينفذ إلى مناطقَ أكثر استبطاناً وكشفاً لتلك العلاقة المتوهِّجة التي جمعت بين الرَّجلين، والتي لم تُطفئ أوارَها القطيعةُ والفراق؛ فقد بقي ذِكرُ سيف الدَّولة وذكراه حاضرين في الذّات لا يبارحانها[98]:

وما لاقَـنـي بَـلَـدٌ بَـعْـدَكُـم

ولا اعْتَضْتُ مِنْ رَبٍّ نُعْمايَ رَبّ[99]

.. وَمَـا قِسْـتُ كُلَّ مُلُـوكِ البِلاد

فَـدَعْ ذِكْـرَ بَعْضٍ بِمَنْ فـي حَلَـب

وَلـوْ كُنْـتُ سَـمَّيْتُهُمْ باسْـمِـهِ

لَـكَانَ الحَديـدَ وكَانُوا الخَشَـب

أَفِـي الرَّأي يُشْـبَهُ أَمْ فِي السَّـخا

ءِ أَمْ فِـي الشَّـجَاعَةِ أَمْ فِي الأَدَب

.. وإنِّـي لأُتْـبِـعُ تَـذْكَـارَهُ

صَـلاةَ الإلـهِ وسَـقْيَ السُّـحُب

وَأُثْـــنِــي عليـــهِ بـــآلائِـــهِ

وَأَقْــرُبُ منْـــهُ نَـــأى أو قَـــرُبْ

وإنْ فـــارقتْنِـــي أَمْـــطَـــارُهُ

فَأَكْثَـــرُ غُـــدْرانِـــها مـــا نَضَبْ [100]

والأبيات من قصيدة قالها الشّاعر سنة 353هـ؛ أي بعد فراقه سيف الدّولة بنحو سبع سنوات، وكان سيف الدّولة قد أنفذ إليه كتاباً بخطِّه يسأله المسير إليه [101]، فردَّ عليه المتنبّي بقصيدة اجتزِئت منها الأبيات السّابقة. ومع أنَّ القصيدة تتضمَّن صوراً من التَّعريض أو قل شيئاً من اللّوم والعتب لسيف الدّولة على بعض ممارساته: «وقد كان ينصرُهم [الوشاة] سمعُه.. ولَيْتَكَ تَجْزِي ببُغْضٍ وحُبّ» [102]، إلا أنَّ ما تتكشَّف عنه الأبياتُ السّابقةُ وغيرُها من معاني الوفاء والإخلاص في القصيدة هو أكثر ما يعلق في نفس سامعها / قارئها. ولعلَّ ما فيها من بوح حميم وتلقائيّة مؤثِّرة يغني عن أيِّ قول أو بيان. ولعلَّ فيها أيضاً ردّاً على عبدالله الغذّاميّ الذي يقصر علاقة المتنبّي بسيف الدّولة على جانب واحد هو العطاء والمنفعة الماديّة لا غير، نافياً أن يكون «الشّاعر مأخوذاً بالمحبّة التي ظلَّ يزدريها (...) وليست عنده أساساً للإبداع، ولا سبباً له، وما جاء للممدوح إلا طلباً للعطاء» [103].

وليس القصد هنا نفي الجانب الماديّ عن هذه العلاقة؛ فالشّاعر، في النّتيجة، كائن إنسانيّ خاضع لمنطق الحاجة والضّرورة. وقد وجد الشّاعر العربيّ نفسه في أوضاع بالغة التَّعقيد منذ القرن الثّاني الهجريّ حين جرى تحوُّل ملحوظ في النّموذج الأصليّ للشّاعر، وَفْقَ تعبير جابر عصفور، وهو التَّحوُّل الذي ارتبط بانتقال بنية «السُّلطة

من هيكل القبيلة إلى هيكل الدَّولة، وما صحب ذلك من تغيُّرات اقتصاديّة واجتماعيّة وسياسيّة وديموجرافيّة وجيمورفولوجيّة على السَّواء. وهي تغيُّرات انتقلت بالتَّراتُب الاجتماعيّ القبليّ البسيط إلى تراتُب اجتماعيّ أكثر تعقُّداً وتركيباً»[104]. فلم تَعد للشّاعر تلك المكانة الاعتباريّة المتميّزة التي كان يحظى بها في العصر الجاهليّ حين كان صوتَ القبيلة، والمعبِّرَ الأبرز عن أشواقها ووجدانها الجمعيّ، ليتحوّل إلى تابع هامشيّ يقف على باب السّلطان فيعطيه أو يمنعه. وهو وضع بالغ التَّعقيد؛ إذ لم يعد أمام الشّاعر والحالة هذه سوى واحد من أمرين[105]: أوّلهما أن يربأ بنفسه عن سبل التّكسُّب والعطاء، ويزهد في متاع الدُّنيا وحطامها على السَّواء، فينجو بذلك ممّا ابتلي به شاعر هذا الزّمان من صنوف التَّردّي والهوان. وهو خيار ليس سهلاً على أيّة حال؛ إذ للحاجة سلطانُها الذي لا يستهان بدوره. وثانيهما أن يَرْضَى بهذا القدر المتحكِّم، ويقبل بمبدأ تحويل شعره إلى سلعة تبادليّة يقدِّمها لأصحاب السُّلطة لقاءَ ما يجودون به عليه من مال وعطاء. وكلا الخيارين كما نلحظ صعب وخطير، وكان له نتائجُه البعيدة التي تركت أثرها على الشِّعْر العربيّ كلّه[106].

ومع أنّ المتنبّي قد وُجِدَ في عصر «لم يعرف الشّعر فيه وظيفة سوى المدح»[107]، فإنّه مع ذلك كان من أكثر الشُّعراء الذين أعادوا للشِّعر والشّاعر مكانتهما المستلبة[108]، وذلك بما عُرف عنه من جرأة في معاملة ممدوحيه ومخاطبتهم، وليس أدلّ على ذلك من اشتراطه على سيف الدَّولة نفسه «رأنّه إذا أنشده مديحه لا ينشده إلا وهو قاعد، وأنّه لا يكلّف تقبيل الأرض بين يديه، فنسب إلى الجنون، ودخل سيف الدَّولة تحت هذه الشُّروط»[109].

وعليه، فإنّه من غير الإنصاف أن يُختزل الأمر، وهو على ما هو عليه من تعقيد وتركيب كما بدا، في أحكام انتقائيّة، مثل ما ذهب الغذّامي، تتعالى على الواقع، وتغفل عن ملابساته المركَّبة، لتقرِّر نتائج حدّيّة جازمة، راح الباحث يجهد في إثباتها بانتقاء شواهد شعريّة معزولة عن سياقها. ويلحظ أنَّ الغذّامي يجتزئ أبياتاً معيَّنة من القصيدة ليقيم أحكامه من خلالها، ويتجاوز، في المقابل، عن أبيات أخرى قد تنقض نتائجه وأحكامه. وليس المقام مقام إطالة في هذا الموضوع. ويمكن لمقاربة متخصِّصة أن تتناول آراء الغذّامي التي وردت في كتابه «النّقد الثّقافيّ» عن المتنبّي على نحو أكثر إحاطةً وتفصيلاً[110].

وإذا كانت صداقة المتنبّي لسيف الدَّولة قد انتشت بنشوة الصَّداقة مرّات، فإنّها قد اكتوت بنارها وخذلانها مرّات كثيرة. إنّ المدقِّق في علاقة الرَّجلين يتبيَّن أنّها أعقد من أن تختزل في تفسير واحد أو توصيف محدَّد؛ فبالرّغم من كلِّ وجوه التّعلُّق والاتّحاد التي جمعت الشّخصيّتين، والتي عبَّر عنها المتنبّي في سيفيّاته التي قارب بعضُها حدود العشق الصُّوفيّ والانصهار التّامّ في شخصيّة سيف الدَّولة[111]، فإنَّ صوراً أخرى خفيّة من الصِّراع والتَّنافر كثيراً ما كانت تظهر في أمر هذه الصَّداقة. وربّما كانت طبيعة شخصيّة المتنبّي بما ظلّت تصبو إليه من رغبة محمومة في الحكم من الأسباب الدَّافعة إلى مثل هذا التّقاطع والتّنافس مع سيف الدَّولة. «وتلك مأساة المتنبّي أنّه يحمل النّقص الذي قُدِّر لآدم وبنيه، فجهاده جهاد الكائن البشريّ يرفض وضعه فينشد صفة الآلهة كمالاً وإعجازاً، ولقد تحدّدت رؤى الشّاعر في سعيه للكمال المنشود باسترجاع ما كان يرى نفسه حقيقاً

به ألا وهو المجد السِّياسيّ. فمردّ إلهام المفارقة عند المتنبّي (...) جموح عنان الطُموح إلى حدٍّ غدا معه مركّباً من العلوّ يرفض به صاحبُه الإقرار بالواقع والتّسليم بالمفروض، فهو إلهام شعريٌّ متمرّد على الواقع لا يعرف الإذعان، لذلك كان قطب الرّحى فيه الرَّفض بكلِّ إيحاءاته»[112]. وقد كان شعره في سيف الدَّولة ينطوي على كثير من الدّلالات المتوارية التي يمكن استحضارها إذا ما عمدنا إلى استنطاق النّصّ، والبحث عن عناصر الغياب التي تتخفّى دائماً بعناصر الحضور فيه[113]. أمّا من جهة سيف الدَّولة فلعلّ شخصيّة المتنبّي، بما كانت تتّسم به من تضخُّم الأنا، وما قد ينتج عن ذلك من تعالٍ وامتلاءٍ وإحساسٍ بالعظمة، كما ذكر في موضع سابق من هذه الدّراسة[114]، ذات أثر في خلق مثل هذا التّقاطع بين الشّخصيّتين.

هذا على الجانب الذّاتيّ الذي استُنتج بالتأمُّل في طبيعة كلتا الشّخصيّتين. أمَّا على الجانب العامّ، أعني الظّروف العامَّة، والشّخصيّات المحيطة، والتّنافس المحتدم في بلاط الأمير بين الشّاعر وغيره من شعراء طامحين، فقد كان لكلِّ ذلك أثرُه في تأزيم العلاقة وتعقيدها بين الأمير وشاعره[115]. وهو ما شكا منه المتنبّي بحرقة في كثير من شعره[116].

ولعلَّ من أوضح وجوه التّعبير عن هذا البعد السَّلبيّ في تجربة صداقة المتنبّي وسيف الدَّولة قصيدة الشّاعر الشهيرة (واحرّ قلباه) التي دشّنت فعل القطيعة بين الطَّرفين على نحو متحقّق صريح. وستقف الدّراسة على خاتمة هذه القصيدة لنُبيّن ما فيها من دلالات كاشفة في التّعبير عن هذا الجانب[117]:

أَرَى النَّـوى تَقْتَضِيـنـي كُلَّ مَرْحَلَـةٍ

لا تَسْـتَقِلُّ بِهـا الوَخَّادةُ الرُّسُـمُ⁽¹¹⁸⁾

لَئِـنْ تَرَكْـنَ ضُمَيـراً عَـنْ مَيامِنِنا

لَيَحْدُثَـنَّ لِمَـنْ وَدَّعْـتُـهُـمْ نَـدَمُ⁽¹¹⁹⁾

إذا تَرَحَّلْـتَ عَـنْ قَـوْمٍ وَقَـدْ قَـدَرُوا

أَنْ لا تُفارِقَهُـمْ فالرَّاحِـلـونَ هُـمُ

شَـرُّ البِـلادِ بِـلادٌ لا صَديـقَ بِـها

وَشَرُّ ما يَكْسِبُ الإنْسـانُ ما يَصِمُ⁽¹²⁰⁾

.. بِـأيِّ لَفْظٍ تَقُـولُ الشِّـعْرَ زِعْنِفَةٌ

تَجُـوزُ عِنْدَكَ لا عُـرْبٌ وَلا عَجَمُ⁽¹²¹⁾

هـذا عِتابُـكَ إلا أَنَّـهُ مِـقَـةٌ

قَـدْ ضُمِّـنَ الـدُّرَّ إلا أَنَّهُ كَلِـمُ⁽¹²²⁾

فالذّات الشّاعرة تجد، بعد تأزُّم علاقتها بسيف الدَّولة، في الرَّحيل حلّاً وخلاصاً؛ فالرَّحيل / السَّفر، كما يرى محمّد لطفي اليوسفي، كان بالنّسبة للمتنبّي فعل وجود⁽¹²³⁾، فبه ومن خلاله تُحقّق الذّاتُ فاعليّتها ومضاءها إذا ما انسدّت في وجهها السُّبل وضاقت المسالك⁽¹²⁴⁾. وواضح ما تؤدّيه المبالغة في البيت الأوّل من دور في تأكيد العزم على هذا الرَّحيل الذي لا رجعة عنه.

وعلى الرَّغم ممّا تنطوي عليه الأبيات من شكوى مؤثّرة بفقد الصَّديق المؤنس غير المتحقّق في واقع الحال، فإنّها ظلّت تتشبَّث

بعناصر قواها الكامنة التي قد تجد فيها الصَّديق الدَّائم إذا ما أعوز الواقع في إيجاده؛ فالذَّات تدعِّم فعل الرَّحيل بلغة التَّهديد والوعيد: «لئِن تركنا ضُميراً عن ميامننا...». وإذا كان الشَّاعر لم يفصح على نحو صريح عن ماهيّة النَّدم الذي قد يحدث لمن ودَّعهم، فإنَّ تضمين الأبيات بعض الإشارات المواربِة يمكن أن يوجِّه الذِّهن إلى معانٍ محتملة؛ فالخاسر الحقيقيّ، وَفْقَ رؤية النَّصِّ، هو مَنْ سعى في أسباب الخصومة وأحدثَها: «إذا ترحَّلتَ عن قوم وقد قدروا / أن لا تفارقهم فالرَّاحلون هُمُ»، وما دام الأمر كذلك فإنَّ الذَّات واثقة، في ما يبدو، من سلامة المبدأ الذي اختارته. هذه إشارة، وثمَّة إشارة أخرى وهي أنَّ القصيدة تُقْفَلُ بالحديث عن الشِّعر: ملاذ الذَّات الأخير، ومجال تميُّزها الباقي، ولهذا الأمر دلالتُه البالغة؛ فقد بقي المتنبِّي يراهن على الشِّعر، ويرى فيه الضَّمان الأكيد لديمومة الذِّكر والبقاء. وقد أعلن عن هذا الوعي غير مرّة، من ذلك مثلاً ما قاله حين زَيَّنَ له ابنُ العميد تلبيةَ دعوة عضد الدَّولة البويهيّ في المسير إليه، فأجاب المتنبِّي: «بأنّي مُلَقَّى من هؤلاء الملوك، أقصد الواحد بعد الواحد، وأملِّكهم شيئاً يبقى بقاء النَّيَرَيْن، ويعطونني عَرَضاً فانياً»[125].

وإذا كان المتنبِّي يَسْخَرُ من شعراء سيف الدَّولة ويحطُّ من فصاحتهم: «بأيِّ لفظ تقول الشِّعر زِعْنِفَةُ..»، فإنّه في المقابل يصف تميُّز شعره وفرادته: «قد ضُمِّن الدُّرَ إلا أنّه كَلِمُ»، وكأنَّ في ذلك خسارةً لسيف الدَّولة الذي يفرِّط، وَفْقَ مقصد النَّصِّ المواربِ، بالجوهر ويتمسَّك بالزّائف. وليس في الأمر تجاوز للحقيقة إذا ما قلنا إنَّ فقدان سيف الدَّولة لشعر المتنبِّي هو خسارة كبيرة له ولإمارته.

وهو معنى سبق أن ذَكَّرَ به الشّاعرُ سيفَ الدَّولة، حتّى لتبدو كثرة التَّذكير به من باب المِنَّة والتَّفضُّل: «ولي فيك ما لم يقلْ قائلٌ / وما لم يَسِرْ قمرٌ حيثُ سارا»[126]. بل إنَّ الأمر ليتعدّى ذلك حين يُصوَّر هذا الشِّعر في مناسبة أخرى بقوّة تدميريّة مهلكة: «فإذا مرَّ [الشِّعْر] بأُذْنَيْ حاسد / صار ممّن كان حيّاً فهلك»[127]. ومن الواضح أنَّ لكلِّ ذلك مقاصدَه المتعمَّدةَ التي لا تأتي عفو الخاطر أو اعتباطاً.

هل قصد المتنبّي أو ألمح من وعيده أن يوظِّف الشّعر في هجاء سيف الدَّولة والنَّيل منه؟ أقول: ربّما انطوى هذا الوعيد على مثل هذا المعنى. لكنَّ المؤكَّد أنَّ المتنبّي بقي، من النّاحية العمليّة، على وفائه لسيف الدَّولة، وهو إن عرَّض به في غير مناسبة وموقف، فإنَّ ذلك لم يتعدَّ عتب الصّديق لصديقه: «هذا عتابك إلا أنّه مِقَةٌ (محبّة)»، أو كما يقول هو نفسه في موضع آخر: «ويُلَمُّ بي عَتْب الصّديق فأجزع»[128]. ولنا بعد كلّ هذا أن نقارن بين حالتين خرج فيهما المتنبّي غاضباً: حالة فراقه لسيف الدَّولة، وحالة فراقه لكافور، وما نتج – من ثَمَّ – عن كلِّ حالة من مواقف وتداعيات، لندرك الفرق ونتبيّن جوهر الصّداقة التي سعت هذه المقاربة إلى تأكيدها وإثباتها بين الأمير والشّاعر.

وقد تبلغ الذّات حالةً من اليأس المتمكِّن الذي يستحضر تجربة الصّداقة بشيء من الألم والمرارة، وربّما كان فراقُ الشّاعر المُكرَه لسيف الدَّولة، ولجوؤه القسريّ لكافور أوضح ما يمثِّل هذا الإحساس الممضّ الذي بقي يمارس تأثيره القاسي على الذّات مدَّة إقامتها عند كافور. يقول الشّاعر في مقدِّمة أولى مدائحه فيه[129]:

كَفَى بِـكَ دَاءً أَنْ تَرَى المَـوْتَ شَـافِياً

وَحَسْبُ المَنايا أَنْ يَكُـنَّ أَمَانِيـا

تَمَنَّيْتَها لَمَّـا تَمَنَّيْتَ أَنْ تَـرَى

صَدِيقاً فَأَعْيَـا أَوْ عَـدُوّاً مُدَاجِيـا(130)

إِذَا كُنْـتَ تَرْضَـى أَنْ تَعِيـشَ بِـذِلَّـةٍ

فَـلا تَسْـتَعِدَّنَّ الحُسَـامَ اليَمانِيـا

وَلا تَسْـتَطِيلَنَّ الرِّمَـاحَ لِغَـارَةٍ

وَلا تَسْـتَجِيدَنَّ العِتَـاقَ المَذَاكِيـا(131)

فَمَا يَنْفَعُ الأُسْـدَ الحَيَـاءُ مِـنَ الطَّوى

وَلا تُتَّقَى حَتَّـى تَكُـونَ ضَوارِيـا(132)

حَبَبْتُـكَ قَلْبِـي قَبْـلَ حُبِّكَ مَـنْ نَـأَى

وَقَـدْ كَانَ غَـدَّاراً فَكُـنْ لِـيَ وَافِيا

وَأَعْلَـمُ أَنَّ البَيْـنَ يُشْـكِيْكَ بَعْـدَهُ

فَلَسْـتَ فُـؤَادِي إِنْ رَأَيْتُـكَ شَـاكِيا

فَـإِنَّ دُمُـوعَ العَيْـنِ غُـدْرٌ بِرَبِّهـا

إِذَا كُنَّ إِثْـرَ الظَّاعِنِيـنَ جَوَارِيـا

إِذَا الجُـودُ لَمْ يُـرْزَقْ خَلاصاً مِنَ الأَذَى

فَلا الحَمْـدُ مَكْسُـوباً وَلا المَـالُ بَاقِيا

وَلِلنَّفْـسِ أَخْـلاقٌ تَدُلُّ على الفَتَـى

أَكانَ سَـخَاءً مـا أَتَـى أَمْ تَسَاخِيا

أَقِــلَّ اشْــتِياقاً أَيُّهــا القَلْـــبُ رُبَّمـا
رَأيتُـــكَ تُصْفِـي الودَّ مَنْ لِيسَ جازِيا

خُلِقْـــتُ أَلُـوفـاً لَوْ رَحَـلْـــتُ إلى الصِّبا
لَفارَقْـتُ شَــيْبي مُوْجَعَ القَلْـبِ بَاكِـيا

تبدأ الأبيات بتوظيف أسلوب التَّجريد. والتَّجريد ــ كما يعرِّفه ابن الأثير ــ «أن تأتي بكلام هو خطاب لغيرك، وأنت تريد به نفسك»[133]؛ فالشَّاعر يقيم من نفسه مخاطَباً يبثُّه دواعي حزنه وألمه، وكأنّه لم يجد غير ذاته يناجيها ويشكو إليها همَّه، بعد أن تمنَّت الذّات «أنْ ترى صديقاً فأعيا، أو عدوّاً مداجيا»، فقد بات ذلك من باب الأماني عزيزة المنال.

وإذا كان بعض النُّقاد القدامى قد أخذ على المتنبِّي في هذا المطلع بُعْدَه عن اللِّياقة ومراعاة مقام الحال بالنَّظر إلى ما ينطوي عليه مطلع قصيدته من شؤم وتطيُّر أثارهما ذكره للموت والمنايا في أوّل قصيدة يمدح بها كافوراً بعد اتّصاله به[134]، فإنّه ــ أي المطلع ــ كان بالغ الدّلالة في التَّعبير عن إحساس الذّات الشّاعرة، وما تملَّكها ــ في هذه الفترة العصيبة من حياتها ــ من يأس مُحْبِط جعلها تجد في الموت علاجاً شافياً، وفي المنايا أمنية مشتهاة! في مفارقة تثير من وجوه الدَّهشة والغرابة ما تثير.

وإذا كانت حالة الضَّعف والانكسار قد بلغت ــ كما لحظنا ــ غايتها في هذا المطلع، فإنَّ المتنبِّي ــ كعادته في كثير من شعره، وكما تبدَّى في ما سبق من قول ــ لا يستسلم لضعفه طائعاً راضياً، ولكنّه

يستحضر من المعاني ما يقصي فكرة الضَّعف وينحِّيها، والشَّاعر هنا يجد في منطق القوّة وسيلة فاعلة لانتشال الذَّات من وَهْدة اليأس وأجواء الإحباط المخيِّمة. وهو يسوق هذا المعنى في ثلاثة أبيات متتابعة احتشدت – على نحو واضح – بالمفردات النَّاطقة بدلالات القوّة والصَّلابة والمضاء: «تستعدّنّ، الحُسام اليماني، الرّماح، غارة، العِتاق المذاكي، الأُسْد، ضواريا..».

غير أنَّ نبرة القوّة هذه التي تحوّلت في المعنى الشِّعريّ تحوُّلاً حادّاً سرعان ما تتبدَّد لتظهر مرّةً أخرى نغمةٌ جديدةٌ من الحزن والتَّأثُّر تستغرق باقي الأبيات. ولعلَّ في هذا ما يؤكِّد تمكُّن هذا الإحساس من الشَّاعر وملازمته له. والشَّاعر يقيم حواراً مؤثِّراً بينه وبين قلبه. وإذا صحَّ القول إنّ الشَّاعر يمثِّل صوت العقل الواعي الذي يجهد في الحدّ من غلواء العاطفة واندفاعها، فإنَّ القلب يمثِّل – وَفْقَ هذا التَّقدير – صوت العاطفة التي بقيت متعلِّقة بالحبيب الظَّاعن / سيف الدَّولة. ومع ما يبذله الشَّاعر من جهد كبير في سبيل إقناع قلبه بحتميّة القطيعة والفراق وضرورتهما: «وقد كان غدّاراً فكن لي وافيا.. فلست فؤادي إن رأيتك شاكيا...»، فإنّ لواعج الشّوق والحنين لذلك الحبيب / الصَّديق ظلّت متّقدة، ولم يتمكّن الشَّاعر – على ما توسّل به من حكمة وإقناع: «إذا الجودُ لم يُرْزَق خلاصاً من الأذى.. وللنَّفس أخلاقٌ تدلُّ على الفتى..» – من إخفاء تلك المشاعر الجيّاشة التي كانت تعلن عن نفسها في سياق الحديث بوضوحٍ لا يخفى: «أقلَّ اشتياقاً أيُّها القلب.. وأعلم أنَّ البين يشكيك بعده ... خُلِقتُ ألوفاً لو رحلتُ إلى الصِّبا...»، ففي هذه العبارات وأمثالها كشفٌ لباطن الذَّات التي بقيت – على ما

ينطوي عليه القول في وجهه الآخر من مكابرة وتعريض – على وفائها وحنينها لصداقة ظلَّت ذكراها – مع ما شابها من عوارضَ ومنغصاتٍ – عالقةً في النَّفس رغم تنائي المكان وتعاقب الزَّمان.

هكذا بقيت الذّات الشّاعرة – مدَّة إقامتها في مصر – تتوزَّع بين ضربين من المشاعر المتضادّة، ولعلَّ شيئاً من ذلك قد بدا في الأبيات السّابقة؛ فالذّات تنقسم في هذه الحالة بين جانبين من الدَّوافع المتعارضة والرَّغبات المتصارعة: جانب الوفاء بمديح كافور وما يقتضيه ذلك من أعراف وشروط، وجانب استحضار سيف الدَّولة وذكراه. بل إنَّ هذه المشاعر المتضادّة طالت علاقة الشّاعر بسيف الدَّولة نفسه؛ فهو من جهة يعبّر عمّا انتهت إليه علاقتهما / صداقتهما من تجربة مؤلمة، وهو من جهة ثانية لم يستطع أن يُخْفِ ما ظلَّ يحمله من حنين عارم إلى صديقه القديم. يقول في مقدّمة إحدى كافوريّاته[135]:

فِـراقٌ وَمَـنْ فارَقْتُ غَيْـرُ مُـذَمَّمِ

وَأمُّ وَمَـنْ يَمَّمْـتُ خَيْـرُ مُيَمَّـمِ

وَمـا مَنْزِلُ اللَّـذَّاتِ عِنْدِي بِمَنْزِلٍ

إذا لَـمْ أُبَجِّـلْ عِنْـدَهُ وَأُكَـرَّمِ

سَـجِيَّةُ نَفْسٍ مَـا تَـزالُ مُـلِيحَةٌ

مِنَ الضَّيْمِ مَرْمِيّاً بها كُـلُّ مَخْرَمِ[136]

رَحَـلْـتُ فَكَمْ بَاكٍ بِأجْفانٍ شَـادِنٍ

عَلـيَّ وَكَـمْ بَـاكٍ بِأجْفانٍ ضَيْغَمِ

وَمَـــا رَبَّـــةُ القُرْطِ المَلِيـــحِ مَكانُـــه

بِأَجْزَعَ مِـــنْ رَبِّ الحُســـامِ المُصَمِّمِ

فَلَوْ كـــانَ مَا بِـــي مِـنْ حَبِيبٍ مُقَنَّعٍ

عَـــذَرْتُ وَلَكِـــنْ مِـــنْ حَبِيـــبٍ مُعَمَّمِ

رَمَى واتَّقَى رَمْيِي وَمِنْ دُونِ ما اتَّقَى

هَوىً كاسِرٌ كَفِّي وَقَوْسِي وَأَسْهُمِي

إذا سَاءَ فِعْلُ المَرْءِ سَاءَتْ ظُنُونُـــه

وَصَـــدَّقَ مَـــا يَعْتَـــادُهُ مِـــنْ تَوَهُّمِ

وَعَـــادَى مُحِبِّيـــهِ بِقَـــوْلِ عُدَاتِهِ

وَأَصْبَـــحَ في لَيْلٍ مِنَ الشَّـــكِّ مُظْلِمِ

إنّ ما تعيشه الذّات من صراع في موقفها ومشاعرها تجلّى بدوره في بنية هذه الأبيات التي تقوم على عدد من الثنائيّات الضّديّة. والتّضادّ سمة بادية الوضوح في شعر المتنبّي عامّة[137]. وأوّل هذه الثنائيّات ما يتبدّى في البيت الأوّل الذي يسعى الشّاعر ــ من خلاله ــ إلى إقامة مصالحة أو التقاء بين ماضٍ لا يزال يستقطب الذّات ويستحوذ على إدراكها: «فراق ومن فارقت غير مذمَّم»، وحاضر تجهد الذّات في الاندماج به والتّعايش معه: «وأمٌّ ومَنْ يمّمتُ خير ميمَّم». وإذا كان الشّطر الثاني من هذا البيت يمكن أن يثير شيئاً من الابتهاج والحبور في نفس كافور باعتباره خير مقصود يتوجّه إليه المتنبّي بعد فراق سيف الدّولة، فإنَّ شطره الأوّل، بما يكشف عنه من وفاء بالغ لسيف الدّولة، لم يكن ليلقى ــ بالتّأكيد ــ الرّضا المقبول في نفس كافور،

فها هو ذا المتنبّي يُصرُّ على الاعتراف بوفائه لسيف الدَّولة على هذا النَّحو من الجرأة والوضوح، في قصيدة هي – في الأصل – في مدح كافور وفي مجلسه أيضاً. ولعلَّ في هذا ما يؤكِّد أنَّ المتنبّي «لا يزال يتلفّت بقلبه إلى صديقه الذي فجع بصداقته، ولا يزال يرتبط به ارتباط روح ووجدان، رغم القطيعة، ورغم الجرح، ورغم الفجيعة»[138].

وتتوالى هذه الثنائيّات في الأبيات التّالية لتتناول هذه المرّة علاقة الذّات الشّاعرة بسيف الدَّولة، تلك العلاقة التي أخذت وجوهاً من التّجاذب والتّقاطع. والأبيات تكشف عن انقسام الذّات بين شعورين؛ أوّلهما: شعور الحبّ والوفاء لسيف الدَّولة، وهو الشُّعور الذي بقي عالقاً في النّفس برغم كلِّ ما حدث: «.. ومن فارقتُ غير مذمَّم.. حبيب معمَّم.. هوًى كاسر كفّي وقوسي وأسهمي». وتأكيداً لهذا الإحساس يشير الشّاعر إلى ما كان يبادله إيّاه سيف الدَّولة من مشاعر: «باكٍ بأجفان ضيغم.. بأجزع من ربِّ الحسام المصمِّم». ويلفت النَّظر في هذه الأبيات حضور المرأة التي لا يقلُّ جزعُها بسبب هذا الفراق – كما يذكر الشّاعر – عن جزع الرَّجل / سيف الدَّولة: «رحلتُ فكم باكٍ بأجفان شادن.. وما ربَّة القُرط المليح مكانه.. فلو كان ما بي من حبيب مقنَّع عذرت». وقد اتَّخذ محمود شاكر من هذه الأبيات دليلاً على حبّ المتنبّي لخولة أخت سيف الدَّولة[139]، وإذا صحَّ مثل هذا الافتراض فإنَّ أسباباً قويّة أخرى كانت تشدُّ المتنبّي إلى حلب التي فارقها فراق المضطرّ المُكْرَه.

وثاني هذين الشُّعورين هو شعور اللّوم الذي يناوش في بعض صوره حدود الغضب: «وما منزل اللّذات عندي بمنزل.. إذا ساء

فعل المرء ساءت ظنونه.. وعادى محبِّيه بقول عُداته..»، ومع ذلك فقد جاء أكثر هذا اللَّوم على شكل حِكَم عامَّة، وكأنَّ الشّاعر بذلك يحترس في الخطاب، فيحرص على ألا يكون تعريضه بسيف الدَّولة مباشراً ومكشوفاً؛ فالحكمة – بما هي قول عامّ يندرج في نطاقه حالات كثيرة، ومواقف مختلفة – قد تخفِّف من حِدَّة النَّقد، وتتنقل من خصوصيّة الحالة إلى عمومها.

ولعلَّ إحساس الذّات الدّائم بافتقاد الصَّديق هو الذي جعلها تتخفَّى على هذا الحنين الموجع إلى صداقة بدت كأنّها شيء مفقود في عالم الإنسان، في تصوُّر يكاد ينسجم مع القول الشِّعريّ الذّائع عند العرب: «الغولُ والخِلُّ والعنقاءُ ثالثةٌ / أسماءُ أشياءَ لم تُوجدْ ولم تَكُنِ»[140]، وإذا كان وجود الغول والعنقاء أقرب إلى الاستحالة بالنَّظر إلى أسطوريّتهما، فإنَّ إضافة «الخِلّ» إليهما – مع أنَّ إمكانيّة وجوده في الواقع قائمة – تعبِّر عن مبلغ يأس الإنسان من وجود مثل هذا الصَّديق الوفيّ. وقد كان من الطبيعيّ نتيجة هذا الشُّعور اليائس أن يشتدّ حنين الإنسان وشوقه إلى ذلك الصَّديق الذي لا يجود به الزّمان إلا نادراً. وكثيراً ما كان المتنبِّي يقترب في رؤيته للصَّداقة من مثل هذا الإحساس المؤثِّر بافتقاد الصَّديق. يقول مثلاً[141]:

تَزُولُ بـهِ عَنِ القَلْــبِ الهُمُومُ	أَمَــا في هذِهِ الدُّنيــا كَريــمُ
يُسَــرُّ بِأَهْلِــهِ الجِارُ المُقِيــمُ	أَمَا فــي هذِهِ الدُّنيــا مَكانٌ

إنَّ هذا «الكريم» الذي تتمنَّاه الذّات بهذه اللَّهفة المُحرقة ما هو إلا الصَّديق المواسي المفقود الذي «تزول به عن القلب الهموم»،

فمن غير «الصَّديق» يمكن أن ينطبق عليه هذا الوصف؟ والدّلالة المتحصِّلة من هذين البيتين تنطوي على حنين بالغ إلى صديق ومكان مؤنسين زاد من شدَّة الحنين إليهما ما تعيشه الذَّات الشَّاعرة في لحظتها الآنيّة من مشاعرَ يائسةٍ مُحْبِطةٍ⁽¹⁴²⁾.

لقد بقي الحنين إلى صديق غائب وصداقة مفقودة في شعر المتنبّي لحناً متكرِّراً يتزايد حضورُه كلَّما اشتدّت وطأة الواقع وقيودُه على الذَّات. ولعلَّ ممّا يمثِّل ذلك ما يرد في قصيدة الشَّاعر في مدح كافور: «أغالبُ فيكَ الشَّوقَ والشَّوقُ أغلبُ..»⁽¹⁴³⁾؛ فبعد مقدِّمةٍ تُظْهِرُ ما تعيشُه الذَّات الشَّاعرة من صراع وتجاذب بين مشاعر ومواقف متضاربة، وشكوى من تقديرات الزَّمن ومفارقاته التي تقرِّب البغيض وتبعد الحبيب، ورغبةٍ في تجاوز الماضي ونسيانه، ووصفٍ للحبيب واللّيل والأعداء والرّقبة، تَبْرُزُ الفرس في النَّصِّ لتشكِّل مهاداً ينقل الذَّات من عالم قديم هو عالم سيف الدَّولة بمسرّاته وآلامه، إلى عالم جديد هو عالم كافور بما قد ينطوي عليه من أمل أو يأس⁽¹⁴⁴⁾. ويُلحظ أنَّ حديث الشَّاعر عن الفرس يتَّخذ «منحّى وجدانيّاً تتوحَّد فيه الذات مع هذه الفرس التي تتجسَّد في صور من القوّة والمهابة التي تتوازى مع قوّة الذَّات وتتقابل: «شققتُ به الظَّلماء..»، «وأصرعُ أيَّ الوحش قفيتُه به..». إنَّ هذه الفرس التي يستغرق الحديث عنها حيِّزاً بارزاً في هذه القصيدة تصبح هي الأداة الوظيفيّة القادرة على إنجاز فعل الانتقال من المكان المرتحل عنه إلى المكان المرتحل إليه بكفاءة ونجاح، ولذا فلا غرابة أن تتجاوز العلاقة بها المظهر الخارجي لتنفذ إلى أعماق داخليّة حميمة»⁽¹⁴⁵⁾:

وَمَـــا الخَيــلُ إلّا كالصَّديــقِ قَليلـةٌ

وإنْ كَثُرَتْ في عَيْـنِ مَنْ لا يُجَرِّبُ

إذا لَمْ تُشَــاهِدْ غَيْرَ حُسْـنِ شِيَاتِها

وَأَعْضَائهَـا فَالحُسْنُ عَنْكَ مُغَيَّبُ [146]

ولعلَّ صورة هذه الفرس النّادرة التي أجاد الشّاعر في تقديمها قد استدعت من منظور موازٍ صورةَ الصَّديق الذي تتمنّاه الذّات وترغب في وجوده. وما الرَّبط بين الخيل والصَّديق في هذا السّياق إلا تأكيدٌ على عمق العلاقة التي تجمع بينهما في تصوُّر المتنبّي الذي أفضى به هذا الوصف الوجدانيّ الآسر لتلك الفرس إلى استحضار الصَّديق الذي لم يجد أقرب منه في تشبيه فرسه به، وكأنَّ هذا يَظْهَرُ في مرآة ذاك، وذاك في مرآة هذا، في علاقة تدني بطرفيها إلى وجوه بالغة من التّقارب والاتّحاد. والوجه الجامع لهذه العلاقة هنا هو القلّة أو النُّدرة، فإذا كانت الخيل ــ كما يعترف الشّاعر ــ قليلة، فإنَّ الصَّديق ظلَّ في حياة الذّات أيضاً نادراً وعزيزاً، وهو ما يعبِّر عنه هذا الحنينُ الدّائمُ إلى صديق حقيقيّ بقيت الذّات تتمنّاه وتتوق إليه دون أن تجده.

وإذا كان المتنبّي يقترب أخيراً في قوله [147]:

مَـــا الخِــلُّ إلا مَـــنْ أوَدُّ بِقَلْبِـــهِ

وأرى بِطَـــرْفٍ لا يَـــرى بِسَـــوائِهِ

من الحدّ الذي وضعه أرسطو في تعريف الصَّديق، ونَقَلَهُ عنه عددٌ من الفلاسفة المسلمين: «الصَّديق إنسانٌ هو أنت، إلا أنّه بالشَّخص غيرك» [148]، فإنَّ هذا الحدَّ بقي عصيَّ التّحقُّق، وَفْقَ ما فصَّل في

ذلك التوحيدي في إحدى مقابساته[149]. ولعلَّه أدخل في باب الأماني العزيزة التي تعبِّر عن رغبة الإنسان الدّائمة في العثور على مثل هذا الصَّديق الذي ليس له في عالم الواقع وجود[150]. أو لنقل على نحو أكثر احترازاً ودقَّةً: الذي يندر وجودُه في الواقع الإنسانيّ!

خاتمة:

لقد كانت حياة المتنبِّي، وَفْقَ ما يكشف عنها شعرُه وسيرتُه، على سفر ورحيل دائمين؛ إذ قضى أغلب سنيّ عمره القصير نسبياً ظاعناً بين أمكنة متعدِّدة لم ينعم في أكثرها بإقامة أو يهنأ باستقرار، أو كما يصف هو نَفْسَه: «على قلقٍ كأنَّ الرِّيح تحتي»، حتَّى بات هذا المنحى السُّلوكيّ سمةً مائزةً في حياته وأدبه. وإذا كانت مثل هذه الحياة لا تساعد، في الغالب، على إقامة صداقات دائمة، فإنّ شخص المتنبِّي ذاته؛ بشهرته الواسعة، وكبريائه البالغ، وشعريّته الفذَّة، كثيراً ما كان يؤلِّب عليه إحناً وعدواتٍ في كلّ مكان كان يحلُّ فيه، فلا غرابة إذن أن يكثرَ أعداؤه ويقلَّ أصدقاؤه. وأن تطفح في خطابه – من جهة – حرقةُ الفقد وبكاءِ الصَّداقة والأصدقاء، وتتنامى في هذا الخطاب – من جهة مقابلة – نبرةُ الشَّوق والحنين إلى صداقة غائبة ظلَّت الذَّات تتمنَّاها وتتوق إليها دون أن تسعفَها الحال في نَيْلِها أو التَّمتُّع بمباهجها. وفي المجمل فقد غلب على رؤية المتنبِّي للصَّداقة الوجهُ السَّلبيُّ الذي يعبِّر في أقلِّ تقدير عن دلالتين؛ أولاهما سوء ظنّ الذَّات بالنَّاس وانعدام ثقتها بهم. وثانيتهما غربة هذه الذَّات في عالمها وافتقارها الدَّائم إلى الألفة والتَّواصل والانسجام.

هوامش الفصل الثاني:

1 – المتنبّي، أحمد بن الحسين (ت 354هـ / 965م) ديوانه، شرح أبي البقاء العكبري، تحقيق: مصطفى السّقا، وإبراهيم الإبياري، وعبد الحفيظ شلبي، مطبعة مصطفى البابي الحلبي، القاهرة، 1926، ج4، ص130؛ وهذا الشّرح هو المعتمد في توثيق شعر المتنبّي في هذا الفصل.

2 – التوحيدي، أبو حيّان علي بن محمّد (ت 414هـ / 1023م) الصّداقة والصّديق، تحقيق: إبراهيم الكيلاني، دار الفكر المعاصر، بيروت، ودار الفكر، دمشق، 1998، ص36.

3 – حرب، علي، التأويل والحقيقة: قراءات تأويليّة في الثقافة العربيّة، دار التنوير للطباعة والنشر والتوزيع، بيروت، 2007، ص81.

4 – أركون، محمّد، نزعة الأنسنة في الفكر العربيّ: جيل مسكويه والتوحيدي، ترجمة: هاشم صالح، ط1، دار السّاقي، بيروت، 1997، ص519.

5 – عن ذلك انظر: روسان، زاهد، «فكرة الصّداقة بين أرسطو وأبي حيّان التوحيدي»، مجلة كلّية الإنسانيّات والعلوم الاجتماعيّة، جامعة قطر، عدد 23، 2000، ص90 – 102.

6 – في تفصيل ذلك انظر: أبو سريع، أسامة أسعد، «الصّداقة من منظور علم النّفس»، عالم المعرفة، المجلس الوطني للثقافة والفنون والآداب، الكويت، نوفمبر 1993، ص19 – 26. (نسخة إلكترونيّة).

7 – لاستقصاء آراء التوحيدي في هذا الموضوع انظر: روسان، فكرة الصّداقة بين أرسطو وأبي حيّان التوحيدي، ص102 – 117.

8 – أركون، نزعة الأنسنة في الفكر العربيّ، ص518.

9 – أركون، نزعة الأنسنة في الفكر العربيّ، ص518.

10 – التوحيدي، أبو حيّان علي بن محمّد (ت414هـ / 1023م) المقابسات، تحقيق: حسن السّندوبي، ط2، دار سعاد الصّباح، الكويت، 1992، ص359 – 362.

11 – الغيطاني، جمال، خلاصة التوحيدي: مختارات من نثر أبي حيّان التوحيدي، المجلس الأعلى للثّقافة، القاهرة، 1995، ص7.

12 – انظر: بلاشير، ريجسير، «أبو الطّيّب المتنبّي»، دائرة المعارف الإسلاميّة، أصدرها باللغة العربيّة: أحمد الشنتناوي وآخرون، دار الفكر، د. م، د. ت، مجلد1، ص368؛ العراقي، عاطف، «مفهوم الإنسان عند أبي حيّان التوحيدي»، مجلة فصول، الهيئة المصريّة العامّة للكتاب، القاهرة، مجلد15، عدد1، 1996، ص26، 28.

13 – حول ذلك انظر: حسين، طه، مع المتنبّي، ط12، دار المعارف، القاهرة، د. ت، ص26 – 33؛ السّمرة، محمود، القاضي الجرجاني: الأديب النّاقد، ط1، منشورات المكتب التجاري للطّباعة والنّشر والتوزيع، بيروت، 1966، ص9 – 22.

14 – يجب ألا يغيب عن البال أيضاً اختلاف الشّخصيّتين في تناول «موضوع الصّداقة»؛ فالتوحيدي «مفكّر» و«فيلسوف» يناقش المفاهيم والتّعريفات ويحاكمها محاكمة المتفحّص النّاقد، والمتنبّي شاعرٌ يُعبّر عن رؤيته وأحاسيسه بلغة الشّعر التي هي غير لغة النثر. وإن لم يَخْلُ شعرُه – وهو أحد شعراء المعاني الكبار في الشّعر العربيّ – من نظرات متأمّلة ناقدة في هذا الموضوع.

15 – المتنبّي، ديوانه، ج1، ص270 – 271.

16 – الغمرة: الشّدّة. السّبوح: الفرس التي كأنّها تسبح في جريها.

17 – المراود: جمع مرود، وهو حديدة تدور في اللّجام.

18 – اللّبّات: أعالي الصّدور.

19 – عن صورة الخيل ودلالاتها في شعر المتنبّي انظر: الكركي، خالد، الرّونق العجيب: قراءة في شعر المتنبّي، ط1، المؤسّسة العربيّة للدّراسات والنّشر، مؤسسة عبد الحميد شومان، بيروت، عمّان، 2008، ص32 – 40؛ الصّادقي، فائقة، «الخيل ودلالتها في شعر المتنبّي»، مجلة العلوم الإنسانيّة، جامعة البحرين، عدد18 / 19، 2010، ص116 – 136.

20 – المتنبّي، ديوانه، ج1، ص124 – 125.

21 – خـوص: جمـع خوصاء، وهي النّاقـة الغائرة العينين مـن الجهد والإعياء. الدّارش: ضرب من الجلد.

22 – الثّعالبـي، أبو منصور عبدالملك بن محمّد (ت 429هـ / 1038م) يتيمة الدّهر في محاسـن أهل العصـر، تحقيق: مفيد محمّـد قميحة، ط1، دار الكتـب العلميّة، بيـروت، 1983، ج1، ص145 – 146؛ البديعـي، يوسـف (ت 1073هـ / 1662م) الصّبح المنبي عن حيثية المتنبّي، تحقيق: مصطفى السّقا، ومحمّد شتا، وعبده زياد عبده، ط3، دار المعارف، القاهرة، د. ت، ص422.

23 – الثّعالبي، يتيمة الدّهر، ج1، ص144.

24 – المتنبّي، ديوانـه، ج4، ص9؛ وعن ظاهرة الحزن في شـعر المتنبي انظر: الدسوقي، عبدالعزيز، في عالم المتنبي، ط2، دار الشروق، 1988، ص109 – 113.

25 – إشارة إلى قوله:

وإذا المَنيّةُ أنْشَبتْ أظْفارَها   ألَفَيْتَ كُلَّ تَميمةٍ لا تَنْفَعُ

انظر: الضّبي، المُفَضَّل بن محمّد (ت 178هـ / 794م) المفضليّات، تحقيق وشرح: أحمد محمّد شـاكر وعبد السّـلام هـارون، ط10، دار المعـارف، القاهرة، 1992، ص422.

26 – عـن المفارقـة في شـعر المتنبّي انظـر: إبراهيم، نوال مصطفـى، المتوقّع واللامتوقّـع في شـعر المتنبّي: مقاربـة نصيّة في ضوء نظريّـة التّلقي والتّأويل، ط1، دار جريـر للنشـر والتوزيـع، عمّـان، 2008، ص246 – 267؛ الحويطات، مفلح، شعريّة الصِّراع: مقاربة نصية في شعر المتنبّي، ط1، هيئة أبوظبي للسياحة والثقافة، دار الكتب الوطنية، أبوظبي، 2017، ص218 – 235.

27 – الحويطات، شعريّة الصراع، ص230.

28 – المتنبّي، ديوانه، ج2، ص142 – 143.

29 – قَتَد البعير: خشب الرّحل.

30 – الرّماح الصُّمّ: الرّماح الصّلاب. حُرّ وجهي: ما بدا منه. الهجير: شـدّة الحرّ وقت الهاجرة.

31 – الأكم: جمع أكمة، وهي الموضع المطمئنّ من الأرض.

32 – تجد فكرة الرّحيل وإدمانه حضورها الواضح في شعر المتنبّي، يقول مثلاً:

أَلِفْتُ تَرحُّلِي وَجَعَلْتُ أَرْضِي قُتُودِي والغُرَيرِيَّ الجُـلَالَا

فَمَـا حاولتُ فِي أَرْضٍ مُقاماً ولا أَزْمَعْـتُ عَنْ أَرْضٍ زَوالَا

عَلـى قَلَقٍ كَـأَنَّ الرِّيحَ تَحْتِي أُوجِّهها جَنوباً أو شَـمَـالَا

انظر: المتنبِّي، ديوانه، ج3، ص224 – 225.

33 – المتنبِّي، ديوانه، ج1، ص376 – 377.

34 – نُغْبَة: جُرْعة. الرَّبد: النَّعام.

35 – الطِّيَة: المكان الذي تُطوى إليه الرَّواحل. أطوي: أجوع. المجلّحة: الذّئاب المصممة الماضية. العُقْد: جمع أعقد، وهو الذي في ذنبه عُقدة.

36 – العِيّ: العجز عن الحجّة. الغبا: الغباوة.

37 – المتنبِّي، ديوانه، ج4، ص91 – 92.

38 – الفراديس: موضع قرب حلب. انظر: الحمويّ، ياقوت بن عبدالله (ت 626هـ / 1228م) معجم البلدان، دار صادر، بيروت، 1977، ج4، ص243.

39 – لحمدانـي، حميـد، القراءة وتوليـد الدَّلالـة، ط1، المركز الثَّقافيّ العربيّ، بيروت، الدَّار البيضاء، 2003، ص117.

40 – إشارة إلى قول الشَّنفرى:

ولي دونَكم أَهلـونَ سِيدٌ عَمَلَّسٌ وَأَرْقَطُ زُهْلُولٌ وَعَرفاءُ جَيـألُ

هُمُ الأَهْلُ لا مُستودَعُ السِّرِّ ذائعٌ لَديهمْ ولا الجاني بمـا جَرَّ يُخْذَلُ

انظر: الأزهـري، عطاء الله بن أحمـد المصري (بعد 1186هـ / 1772م) «نهاية الأرب في شـرح لاميّة العرب»، دراسـة وتحقيق: عبد الله محمّد عيسى الغزالي، حوليّات كلّية الآداب، الحوليّة الثانية عشـرة، الرسالة 74، جامعة الكويت، 1992، ص42 – 43.

41 – يتكرَّر مثل هذا النُّزوع إلى عالم الحيوان أيضاً في قول المتنبِّي:

صَحِبْتُ في الفَلَواتِ الوَحشَ مُنْفرداً

حتَّى تَعَجَّبَ مِنِّي القُورُ والأَكَمُ

والـدَّارس لا يعنيه أن تأتي هذه الصُّحبة على سـبيل الحقيقة أو المجاز، وغاية ما يهـدف إليه تأكيد هذه الإشـارات التي لا يخلو تواترها مـن دلالة. انظر: المتنبِّي، ديوانه، ج3، ص369.

112

42 – العـلّاق، علي جعفـر، «مرثيّة الصّداقة الآفلة»، الدّلالـة المرئيّة، ط1، دار الشّروق، عمّان، 2002، ص81.

43 – أركون، نزعة الأنسنة في الفكر العربيّ، ص519.

44 – المسـدي، عبد السّلام، قراءات مع الشّابي والمتنبّي والجاحظ وابن خلدون، ط4، دار سعاد الصّباح، الكويت، القاهرة، 1993، ص70.

45 – أدونيس، علي أحمد سعيد، مقدّمة للشّعر العربيّ، ط3، دار العودة، بيروت، 1979، ص55.

46 – حرب، علي، هكذا أقرأ ما بعد التّفكيك، ط1، المؤسسـة العربيّة للدّراسـات والنّشر، بيروت، 2005، ص177.

47 – المتنبّي، ديوانه، ج2، ص303.

48 – جبـرا، جبرا إبراهيم، «المتنبّي وشعره: التناقض والحلّ»، ينابيع الرؤيا: دراسات نقديّة، ط1، المؤسسة العربيّة للدّراسات والنشر، بيروت، 1979، ص33. وعـن هذه الأجواء انظر: حسـين، مـع المتنبّي، ص 258 – 269؛ سـتيتكيفيتش، سوزان، أدب السّياسة وسياسة الأدب: التّفسير الطّقوسيّ لقصيدة المدح في الشّعر العربيّ القديم، ترجمه بالاشتراك مع المؤلفة وقدّم له: حسن البنا عزّ الدّين، الهيئة المصريّة العامّة للكتاب، القاهرة، 1998، ص136.

49 – المتنبّي، ديوانه، ج4، ص162.

50 – المتنبّي، ديوانه، ج1، ص374 – 375.

51 – الفدم: الغبي من الرّجال.

52 – أحمـد، محمّد فتوح، شـعر المتنبّي: قراءة أخـرى، دار المعارف، القاهرة، 1983، ص41. وعـن دلالات التّصغير واطّراده في شـعر المتنبّي انظر: العقّاد، عبّـاس محمود، مطالعات في الكتب والحياة، ط4، دار المعارف، القاهرة، 1987، ص126 – 132.

53 – الربّاعـي، عبدالقادر، عرار: الرُّؤيا والفنّ، أزمنة للنشـر والتوزيع، عمّان، 2002، ص154.

54 – المتنبّي، ديوانه، ج3، ص327.

55 – عن هذه الرُّؤية أو ما هو قريب منها انظر: أدونيس، مقدّمة للشّعر العربيّ، ص55 – 57.

56 – المتنبّي، ديوانه، ج4، ص71.

57 – الحفاظ: المحافظة على الحقوق ورعي الذّمام. الصّيقل: الذي يعمل السّيوف.

58 – الطّغام: رذال النّاس.

59 – جدعــان، فهمي، «داعي المشــاكلة في نظريّة الحبّ عنــد العرب»، نظريّة التّراث ودراســات عربيّة وإســلاميّة أخــرى، منشــورات وزارة الثقافة، عمّان، 2010، ص146.

60 – المتنبّي، ديوانه، ج4، ص70.

61 – المتنبّي، ديوانه، ج4، ص70. ويُلحُّ مثل هذا المعنى كثيراً على عقل المتنبّي، من ذلك قوله:

إنَّ النَّفيسَ غَريبٌ حَيثُما كانا   وَهَكذا كُنْتُ فِي أَهْلِي وَفِي وَطَنِي

انظر: المتنبّي، ديوانه، ج4، ص223.

62 – المتنبّي، ديوانه، ج4، ص73.

63 – المتنبّي، ديوانه، ج1، ص191 – 193.

64 – الذّملان: ضرب من السّير. الأكوار: جمع كور وهو الرّحل.

65 – البديعي، الصُّبح المنبي، ص123.

66 – عن ذلك انظر: حسين، مع المتنبّي، ص317 – 323.

67 – تتجلّــى هذه الرُّؤية بوضوح لــدى «حركة النّقد الجديد» التي يرى أصحابُها أنّ النّصّ لا صلة بينه وبين ظروف تأليفــه، أو حياة مؤلّفه .. إلخ. انظر في ذلك: الربيعي، محمــود، «مداخل نقديّة معاصرة إلى دراســة النّصّ الأدبيّ»، مجلة عالم الفكــر، المجلس الوطنيّ للثقافــة والفنون والآداب، الكويــت، مجلد23، عدد1+2، 1994، ص312 – 321.

68 – المتنبّي، ديوانه، ج1، ص198.

69 – المتنبّي، ديوانه، ج1، ص198.

70 – المتنبّي، ديوانه، ج1، ص199.

71 – بركات، حليم، المجتمع العربيّ المعاصر: بحثٌ في تغيُّر الأحوال والمقامات، منشورات وزارة الثقافة، عمّان، 2009، ص424 – 425.

72 – المتنبّي، ديوانه، ج1، ص291.

73 – المتنبّي، ديوانه، ج3، ص108 – 109.

74 – المتنبّي، ديوانه، ج1، ص159.

75 – للوقوف على بعض هذه الدَّلالات انظر: حسين، مـع المتنبِّي، ص300 – 301؛ خليـف، يوسـف، «مطالـع الكافوريّات، وكيف تصوِّر نفسيّة المتنبِّي»، مجلّة المجلّة، القاهرة، السـنة2، عدد16، إبريـل، 1958، ص88 – 89؛ فتّوح، شعر المتنبِّي، ص76 – 79؛ الجعافـرة، ماجد، التّناصّ والتّلقّي: دراسـات في الشِّـعْر العبّاسيّ، دار الكندي، إربد، 2003، ص64 – 74.

76 – فتوح، شعر المتنبِّي، ص79.

77 – المتنبِّي، ديوانه، ج2، ص320 – 321.

78 – المتنبِّي، ديوانه، ج2، ص320، حاشية رقم 2.

79 – التوحيدي، المقابسات، ص362.

80 – المتنبِّي، ديوانه، ج4، ص135 – 137.

81 – السّميذع: السّيد الكريم. السّمهري: الرُّمح القويّ الصّلب.

82 – خَطَت: جابت وقطعت. العيس: الإبل. الخميس: الجيش. العرمرم: الكثير.

83 – عن فلسفة القوّة في شـعر المتنبِّي انظر: أمين، أحمد، فيض الخاطر، مكتبة النهضـة المصريّة، القاهـرة، 1943، ص91 – 100؛ العقّـاد، مطالعات في الكتب والحياة، ج4، ص148 – 174.

84 – أحـد أعـلام اللّغة والأدب، روى عنه ابن جنّي شـيئاً من أخبار المتنبِّي الذي نزل عليه ضيفاً حين ورد بغداد، وبقي عنده إلى أن رحل عنها. توفي سنة 375هـ. انظـر: الحمويّ، ياقوت بن عبـد الله (ت626هـ / 1228م) معجـم الأدباء، تحقيق: إحسـان عبّـاس، ط1، دار الغرب الإسلاميّ، بيـروت، 1993، ج4، ص1754 – 1755.

85 – البديعي، الصُّبح المنبي، ص94.

86 – المتنبِّي، ديوانه، ج4، ص142 – 149.

87 – المتنبِّي، ديوانه، ج4، ص144.

88 – الخِبّ: الخداع.

89 – الوَسام: حسن الصّورة.

90 ــ حـول ذلك انظـر: مايكل، أندريه، «المتنبّي شـاعر عربيّ»، ترجمة: خليل الخـوري، مجلة الأقلام، بغداد، السـنة 13، عدد4، كانون الثاني، 1978، ص60 ــ 66؛ المقدسـي، أنيس، أمراء الشـعر العربي في العصر العباسي، ط17، دار العلم للملايين، بيروت، 1989، ص346 ــ 349.

91 ــ عـوض، ريتا، «الحرب في الزمنين التّاريخيّ والشِّـعْريّ»، مجلة العربي، العـدد539، أكتوبـر، 2003، موقـع مجلـة العربـي الإلكترونـي: .http://www alarabimag.com

92 ــ انظر: مسكويه، أحمد بن محمد (ت421هـ / 1030م) تهذيب الأخلاق، دراسة وتحقيق: عماد الهلالي، ط1، منشـورات الجمل، بغداد، بيروت، 2011، ص361؛ بن سلامة، رجاء، العشق والكتابة: قراءة في الموروث، ط1، دار الجمل، ألمانيا، 2003، ص337 ــ 338.

93 ــ المتنبّي، ديوانه، ج1، ص280. السُّها: نجم خفيّ من بنات نعش الصّغرى. والفرقد: نجم قريب من القطب الشّـمالي يُهتدى به، وبجانبه آخر أخفى منه، فهما فرقدان.

94 ــ المتنبّي، ديوانه، ج3، ص364.

95 ــ حسـين، طه، من الشـاطئ الآخر: كتابات طه حسين الفرنسية، ترجمة: عبدالرشـيد الصادق محمـودي، ط1، المركز القومي للترجمـة، القاهرة، 2008، ص96.

96 ــ شـاكر، محمـود محمّد، المتنبّي، مطبعة المدنـي، القاهرة، 1977، ص327؛ والباحث وإن كان يتفق مع شاكر في تأكيد هذه الصّداقة، إلا أنه يأخذ عليه مبالغته في وصف هذه الصّداقة وصفاً يكاد يبلغ بها حدّ المثالية المجرّدة. ولعلّ هذا المنحى من «النظر المتعالي» الذي يذهب دائماً إلى حدود الغاية والمثال في كلّ ما يتعلّق بالمتنبي يكاد يكون هو الغالب على كتابه كلّه.

97 ــ بلاشير، «أبو الطّيّب المتنبّي»، دائرة المعارف الإسلاميّة، مجلد1، ص367؛ وانظر أيضاً: ستيتكيفيتش، أدب السّياسة وسياسة الأدب، ص245.

98 ــ المتنبّي، ديوانـه، ج1، ص98 ــ 100. ومـن النّصـوص التـي تحمل قدراً واضحاً من الوفاء لسيف الدّولـة والإخلاص لذكراه أيضاً قصيدة الشّـاعر: «ما لنـا كلُّنـا جَوٍ يا رسولُ...»، وقد كتب إليه بها سنة 351هـ مـن الكوفة إلى حلب. والقصيـدة تتكشّـف عن صور من الوفاء الذي ينمُّ عن صداقـة لم تنل منها الأيَّام. انظر: المتنبّي، ديوانه، ج3، ص148 ــ 158.

99 – لاقني: أمسكني وحبسني.

100 – الغدران: جمع غدير، وهو البقيّة من الماء تبقى بعد السّيل.

101 – البديعي، الصُّبح المنبي، ص108 – 109.

102 – المتنبّي، ديوانه، ج1، ص97، 104.

103 – الغذّامــي، عبـدالله، النّقد الثقافيّ: قراءة في الأنسـاق الثقافيّة العربيّة، ط2، المركز الثقافي العربي، بيروت، الدار البيضاء، 2001، ص170 – 171.

104 – عصفـور، جابـر، غواية التراث، ط1، الدار المصريــة اللبنانية، القاهرة، 2011، ص33. وحول هذه الفكرة انظر أيضاً: كيليطو، عبد الفتاح، الأدب والغرابة: دراسات بنيويّة في الأدب العربيّ، ط3، دار توبقال للنشر، الدّار البيضاء، 2006، ص53 – 60.

105 – اليوسفي، محمّد لطفي، فتنة المتخيّل: الكتابة ونداء الأقاصي، ط1، المؤسسة العربيّة للدّراسات والنشر، بيروت، 2002، ج1، ص256.

106 – سبق الوقوف على مثل هذه الفكرة في الفصل السابق، ولعلّ سبب استدعائها هنـا مـرّة أخرى هو تشابه الواقعتين، وتقارب السِّياق الذي عاش فيـه أبو تمّام والمتنبّي. فضلاً عن أنّ الغذامي قد خصّ هذين الشـاعرين تحديداً بحديث مسهب صريـح، متّخـذاً منهما أنموذجين دالّين على تمثيل «النسـق» في الشِّـعر العربيّ القديم كما يذهب في أطروحته.

107 – عياد، شكري، «صيغة التّفضيل في شعر المتنبّي»، مجلة الآداب، بيروت، عدد11، تشرين الثاني، 1977، ص32.

108 – قدّم محمّد لطفي اليوسفي تحليلاً عميقاً مطوَّلاً للدّور الذي قام به المتنبّي في هذا المجال. انظر: اليوسفي، فتنة المتخيّل، ج1، ص293 – 426.

109 – البديعي، الصّبح المنبي، ص71.

110 – يمكـن النّظـر في مقاربة عبدالله إبراهيم لهـذا الكتاب؛ فهي تتضمّن – وإنْ لـم تُخصّص للمتنبّي بطبيعة الحال – تحليلاً وتفكيـكاً لكثير من الآراء والمواقف الواردة فيه. وتكشـف، في الوقت ذاته، عن منهج الغذّامي الذي يتّسـم – من جملة مـا يتّسـم به – «بانتقاء جزئيّات يضخّمها، ويجعل منهـا قانوناً متحكّماً في النتائج التـي يروم الوصول إليها». انظـر: إبراهيم، عبدالله، «النقـد الثقافي: مطارحات فـي النظريّة والمنهج والتطبيق»، مجلة فصول، الهيئـة المصريّة العامة للكتاب، القاهرة، عدد 63، شتاء وربيع 2004، ص197 – 207.

111 ــ المسدي، قراءات مع الشّابي والمتنبّي والجاحظ وابن خلدون، ص79.

112 ــ المسدي، قراءات مع الشّابي والمتنبّي والجاحظ وابن خلدون، ص80.

113 ــ لاستجلاء بعض هذه الدّلالات انظر: الحويطات، شعريّة الصراع، ص81 ــ 95.

114 ــ للاستزادة في هذا الجانب انظر: اليوسف، يوسف، «لماذا صمد المتنبّي؟»، مجلة المعرفة، دمشق، السنة 17، عدد 199، آب 1978، ص68 ــ 69، ص83 ــ 93.

115 ــ حول هذه الأجواء انظر: البديعي، الصّبح المنبي، ص80، ص87 ــ 92؛ ضيف، شوقي، الفنّ ومذاهبه في الشّعر العربيّ، ط10، دار المعارف، القاهرة، د. ت، ص307.

116 ــ انظر مثلاً: المتنبّي، ديوانه، ج1، ص97، ص289. ج3، ص362 ــ 374.

117 ــ المتنبّي، ديوانه، ج3، ص372 ــ 374.

118 ــ النّوى: البعد. تقتضيني: تطالبني. الوخّادة: الإبل التي تسير سيراً سريعاً. الرّسم: جمع رسوم، وهي النّاقة التي تؤثّر في الأرض بأخفافها لسيرها الشّديد.

119 ــ ضُمَير: موضع قرب دمشق. انظر: الحمويّ، ياقوت بن عبدالله (ت626هـ / 1228م) معجم البلدان، تحقيق: فريد عبدالغني الجندي، ط1، دار الكتب العلميّة، بيروت، 1990، ج3، ص526.

120 ــ يصم: يعيب.

121 ــ الزعنفة: اللّئام السّقاط من النّاس.

122 ــ المقة: المحبّة.

123 ــ اليوسفي، فتنة المتخيّل، ج1، ص333.

124 ــ تتأكّد هذه الفكرة في أبيات أخرى من قصيدة للشّاعر في مدح بدر بن عمّار، وهي قوله:

وَمَهْمَهٍ جُبْتُهُ على قَدَمي	تَعْجِزُ عَنْهُ العَرامِسُ الذُّلُلُ
بِصارمي مُرْتَدٍ بِمَخْبُرَتي	مُجْتَزِئٌ بالظَّلام مُشْتَمِلُ
إذا صَديقٌ نَكِرْتُ جانِبَهُ	لَمْ تُعْيِني في فِراقِهِ الحِيلُ
في سَعَةِ الخَافِقينِ مُضْطَرَبٌ	وَفي بِلادٍ مِنْ أُخْتِها بَدَلُ

ويُلحظ أنّ وجوهاً من الشّبه بين هذه الأبيات والأبيات الواردة في متن هذه الدِّراسة، ومـن ذلك وضوح عنصر المبالغة الذي يبرز الذّات على قدر من الصّلابة والقوّة التي تفوق قدرة الإبل القويّة الشّـديدة، ثمّ اختيار الرّحيل وامتهانه بعد الشّكوى من قلّة الصّديق وتقلّب مودّته ووفائه. انظر: المتنبّي، ديوانه، ج3، ص211 – 212.

125 – الأصفهانـي، أبو القاسـم عبد الله بـن عبد الرحمن (بعـد 410هـ / 1019م) الواضح في مشكلات شـعر المتنبّي، تحقيـق: محمّد الطاهر بن عاشـور، الدّار التونسيّة للنشر، تونس، 1968، ص19 – 20.

126 – المتنبّي، ديوانه، ج2، ص96.

127 – المتنبّي، ديوانه، ج2، ص375.

128 – المتنبّي، ديوانه، ج2، ص269.

129 – المتنبّي، ديوانه، ج4، ص281 – 284.

130 – المداجي: السّاتر للعداوة.

131 – العتاق: الخيل الكريمة. المذاكي: الخيل القرح التي قد تمّت أسنانها.

132 – الطّوى: الجوع.

133 – ابن الأثير، ضياء الدّين (ت637هـ / 1239م) المثل السّـائر في أدب الكاتب والشّاعر، قدّمه وعلّق عليه: أحمد الحوفي وبدوي طبانة، دار نهضة مصر للطبع والنشر، القاهرة، د. ت، قسم2، ص160.

134 – الثعالبي، يتيمة الدّهر، ج1، ص182.

135 – المتنبّي، ديوانه، ج4، ص134 – 135.

136 – مليحة: مشفقة خائفة. المخرم: الطّريق في الجبل.

137 – حول ذلك انظر: بلاشير، ريجسير، أبو الطّيّب المتنبّي: دراسة في التّاريخ الأدبيّ، ترجمة: إبراهيم الكيلاني، ط2، دار الفكر، دمشق، 1985، ص268 – 269؛ حسين، مع المتنبّي، ص73.

138 – مروّة، حسين، تراثنا كيف نعرفه، ط2، مؤسسة الأبحاث العربيّة، بيروت، 1986، ص77.

139 – شاكر، المتنبّي، ص351 – 352.

140 – الألوسـي، محمود شـكري، بلوغ الأرب في معرفة أحوال العرب، عني

بشـرحه وتصحيحه وضبطه: محمد بهجة الأثري، دار الكتب العلميّة، بيروت، د. ت، ج2، ص347.

141 – المتنبّي، ديوانه، ج4، ص151.

142 – البيتان من قصيدة في هجاء كافور، ومن الملاحظ أنَّ موضوع الصّداقة يُلِحُّ ويحضر في أغلب كافوريّات المتنبّي.

143 – المتنبّي، ديوانه، ج1، ص176 – 187.

144 – عصفور، جابر، مفهوم الشِّعْر: دراسة في التّراث النّقديّ، الهيئة المصريّة العامّة للكتاب، القاهرة، 2005، ص378.

145 – الحويطـات، مفلـح، «صـراع الأنا والمكان في شـعر المتنبّـي»، المجلة العربيّة للعلوم الإنسـانيّة، مجلس النشـر العلمي، جامعـة الكويت، مجلد 29، عدد 116، 2011، ص152.

146 – الشِّيات: جمع شية، وهي الألوان.

147 – المتنبّي، ديوانه، ج1، ص4.

148 – التوحيدي، المقابسـات، ص359. وانظر أيضاً: مسكويه، تهذيب الأخلاق، ص368؛ جدعان، داعي المشاكلة في نظريّة الحب عند العرب، ص145.

149 – التوحيدي، المقابسات، ص359 – 362.

150 – يعبِّر مسكويه – في ردّه على التوحيدي – عن يأسه من إمكانيّة وجود مثل هـذا الصّديق بقولـه: «... إني لأظنّ الأبلق العقوق، والعنقـاء المغرب، والكبريت الأحمر، أيسـر مطلبـاً وأقرب وجوداً منه». انظر: التوحيـدي، أبو حيّان علي بن محمد (ت414هـ / 1023م) ومسكويه، أحمد بن محمد (ت421هـ / 1030م) الهوامل والشـوامل، نشـره: أحمد أمين والسـيد أحمد صقر، الهيئة العامة لقصور الثقافة، القاهرة، د. ت، ص2.

الفصل الثالث:

خطاب المواساة

بلاغة الحجاج في قصيدة أبي تمّام:
«أَرْضٌ مُصَرَّدَةٌ وأُخْرى تُثْجَمُ...»

مقدّمة:

حظي الحِجاج Argumentation على المستوى النظريّ بدراسات كثيرة استقصت تعريفاتِه ووجوهَه وأنواعَ الحُجج وآليّاتِ تشكيلها... إلخ. وليست الغاية هنا تفصيل الحديث في هذه الجوانب التي بلغ بها الدَّارسون حدَّ التَّشبُّع؛ فمطلبُ هذه الدّراسة في الأساس إجرائيٌّ تطبيقيٌّ يسعى إلى استثمار جوانبَ من منجزات نظريّة الحِجاج بما يفيد في دراسة نصٍّ من الشّعر العربيّ القديم من هذا الجانب الحِجاجيّ البلاغيّ تحديداً. وإذا كان من الصُّعوبة تحديدُ تعريف جامع شامل للحِجاج أو حصره في نظريّة محدَّدة في مثل هذا المقام؛ وذلك لتشعُّب الموضوع وامتداد أطرافه وتوزُّعه بين عدد من العلوم كالفلسفة والمنطق والبلاغة والقانون التي يذهب كلٌّ منها إلى انتمائه إليه بوصفه أدخل في مجال اشتغالات هذا العلم دون ذاك، فإنّنا سنكتفي في هذا المدخل النّظريّ بتقديم ما نراه كافياً لإضاءة المصطلح وتوضيحه، والإشارة إلى بعض الإجراءات المنهجيّة التي ينبغي تحديدها ابتداءً، معَ التأكيد على أنّ النّظريّة لن تغيب تماماً عن الجانب التّطبيقيّ في هذه الدّراسة؛ إذ سنعمد إلى استثمار مكوّناتها كلّما دعتْ متطلّباتُ التّطبيق إلى ذلك، وربّما كان هذا الإجراء أجدى في ربط النّظريّة بالتّطبيق ربطاً مُحْكَماً، والإفادة منها على نحو واضح صريح.

ومهما يكن من أمر فإنّ المعنى اللغويّ لكلمة حِجاج، كما يرد لدى ابن منظور، هو على النّحو الآتي: «يقال: حاججتُه أحاجُّه حِجاجاً ومُحاجّةً حتّى حججتُه أي غلبتُه بالحُجج التي أدليتُ بها (...) والحُجّة: البُرهان؛ وقيل: الحُجّة ما دُوفِع به الخصمُ؛ وقال الأزهريّ: الحُجّة الوَجْهُ الذي يكون به الظَّفَرُ عند الخُصُومة»[1].

أمّا في الاصطلاح فالتعريفات تتعدّد، وتعدُّدها ناتجٌ عن مرجعيّاتها المختلفة؛ «ولا غرابة، والحالة هذه، أنّ هناك حِجاجاً خطابياً (لسانيّاً) وحِجاجاً خطابياً (بلاغيّاً) وآخر قضائيّاً أو سياسيّاً أو فلسفيّاً.. إلخ»[2]. ومعَ كلّ ذلك فإنّ هذا لا يمنع من القول إنّ «الحجاج يتّكئ على مقولات رئيسيّة يلتقي عليها منظّروه، على اختلاف اتّجاهاتهم وتنوّع نظريّاتهم»[3]؛ فحدُّ «الحجاج أنّه فعاليّة تداوليّة جدليّة؛ فهو تداوليّ لأنّ طابعَه الفكريّ مقاميّ واجتماعيّ؛ إذ يأخذ بعين الاعتبار مقتضيات الحال من معارفَ مشتركةٍ ومطالبَ إخباريّةٍ وتوجّهاتٍ ظرفيّةٍ (...). وهو أيضاً جدليّ لأنّ هدفَه إقناعيّ قائمٌ بلوغه على التزام صور استدلاليّة أوسع وأغنى من البنيات البرهانيّة الضّيقة»[4].

وعليه، فإنّ الحجاج ــ كما يعرِّفه شايم بيرلمان ــ هو «دَرْس تقنيات الخطاب التي من شأنها أن تؤدّيَ بالأذهان إلى التّسليم بما يعرض عليها من أطروحات أو أن تزيد في درجة التّسليم»[5]. وغايتُه هي «الفعل في المتلقّي على نحو يدفعه إلى العمل، أو يهيئه للقيام بالعمل»[6]. واستناداً إلى ذلك، فإنّ مسألة جَذْب الآخرين ــ كما يقرِّر بيرلمان وتيتكا ــ والاستحواذ على موقفهم لدعم الفكرة التي يقدّمها صانع الخطاب تبدو هدفاً تسعى إليه كلُّ عمليّة حِجاجيّة[7].

وهذا الهدف هو ما سَعَتْ إليه من قبل النظريّةُ الأرسطيّة في الحِجاج، فهذه النّظريّة تنهض في تصوُّرها العامّ على استراتيجيّات ثلاث تُعَدُّ المقوِّماتِ الأساسيّةَ في التّحليل البلاغيّ الحِجاجيّ للخطاب، وهي: استراتيجيّة اللوجوس المعتمدة على محتوى الخطاب ذاته، واستراتيجيّة الباتوس المعتمدة على مشاعر المخاطَب، واستراتيجيّة الإيتوس المعتمدة على شخصيّة الخطيب[8]. ومن الواضح أنّ هذه الاستراتيجيّات الثلاث تشمل أركـان التّواصل الأساسيّة: الخطاب، ومُنشئ الخطاب، ومُستقبِل الخطاب. ولكلِّ واحدةٍ من هذه الاستراتيجيّات وسائلُها وأدواتُها في تشكيل الخِطاب الحجاجيّ وبنائه، وهي تتعاون مجتمعةً لإحداثِ وظيفتها الإقناعيّة والتأثيريّة في متلقّي الخطاب.

وإننا إذ نقدِّم هذه المحدِّداتِ فإنّه لا بدَّ أن نذكِّر بأهميّة الإشارة إلى الإطار النوعيّ الذي يندرج فيه النّصُّ مدار المقارَبة الحاليّة؛ فالنّصُّ هنا نصٌّ شعريٌّ، وكثيراً ما وُصِفَ الشّعرُ بأنّه فنُّ جماليّ تخييليّ، وأنّه بذلك أبعدُ ما يكون عن الحُجّة والاستدلال والبرهان؛ لأنّ البعد الجماليّ هو الغالب على البعد الإقناعيّ فيه. غير أنّ ما خَلُصَ إليه النّظرُ النقديُّ في هذا المجال أنَّ الحِجاج أمرٌ لا يقتصر على النّثر دون الشّعر، وقد ألمحَ إلى شيء من ذلك قديماً ناقدٌ عربيٌّ هو حازم القرطاجني (ت 684هـ / 1284م) الذي رأى تداخُل الوظائف بين الخِطابة والشِّعر. يقول: «واستِعمال الإقناعات في الأقاويل الشِّعريّة سائغ، إذا كان ذلك على جهة الإلماع في الموضع بعد الموضع، كما أنّ التخاييل سائغٌ استعمالُها في الأقاويل الخطابيّة في الموضع بعد

الموضع. وإنما ساغ لكليهما أن يستعمل يسيراً فيما تتقوّم به الأخرى؛ لأنّ الغرض في الصّناعتين واحد، وهو إعمال الحيلة في إلقاء الكلام من النّفوس بمحلّ القبول لتتأثّر بمقتضاه»[9].

إنّ كلّ هذا يدعو إلى القول، إنَّ الشِّعر «مُترعٌ بقيم حجاجيّة قويّة. وهو يُخرج المتلقّي من دائرة التذوّق الجماليّ الحياديّ. إنّه لا يتركنا حياديين إزاء ما يرويه (...) إنّه يعدِّل أو يرسّخ رأياً ما أو إحساساً ما»[10]؛ فالتّأثير في النفوس إذن غايةٌ مشتركةٌ بين كثير من الخطابات، ولكن لا بدّ من التّأكيد على أنّ لكلّ نوعٍ أدواتِه ووسائلَه في ذلك. وفيما يخصُّ الشِّعر، موضوع هذه المقارَبة، فإنّ حجاجيّته تتأتّى من غير وجه؛ فالأغراض / الموضوعات الشّعريّة التي يندرج في إطارها أغلبُ الشّعر العربيّ القديم، من مثل المديح والهجاء والفخر والغزل موضوعات «كلّها محكومة بمقصديّات تداوليّة حِجاجيّة، يُراد بها التّأثير والإقناع، إمّا الوصول إلى قلب المحبوب، أو التّعبئة الجماعيّة، أو الإعلاء من قيمة الذّات»[11]. وإلى جانب هذا الوجه الإقناعيّ، فإنّ ما يتّسم به الشِّعر من لغة جماليّة واستعاريّة، وما يوظِّفُه من مؤثِّرات إيقاعيّة وأسلوبيّة وخيالِيّة، كلُّ ذلك له مفعولُه الواضح في شدّ القارئ واستمالتِه والتأثير في توجُّهه وقناعاته[12].

وهذه الدّراسة تتوخّى الوقوف على نصٍّ واحد لبحث بِنْية الحِجاج فيه بحثاً مفصَّلاً شاملاً يراعي خصوصيّة هذا النّصّ ومعماره البنائيّ؛ فالنصَّ الشِّعريَّ بِنْيةٌ متكاملةٌ تتجاوب فيه العناصر اللغويّة والصّوتيّة والإيقاعيّة لتؤدِّيَ وظيفتَه التأثيريّة التي يسعى في إحداثها، «وهذا يجعل مستويات النّصّ اللغويّة الصُّغرى والكبرى وكيفيّة تشكُّل النّصّ

بنائيّاً موضعَ اعتبار قارّ، لا ينبغي تجاوزه منهجيّاً؛ إذ هو مناطُ التّميُّز ومحطُّ الاعتبار»[13].

وسنقف في هذا الفصل على قصيدة أبي تمّام الميميّة في مدح مالك بن طَوْق التّغلبيّ[14]، والّتي مطلعُها: «أرضٌ مُصرَّدةٌ وأخرى تُنجَمُ...»[15]. وهي قصيدةٌ تقومُ فكرتُها وبناؤها على منطق المحاجّة الذي عمَّ القصيدةَ من بدايتِها إلى نهايتِها. وهو أمرٌ دفعنا إلى النّظر في هذه القصيدة من شعر أبي تمّام، ذلك الشّعر الذي يبقى له حضورُه في ذهن القارئ الذي استقرَّ أُفقُ توقُّعِه على تلقّي شعريّةٍ مخصوصةٍ أحدثها هذا الشّاعرُ الكبيرُ في تاريخ الشّعر العربيّ كلّه[16].

وستكونُ هذه الدّراسةُ معنيّةً بالإجابةِ عن أسئلةٍ من مِثْل: هل استطاعَ أبو تمّام أنْ يُوائمَ بين البُعْد الحِجاجيّ والجماليّ في نصّه دونَ أن يجورَ الأوّلُ منهما على الثّاني؟ ولا سيما أنّ هذا النّصّ قد بُنِيَ — كما ذُكر — على المحاجّة بناءً كاملاً؛ فالشّاعرُ كان مُلتزِماً بالدِّفاع والمنافحة عن قضيّة شغلت القصيدةَ كلَّها، فجاءت وَفْقَ بناءٍ «منهجيٍّ» مُحْكَمٍ ينتقل فيه الشّاعرُ انتقالاً متسلسلاً من مستوىً إقناعيٍّ إلى آخرَ، ومن حُجّةٍ ذاتِ تأثيرٍ في جانبٍ إلى حجّةٍ ذاتِ مؤثِّراتٍ مختلفةٍ في جانب ثانٍ. ثُمَّ ما مدى تقاربِ هذه القصيدةِ أو تباعدِها عن فنّ أبي تمّام الشّعريّ الذي انماز — في مجملِه — بالغموض والإغراب في المعاني والصُّور؟ وهل يتّفقُ هذا الأسلوبُ الشّعريُّ مع طبيعة هذه القصيدة التي ترومُ التأثيرَ في المتلقّي، وإقناعَه بقضيّةٍ ألقتْ بظلِّها على النّصّ إلى الحدّ الذي جعل أبا تمّام يتجاوزُ في تشكيلِه البناءَ التّقليديَّ لشِعْر المديح، ذلك البناء الذي أصبح من الثّوابت التي من النّادر

والصَّعب اختراقها باعتبارِ هذا الشِّعر من أكثرِ أشكال الشِّعر محافظةً والتزاماً بالعُرْف الشِّعريّ الموروث؟ وأخيراً هل تمكّن أبو تمّام من أنْ يرتقيَ بحَدَثِ هذه القصيدة التّاريخيّ الذي يدورُ حولَ واقعةٍ هامشيّةٍ تتعلّقُ بأحدِ الولاة في العصر العبّاسيّ إلى ذُرَى عاليةٍ من الفنّ والرُّؤية الرَّحبة التي تتجاوزُ راهنيّةَ الظّرف الذي صنعَ هذه القصيدةَ على نحو ما نلحظُ في كثيرٍ من قصائدِه الأخرى الكبيرة؟ إنّ هذه التّساؤلاتِ تظلُّ مشروعةً لمَن يقرأ هذه القصيدةَ من شِعْرِ أبي تمّام، وإننا نأملُ أن نقدّمَ إجاباتٍ واضحةً عنها، سواء جاء ذلك على نحوٍ صريحٍ مباشر، أو جاء مُسْتخلَصاً من سياق التّحليل النّصّيّ لهذه القصيدة.

وبَعْدُ، فإنّنا ندركُ ونحن نتناول «نصّاً شعريّاً» أنّ القيمة الجماليّة والفنيّة تبقى هي أساسُ الشِّعر الذي لا يَتحقّقُ وجودُه بغيابِها، وأنّ الوظيفة الحِجاجيّة والإقناعيّة التي يحملُها ينبغي أن تأتيَ مندغمةً في البناء الشِّعريّ غير منفصلةٍ عنه أو مفروضةٍ عليه، وهذا يتطلّبُ أن يُقاربَ النّصُّ الشِّعريّ ــ وَفْقَ تقديرِنا ــ في ضَوْء هذا التّصوُّر، وألّا يُعْمَد إلى تفتيتِه ودراستِه على طريقة الشّواهد الشِّعريّة التي تتضمّنُ البيت أو البيتين للتّمثيل على هذه الحجّة أو تلك، وإنّما لا بدّ من النّظر إليه ــ أي النّصّ ــ قبل كلّ شيء بوصفِه بنيةً قائمةً منسجمةً تندرجُ استراتيجياتُ الشّاعرِ ووسائلُه الحِجاجيّة وتُدرسُ في إطارِها. وهو التّوجُّهُ الذي نجدُه لدى بعضِ الباحثين في مجال التّحليل البلاغيّ الحِجاجيّ للنّصوص، والذين يحرصون في تحليلاتِهم البلاغيّة على اختيارِ نصوصٍ كاملةٍ «تمتلك وحدتها المتماسكة التي ينبغي دراستُها في كليّتها»[17].

مدائح أبي تمّام في مالك بن طَوْق:

يُعدُّ مالك بن طوق التّغلبيّ من أبرز ممدوحيّ أبي تمّام الذين يَتكرّرُ ذِكْرُهم في شعرِه؛ فقد مَدَحَه بستٍّ قصائدَ[18] ومقطوعتين قصيرتين[19]. وإذا ما تجاوزْنا المقطوعتين اللتين لم يَزِدْ طولُ أيٍّ منهما على خمسة أبيات، وتجاوزْنا أيضاً قصيدتين قصيرتين أُخريين هما سينيّتُه التي يمدح فيها مالكاً، ويطلب منه فرساً[20]، وميميّتُه التي يُعزّي فيها ممدوحَه عن أخيه القاسم بن طوق[21]، فإنّ القصائد الأربع المتبقية تتّخذُ توجُّهاً مشتركاً يَتمثّلُ في أنّها تتّفقُ في معالجةِ موضوعٍ واحدٍ، هو الحديث عن علاقة مالك بن طوق بقومِه من بني تغلب. وهي علاقةٌ مضطربةٌ غير مستقرّة وقفتْ عليها هذه القصائدُ بمزيدٍ من التّفصيل الذي لا نجده في المصادر التّاريخيّة؛ إذ تكشفُ هذه النّصوصُ أنّ قومَ مالكٍ ــ الذي كان والياً على الأماكن التي يقطنونها ــ كانوا دائمي الثّورة عليه، كثيري المناكفة والخروج على أمره، الأمر الذي تطلّب منه ــ في بعض الأحيان ــ انتهاج الحزم والقوّة سبيلين للتّعامل معهم.

ويبدو أنّ هذه القضيّةَ هي القضيّةُ الأبرز التي شغلتْ مالكاً، وشكّلتْ تحدّياً مُؤرِّقاً ودائماً له، ولعلّها كانت هي السّببَ في عَزْله أخيراً عن الجزيرة الفراتيّة وَفْقَ ما يَكشفُ عنه تصديرُ القصيدةِ التي ستكونُ مَداراً لهذه المقاربة البحثيّة. والدّليلُ على خطورة هذه القضيّة ومركزيّتِها في حياة مالك أنّها كانت تحضرُ في أغلب مدائح الشّاعر له، حتّى ليمكن القول إنّها كانت الموضوعَ الأكثرَ وضوحاً في هذه المدائح. وقد نَهَجَ الشّاعرُ في تناولِ هذا الموضوعِ نَهْجاً حَذِراً بالنّظر

إلى ما بين الممدوح وقومه من وشائجِ القُرْبى والدَّم، فحاول أنْ يسلكَ أُسلوباً يجمعُ فيه بين لغةِ التّهديد والوعيد من جهة، ولغةِ التَّرغيب والتَّقريب من جهة ثانية، إلى جانب وجوهٍ أُخرى من المحاجّة المؤثِّرة التي قامتْ عليها هذه النّصوصُ كما ستبيّنُ الدِّراسةُ ذلك لاحقاً.

ميميّة أبي تمّام في مَدْح مالك: «أرضٌ مصرّدةٌ وأُخرى تُثْجَمُ...»:

إذا كان أبو تمّام قد اتّبعَ في ثلاثٍ من قصائدِه المدحيّةِ الأربع التي تناولت علاقةً مالك بقومِه ــ كما ذُكِرَ ــ نَهْجَ القصيدة العربيّة القديمة التي تقومُ، كما هو معروف، على مقدِّمة قد تجمع العناصرَ الثّلاثة: الطّلل والنّسيب والرّحلة، أو تقتصرُ على عنصرٍ أو عنصرين منها وصولاً إلى غرض القصيدة الرّئيس، فإنّه في قصيدته الميميّة التي سنتّخذُ منها مثالاً لبَحْثِ موضوع الحِجاج في مدائحِه قد تحرَّرَ من اشتراطات هذا الشّكل، واتّخذَ بدلاً منه بناءً مخصوصاً اقتضاه موضوعُ قصيدته، وفَرَضَه أسلوبُها الحِجاجيّ الذي يبدو أكثر ما يَشِدُّ القارئَ فيها ويُثيرُ انتباهَه.

فالقصيدةُ ــ موضوع هذه المقاربة إذنْ ــ قصيدةٌ قالها أبو تمّام في مَدْح مالك بن طوق حين عُزِل هذا الأخيرُ عن ولاية الجزيرة الفراتيّة كما ذُكِر. وهذه الإشارة المقاميّة التي تُعبِّرُ عنها جملة: «... حين عُزِلَ عن الجزيرة»[22] الواردة في تقديم الدِّيوان لهذه القصيدة تُعدُّ عنصراً تداوليّاً له دلالتُه حين نرومُ تناولَ نصٍّ مِن منظور حِجاجيّ؛ ذلك أنّ هذه القصيدة تأتي في مناسبة قاسية ومؤلمة هي العزل عن الحكم،

وهذا الأمر – بقدر ما يَدلُّ على وفاء أبي تمّام لممدوحه وصديقه مالك الذي يقفُ معَه وهو في أصعب أحواله – يُؤكِّدُ أنّ البُعْد التّأثيريّ والإقناعيّ سيكون حاضراً في هذا النّصّ من جانبين على الأقلّ، الأوّل التّأثير في مالك وتخفيف وَقْع ما حصل عليه، والثاني استمالةُ قومِ مالك الذين تربطُهم به أواصرُ النّسبِ والقرابة كما ذُكِر، والتّأثيرُ فيهم، ومحاولةُ إقناعِهم بخطأ ما ارتكبوه في حقّ سيّدِهم.

وعند النّظر في هذه القصيدةَ يُلحَظُ أنّها ذاتُ بنيةٍ متماسكةٍ، وأنّ أبياتَها مترابطةٌ ترابطاً يؤكّدُ ما تتّسمُ به من تماسُكٍ نصّيٍّ ساعد على وجودِه قوّةُ منطقِها الحِجاجيّ ووضوحُه؛ ذلك «أنّ الخطابَ الحِجاجيّ متماسكٌ تماسُكَ هدفِه، لا مجالَ فيه للتّرهُّل البنائيّ أو للتّناقض»[23]. وعليه، فإنّنا سنعمدُ، لغايةٍ إجرائيّةٍ لا أكثر، إلى تقسيم القصيدة إلى سَبْع وحدات نصيّةٍ، وهو تقسيمٌ افتراضيٌّ لم تقمْ عليه القصيدةُ أساساً، وإنّما هو يأتي استناداً إلى توالي الحجج وتسلسلِها كما تمثّلها الباحث وقدّرها في هذه القصيدة. ويأتي هذا التّقسيم وَفْقَ الوحدات النّصيّة التالية:

أوّلاً: اختلاف البقاع وتحوُّلات الحظّ:

يبدأ أبو تمّام قصيدتَه بدايةً ذاتَ منحًى تأمليٍّ تعميميٍّ يُفارقُ ما استقرّتْ عليه ابتداءاتُ المديح التّقليديّ. يقول[24]:

1 – أَرضٌ مُصَـــرَّدَةٌ وأُخْرى تُثْجَمُ
مِنْها الّتي رُزِقَتْ وأُخرى تُحْرَمُ[25]

2 ـ فَـإِذا تَأَمَّلْـتَ البِـلاَدَ رأيْتَها
تُثْـري كما تُثْـري الرِّجـالَ وتُعْدِمُ

3 ـ حَـظٌّ تَعاوَرَهُ البِقـاعُ لِوَقْتِهِ
وادٍ بِـهِ صِفْـرٌ وَوادٍ مُـفْعَمُ

4 ـ لَولاهُ لَـمْ تَكُنِ النُّبـوّةُ تَرْتَقي
شَـرَفَ الحِجازِ ولا الرِّسـالةُ تُتْهَمُ

5 ـ ولذاكَ أَعْرَقَـتِ الخِلافةُ بَعْدَما
عَمِرَتْ عُصُوراً وَهْيَ عِلْقٌ مُشْـئَمُ

6 ـ وَبِـهِ رَأَيْنـا كَعْبَـةَ اللهِ الَّتي
هِـيَ كَوْكَبُ الدُّنيـا تُحِـلُّ وتُحْرِمُ

يبدأ الشّاعر نصَّه بمقدّمة تبدو لافتةً للقارئ / السّامع؛ فإذا كان
المكان والذّات الشّاعرة يحضران متلازِمينِ في كثيرٍ من مقدّمات
أبي تمّام الطّلليّة التي يبدأ بها قصائدَه المدحيّة ومنها قصائدُه في مالكٍ
نفسِه، والتي يَتحدَّدُ فيها تشكيلُ المكان وَفْقَ الصُّورة التراثيّة التي
تستدعيها التقاليدُ الشّعريّة المتوارَثة، فإنّه ـ أي الشّاعر ـ في هذه
القصيدة يُغيِّب ذاتَه تماماً في هذه المقدّمة ليعطيَ للمكان تشكيلاً جديداً
وحضوراً ممتدّاً من خلال تقديم مجموعةٍ من المُشاهدات والصُّور
التي تتّصلُ بهذا المكان ومتعلّقاته، وهي مشاهداتٌ وصُوَرٌ من مألوفِ
ما يَلْحظُه النّاسُ في حياتِهم ويخبرونه في تجارِبهم؛ فثمة أرضٌ لم تروَ
من الماء (مُصرَّدة)، وأخرى تُمْطر مطراً دائماً حتّى تروى (تُثْجم)،
وهي الصّورةُ التي يُعيدُ الشّاعرُ تشكيلَها باستخدام تقنية التّشخيص:

«منها التي رُزقتْ وأُخرى تُحرَم». ويؤكِّد أبو تمّام المعنى حين يدعو إلى النّظر في حال هذه البلاد التي تُشْبِهُ، عند التأمُّل، حالَ الرّجال الّذين قد يُصيبُهم الثّراء والفقر. أمّا كيفَ حصل كلُّ ذلك فهو، وَفْقَ الشّنتمري في شرحِه للبيت الثّالث، بسببٍ «حظَّ تتداولُه البقاعُ لوقتٍ مقدَّرٍ، فوادٍ صِفْرٌ من الماء والخصبِ، والآخرُ مُفْعَمٌ سائلٌ»⁽²⁶⁾.

ولكنَّ هذا التّعميمَ الذي يرصدُ ظواهرَ طبيعيّةً مرتبطةً بأمكنةٍ عامّةٍ غيرِ محدَّدةٍ: أرض، البلاد، البقاع، وادٍ، كما تبدّى في الأبيات الثّلاثة الأولى، يَتّجهُ في الأبيات (4 – 6) إلى شيءٍ من التّخصيص حين تُذْكَرُ بَعْضُ الأمكنة بأسمائها: الحجاز، تهامة (تتهم)، العراق (أعرقت)، الشّام (مشئم)، كعبة الله؛ وكأنَّ الشّاعرَ – في هذا المستوى – يَربطُ الجغرافيا بالتّاريخ، إنْ جازَ هذا التّوصيفُ، ليؤكِّدَ فكرةَ التّحوّلاتِ وما يُلازمُها من حظوظٍ وسعودٍ؛ فهذا الحظُّ هو الذي جعل «النّبوّة» و«الرّسالة» تستقرّان وتكوْنان في الحجاز وتهامة، وهو الذي جعل – من بَعْدُ – «الخلافة» تنتقل إلى العراق، بعد أن كانت – لعقودٍ طويلةٍ – عِلْقاً نفيساً في الشّام، كما أنّ هذا الحظَّ هو الذي صارتْ به الكعبةُ كوكباً للدُّنيا كلِّها تحلُّ مرّةً وتُحْرِم أُخرى.

هكذا يفتتحُ أبو تمّام نصَّه بحياديّةٍ تامّةٍ، مُنطلقاً من مقدّماتٍ بدهيّةٍ لا يَختلفُ عليها أحدٌ. وهو ينتقي هذه المقدّماتِ بدقّةٍ بُغيةَ أنْ تؤديَ دوراً حجاجيّاً يَسْعَى من خلاله لاستدراجِ المتلقّي إلى فكرةٍ يُريدُ أن يُقْنِعَه بها ابتداءً ليؤسّسَ عليها فكرةً أُخرى، كما سَنلحظُ، في الوحدة النّصيّة الثّانية من القصيدةِ. والشّاعرُ – كما هو واضحٌ – ينتقي حججَه من عالمِ الطّبيعةِ بخصبِه وجدبِه، وعالمِ الإنسان بثرائه وإعدامه، وعالمِ

التاريخ بتعاقُب دوله وعصوره، لافتاً النّظرَ في كلِّ ذلك إلى تحوّلاتِ المكان، وأهميّته التي تتأثّرُ إيجاباً أو سلباً بهذه المتغيّرات. بيدَ أنَّ أكثرَ ما يُمْكِنُ أنْ يكونَ له تأثيرُه في وَعْي المتلقّي وقناعاتِه في هذا التّقديم هو استحضارُ المقدّس وعلاقته بالمكان: النّبوّة، والرّسالة، وكعبة الله، فضلاً عن الخلافة التي اكتست – على مدار التّاريخِ الإسلاميِّ – غلالةً دينيّةً قرّبتْها من حدودِ القداسة. ولعلّ إلحاحَ الشّاعرِ على توظيف المقدّسِ في مواضعَ لاحقةٍ من نصّه يَعودُ إلى قناعتِه بجدوى هذه الحجّةِ وتأثيرِها.

إنّ الغايةَ التي يَرومُ إذن تمّام أبو تمّام الوصولَ إليها من كلّ ما سبق تتمثّلُ في أنّ المكانَ يخضعُ لمصادفات الحظّ، لكنّه الحظُّ الذي لا يَنفصلُ – في كثيرٍ من الحالات – عن قِيَم التّدبُّر والقوّة والاستحقاق أو نقائضها، تلك القِيمُ التي تنهضُ الأُممُ بوجودِها وتنهارُ بغيابِها، وقد مَثّلَ الشّاعرُ على ذلك باستنطاقِ التّاريخ، واستخلاصِ العِبْرة من تحوّلاته. كأنّ أبا تمّام يُشير – دون أن يصرّحَ بذلك تَصريحاً – إلى أنّ قيمة المكان مرهونةٌ دائماً بالإنسان الذي يَعْمُرُه ويُحقّقُ له كينونتَه ومَجْدَه، وهذا واضحٌ من الشّواهدِ التي يتخيّرُها؛ فالحديث عن النّبوّة والرّسالة وارتباطِهما بالحجاز وتهامة لا يُمْكِنُ أن يتمَّ بمعزلٍ عن ذِكْرِ الرّسول محمّد عليه السّلام الذي أعطى لهذه الأماكن تلك القيمةَ وذلك الحضورَ، والحديث عن العراق والشّام لا يكون إلّا باستحضارِ سِيَرِ الخلفاء العِظام من بني أميّة وبني العبّاس الذين أحيوا هذه الأماكن وأكسبوها هذا التّميّز عن باقي البلدان. وهي القيمةُ التي يهدفُ الشّاعرُ من كلّ ذلك إلى إسباغِها على ممدوحِه مالكٍ الذي وَلِيَ الجزيرةَ زمناً

ثُمَّ عُزِلَ عنها؛ فكأنّه يريدُ أن يَخْلُصَ إلى القول، كما يذكرُ التّبريزي في شرحِه للبيت الثّاني، «إنَّ هذا المعزول تُدالُ به المواضعُ، فَيصيرُ به العَدلُ حيثُ وَلِيَ» [27]. وهي الفكرة التي سيتكفّل الشّاعرُ بإيضاحِها، تفصيلاً، في الوحدة النّصيّة الثّانية من هذه القصيدة.

وقد اعتمدَ الشّاعرُ، في سبيلِ تعزيزِ هذا الاستهلال الحِجاجيّ وتمكينه من إدراك المتلقّي، على جملة من الأساليب والوسائل الفنيّة، ومن ذلك أسلوب الشَّرط كما يتبدّى في البيتين (2، 4)، «والأسلوب الشّرطيّ كثير الحضور في سياقات الحِجاج؛ لأنّه يُمكِّنُ المُحتجّ من بَسْط افتراضاتِه» [28] التي يتوخّى من المتلقّي الاقتناع والتّسليم بها. ومن هذه الوسائل التّضادّ الذي تجلّى أولاً على مستوى الألفاظ: «مُصرَّدة / تُثْجم، رُزقت / تُحرَم، تُثري / تُعْدم، أعرق / أشأم، تُحلّ / تُحْرم، صِفر / مُفْعَم»، ثمّ على مستوى المعاني التي قامت من خلال تآلف تلك الألفاظ: «أرضٌ مصرَّدة وأخرى تُثْجم، منها التي رُزِقْت وأُخْرى تُحْرَم...إلخ». ومن المؤكّد أنّ هذا المُؤثّرَ الأسلوبيَّ ساعدَ على تجسيدِ المعاني وتمثيلها بوضوح، فضلاً عمّا انطوى عليه من مُوجِّهات حِجاجيّة من شأنها أنْ تدفعَ مُستقبلَ الخطابِ إلى المقارنة وإعادة النّظر في الأشياء بما يقومُ بينَها من صُوَرِ التّوافق والتّناقض والاختلاف.

ويَستثمرُ الشّاعرُ إلى جانبِ ذلكَ أسلوبَ الحِوار، والحوارُ من أخصِّ سِمات الحِجاج الذي يَسعى إلى استمالةِ الآخر والتّأثير فيه [29]. وقد بدت السّمةُ الحواريّةُ واضحةً في القصيدة كلِّها، وهي تتّضحُ منذُ مقدّمتها التي يُقيم فيها الشّاعر حواراً مع آخرَ يستدرجُه وينتقلُ به من فكرةٍ إلى أخرى بغيةً إقناعِه والتّغيير في مواقفه واستجاباته، وممّا

يمثل هذه النَّزعةَ الحواريّةَ قولُ الشَّاعرِ في البيت (2) من الأبيات السّابقة: «فإذا تأمّلتَ البلادَ رأيتَها / تثري كما تثري الرّجالُ وتُعْدِم»، وسواء تَوجَّهَ الشَّاعرُ في هذا الحوارِ إلى مُخاطَب مُفترَض، أو جَرَّدَ من نفسِه شخصاً آخرَ ليخاطبَه، فإنّ الدّلالةَ واحدةٌ والدُّعوة إلى التأمُّل ورؤية الأشياء في مرايا غيرها تبقى دعوةً متحقّقةً في الحالتين. كما يَلجأُ الشّاعرُ أيضاً إلى توظيف ضمير جماعة المتكلّمين: «وبه رأينا كعبة الله...»، وكأنّه ينطلقُ من موقف واحد اتّفق عليه الجميعُ فبات لا يقبلُ اختلافاً أو اعتراضاً. وتزدادُ فاعليّةُ هذا التّوظيف حين يُشْفَعُ بسلطة المُقدَّس كما ذُكِر: «كعبة الله»، بما لهذه السُّلطةِ من هيمنةٍ وتأثيرٍ في عقل المُتلقّي ووجدانه.

ثانياً: الجزيرة بين زمنين:

بعد الاستهلالِ السّابقِ الذي حَرَصَ أبو تمّام من خلاله على إحكام حججِه، وإقناعِ مخاطبِه بحجّة الحظِّ الذي تَسْعَدُ به بلادٌ دونَ غيرِها، وذلك بإيرادِ عددٍ من الظّواهر والمشاهدات والأحداث التي استقاها من تقلُّبات الطّبيعة وتحوّلات التّاريخ كما لحظنا، يتّجه – أي الشّاعر – في الوحدة النّصيّة الثانية من القصيدة إلى تخصيصِ القول وتحديدِه بما يُفصحُ عن الغاية التي يَهدفُ إليها من إنشاءِ هذا الخطاب[30]:

7 – تلــكَ الجَزيـــرةُ مُــذْ تَحَمَّــلَ مالكٌ

أَمْسَــتْ وبـــابُ الغَيــثِ عنهـا مُبْهَــمُ

8 – وَعَلَــتْ قُراهـــا غَبْـرَةً وَلَقَدْ تُرى

في ظِـلِّــه وكأنّـمـا هِـيَ أَنْـجُـمُ

9 – غَنِيَـتْ زماناً جَنَّـةً فكأنّما
فُتِحَـتْ إليهـا مُنْـذُ سَـارَ جَهَنَّـمُ

10 – الجَـوُّ أَكْلـفُ والجَنـابُ لِفَقْـدِهِ
مَحْـلٌ وذاكَ الشَّـقُّ شِـقٌّ مُظْلِـمُ

11 – أَقْـوَتْ فلـمْ أَذْكُرْ بها لمّا خَلَتْ
إلا مِنّـى لمّـا تقضّـى المَوْسِـمُ

12 – وَلَقَـدْ أُراها وَهْـيَ عِرسٌ كاعبٌ
فاليَـومَ أَضْحَـتْ وَهْـيَ ثَكْلـى أَيِّـمُ

13 – إذْ فـي دِيارِ رَبيعـةَ المَطَرُ الحَيَا
وعلى نَصيبيـنَ الطَّريـقُ الأَعْظَمُ (31)

14 – ذَلَّ الحِمَى مُـذْ أُوطِئتْ تلكَ الرُّبا
والغـابُ مُـذْ أَخْـلاهُ ذاكَ الضَّيغَـمُ

15 – إنَّ القِبـابَ المُسْـتقلَّةَ بَيْنَها
مَلـكٌ يَطيـبُ بـهِ الزَّمـانُ ويُكـرُمُ

16 – لا تَأْلَـفُ الفَحْشـاءُ بُرْدَيْـهِ ولا
يَسْـري إليـهِ مـعَ الظَّـلامِ المَأْثَـمُ

17 – مُتَبَـذِّلٌ في القَوْمِ وَهْـوَ مُبَجَّلٌ
مُتَواضِـعٌ في الحَـيِّ وَهْـوَ مُعَظَّـمُ

18 – يَعْلـو فَيُعْلَـمُ أَنَّ ذَلـكَ حَقُّـهُ
وَيُـذيلُ فيهـمْ نَـفْسَـهُ فَيُكَـرَّمُ

إذا كان المكان قد حضر في مُستهلّ القصيدة، كما لحظنا، بمثل تلك الكثافة وذلك التَّنوُّع، فإنّه في هذا المقطع يَنْحَصِرُ في مكانٍ بعينِه هو الجزيرة [الفراتيّة]، وحَدَثٍ مُحَدَّدٍ هو عَزْلُ مالك بن طوق عنها بسبب مناكفات قومه وكثرة شغبهم عليه، كما أُشيرَ إلى ذلك من قبل. وحين النّظر في هذا المقطع من النّصّ يُلحَظُ أنّ الاستراتيجيّة الحجاجيّة الواضحة التي قام عليها هي المقابلة[32]؛ المقابلة بين حالِ الجزيرة حين كانَ مالكٌ والياً عليها، وحالِها حينَ غادرها أو عُزِلَ عنها. ولئن بدت الصُّورةُ الأُولى على قدرٍ من التَّوهُّج والألق والرّخاء، فقد جاءت الصُّورةُ الثانية على نقيضِها تماماً، فبدتْ علاماتُ الكآبة والبؤس والعَفاء هي الظّاهرة على المكان بعدَ غيابِ مالكٍ عنه. وقد استعان الشّاعرُ في تأكيد هاتين الصُّورتين بالعديد من الوجوه الأُسلوبيّة والبلاغيّة التي هي – في الأصل – من مرتكزات الشّعر ومقوِّماتِه الأساسيّة، كما أنّها – في الوقت ذاتِه – من عواملِ نجاح الخِطاب الحِجاجيّ وزيادةِ فاعليّتِه وتأثيرِه.

هكذا تبدو الجزيرةُ بغياب مالك عنها «أمستْ وبابُ الغيث عنها مُبْهَم»، فكأنّ باب الغيث، بتعبير الشّنتمري، قد أُغلق عليها؛ لأنّ مالكاً «كان لها كالغيث لكثرة جُودِه»[33]. وتؤدّي الصُّورةُ في هذا الموضع وظيفةً إقناعيّةً مؤثّرةً، مرّةً بما يُمكنُ أن يكونَ لجماليّة التَّعبير التي تُفارقُ الكلامَ المباشر وتتجاوزُه من إصابة وتأثير، ومرّةً بما يُمكنُ أن تولّدَه الصّورةُ وتثيرَه في ذهن المتلقّي من دلالات وإيحاءات؛ وذلك لما للغيث / الماء من اتّصال بأسباب الحياة والنّماء اللذين نَعِمتْ بهما الجزيرةُ في عَهدِ مالكٍ وحُرِمتْ منهما في غيابِه كما يرمي الشّاعر

من إيراد هذا التّشبيه. وحضورُ الماء في هذا النّصّ، بل في شعر أبي تمَّام كلّه، واسعٌ مُطَّرد[34] .

ويُعمّق الشّاعرُ من فاعليّة المقارنة في البيتين (8، 9) باستثمارِ عددٍ من الثنائيّات الضّديّة التي يُجَسّدُ تباينُها الدّلالةَ بوضوح؛ فالجزيرة بقُراها أصبحتْ بعد مالكٍ كالحةً يعلوها الغبارُ، في حين كانت تُرى في ظلّه «كأنّما هي أنجم». ويَتحقّقُ المعنى بهذا التّفاوت في التّشبيه بين الأرضيّ بضآلته وشحوبه: «علتْ قُراها غبرةٌ»، والسّماويّ بعلوِّه وإشراقه: «كأنّما هي أنجم». ويُلحُّ الشّاعرُ على تأكيدِ هذا التّحوّلِ الذي طرأ على الجزيرة بمزيدٍ من الصُّور؛ فقد غَنِيت الجزيرةُ في عهد مالكٍ زماناً حتّى بدتْ كأنّها «جنّة»، لكنّه ما إن سارَ عنها حتّى كأنّما فُتحتْ عليها «جهنّم». وواضحٌ ما تؤدّيه هذه المقابلةُ التي تتّكئ على المقدَّس مرّةً أخرى من أثرٍ في وَعْي مُستقبِل الخطاب المُؤْمِن، وقدرةٍ على إظهارِ التّفاوتِ الكبير الذي عاشتْه الجزيرةُ بين زمنين: ما قبل مالك وما بعده.

ويلجأُ الشّاعرُ في البيت (10)، بالاتّكاء على «التّقسيم» كما يُحدّدُه بعضُ النُّقاد القدامى[35]، إلى استيفاء أجزاء المعنى التي يُؤكّدُ ــ من خلالها ــ البُعْد السّلبيّ من الصُّورة التي بدت الجزيرةُ عليها عند رحيل مالك عنها، فجوُّها أكلف لفقده، وجنابُها (فناؤها) مَحْلٌ، وشقُّها (جانبها) مظلم. وهي صورةٌ مؤثّرةٌ دالَّةٌ على مَبْلَغ الكآبة التي وصلتْ إليها الجزيرةُ بعد هذا الغياب. ولعلّ لتوظيفِ اللّون في هذه الصُّورة: «الجوّ أكلف، شقّ مظلم» دوراً في تمثيل مأساويّة المشهد على نحو مرئيٍّ مُشخَّص. وإذا كان وَقْعُ هذه الصُّورة مؤثّراً في نَفْسِ

المُتلقّي بالنَّظر إلى هذه المشهديّة القاتمة التي رَسَمَها الشّاعرُ، فإنّ هذه الصُّورةَ يُمكنُ أنْ تستثيرَ في ذهن هذا المتلقّي من جهةٍ مقابلةٍ نقيضَها؛ أعني الصُّورة الزّاهية التي يمكنُ استْدعاؤها إذا ما تخيّل السّامعُ حالَ الجزيرة حين كانت «تَنْعمُ» بولاية مالك ورعايتِه؛ وذلك حين كان جوُّها عَبِقاً نَضِراً، وجنابُها مُخْصِباً مُتْرَعاً، وشقُّها مُضيئاً متوهِّجاً.

في البيت (11) يعودُ الشّاعرُ ثانيةً لتأكيد فكرةِ العَفاء، فتبدو الجزيرةُ بمعالِمِها وكأنّها طللٌ أقوى وأقفرَ، فأصبحَ خالياً من مظاهرِ الأنْس والحياة. وهي الصّورةُ التي تستحضرُ في خيال الشّاعر صورة «مِنًى» حين ينقضي موسمُ الحجّ وينفضُّ النّاسُ عنها عائدينَ إلى ديارِهم. ولا شكّ في أنّ هذا التشبيه دالٌّ ومؤثّر، ويأتي تأثيرُه من خلال اتّكائه على هالة المقدَّس وسطوته. وقد لحظنا أنّ استحضارَ المقدَّس كان استراتيجيّةً حجاجيّةً دائمةَ الحضور في هذا النّصّ، وهو ما سيتأكّدُ أيضاً في شواهدَ لاحقةٍ أُخرى.

ولعلّ البيت (12) من أكثر أبيات القصيدة وضوحاً في تمثيل حجاجيّة التّضادّ، وفيه تظهرُ الجزيرةُ وهي تزهو في سابق عهدِها تحتَ حُكْم مالك: «ولقَد أراها...» في صورة عروس كاعب، ولكنّها تبدو اليومَ: «فاليوم أضحتْ...» في صورة امرأةٍ ثُكْلَى أيّم. والتّضادّ – كما هو واضح – بين طرفي الصُّورة حادٌّ، وهو يُجسّد حالةَ الاختلاف على نحو بالغ؛ إذ في مقابلة الصُّورتين، بما تثيرُه الأولى من دواعي الفرح والحُبُور والنّشوة، وما تثيرُه الثانية من مشاعرِ الأسى والحزن والفَقْد، ما يُعمّقُ الدّلالةَ ويجعلُ التّضادَّ يُحدثُ تأثيرَه المطلوب وفاعلِيّته المتوقَّعة.

هكذا يمضي أبو تمّام في تقديم وَجْهَي الصُّورة اللذين بدتْ عليهما الجزيرةُ في عهد مالك وما بعده. والشّاعر يلجأ ــ كي يُسوِّغَ هذا الفارق بين الصُّورتين ويُقنعَ مُتلقّي خطابِه بمصداقيّة هذا التّحوُّل ــ إلى نَسْج صورةٍ متعاليةٍ للممدوح، مُعتمداً ــ أي الشّاعر ــ على حُجّة سببيّة[36] تتلخّصُ في أنّ سبب ما تعيشُه الجزيرةُ الآن من بؤس وحرمان، وما عاشتْه سابقاً من خير ورخاء هو مالك بن طوق، الوالي الذي أحدثتْ ولايتُه هذه النِّعم وأوجدتْ هذا الفرق. ويَعْمَدُ الشّاعرُ في سبيل تقديم هذه الصُّورة إلى توظيف أكثر من وسيلةٍ بلاغيّةٍ وأسلوبيّةٍ؛ وذلك لما لهذه الأساليبِ من تأثير في المتلقّي؛ «فغاية التأثير البلاغيّ إقناعُ السّامع، بالتّوجُّه إلى عقله ووجدانه؛ أي باستخدامِ الحجج العقليّة والعاطفيّة، وتعزيزِها بوسائلَ جماليّةٍ تكونُ في خدمةِ الإقناع»[37] .

ويَستندُ الشّاعرُ في تقديمِ صورةِ ممدوحِه إلى منظومةٍ من القِيم التي تَجِدُ تقديراً كبيراً في العُرْف العربيّ والإسلاميّ، بل في أعرافِ أممٍ وشعوبٍ كثيرةٍ، من مثل قِيَم الكرم والقوّة والمَنَعة والحَزْم والعفّة والتّواضع، تلك القيم التي كان يتحلّى بها الممدوح، وَفْقَ ما يذهب الشّاعر، والتي أهَّلته ــ أي الممدوح ــ لأنْ يكونَ الوالي الصّالحَ النّزيه المستحقّ لأمر هذه الولاية، والذي فقدت الجزيرةُ بغيابه مَجْدَها وعزَّها التّليدين، وآلت حالُها إلى ما آلتْ إليه من ضياع وشتات على نحو ما وضّحَ الشّاعرُ هذه الفكرة وفصّلها.

ويَعْمَدُ أبو تمّام في عَرْض هذه المنظومة القيميّة إلى التّوسُّل بجماليّات اللّغة وإسباغ حضور حِسّيّ على المعاني بغية إثارةِ عواطفِ المتلقّي والاستحواذِ على اهتمامِه؛ فالشّاعرُ حين يصفُ

كَرَم مالك في البيت (13) يكنّي عنه بـ «المطر الحيا» الذي كان يعمُّ
ديارَ ربيعة. وهي صورةٌ لها حضورُها الممتدُّ في الذّاكرة لما لدالّ
«المطر» من ارتباط بمعاني الكرم والخصب والنّماء كما ذُكر. وهو
– أي الشّاعر – حين يُؤكِّدُ الصِّفةَ ذاتَها في الشَّطر الثّاني من البيت
يُصوّرُ كَثْرة المُجْتَدين الذين يطلبون عطاء مالك: «وعلى نصيبين
الطّريق الأعظم»، بما تحملُه هذه الصُّورة من مؤثِّرات بصريّة
وحركيّة وسمعيّة بالغة، موظِّفاً فيها اسم التّفضيل «الأعظم» بدلالتِه
التي تصلُ بالمعنى إلى غايتِه للتّعبير عن اتّساع الطّريق وعظمه،
وكثْرة سالكيه ومرتاديه. وواضحٌ أنّ الشّاعرَ يسعى إلى تأكيد قيمةِ
الكرم التي وَسَمَ بها ممدوحَه، مستثمراً هذه الصُّورَ الحسيّة الملموسة
التي مكّنتْه من تشخيص هذه الصِّفة المعنويّة لترسيخِها وتعميقِها في
نفوس المخاطبين.

أمّا قيمة القوّة والمنعة التي يُضْفيها الشّاعرُ على الممدوح، فيأتي
التّعبير عنها في البيت (14) بتوظيف أسلوب التّمثيل الذي يكشف في
هذا الموضع عن فكرة المقابلة، وهي فكرةٌ متمكِّنةٌ في هذا النّصّ كما
لحظنا؛ فلقد ذلَّ ذلك الحِمى وأصبحتْ رُبَاه مَوْطِئاً لكلّ قَدَم منذ أن
أخلى مكانَه منه ذلك الضّيغمُ / مالك. ولا شكّ في أنّ التّعبير عن هذا
المعنى باستثمار هذه الوسيلة البلاغيّة قدّمه للمتلقّي على نحو جماليّ
هو أعلقُ في النّفس وأكثر تأثيراً منه لو قُدِّم على نحو تقريريّ مباشر.
وقد أكّد عبدالقاهر الجرجانيّ أهميّة التّمثيل وقدرته على تجسيد
المعاني المجرَّدة، وإحداث فاعليّته التّأثيريّة بسَوْق العديد من الشّواهد
الشّعريّة في كتابه «أسرار البلاغة»، مبيّناً ما تتضمّنُه هذه الشّواهدُ
من مناحٍ جماليّةٍ وطاقاتٍ تأثيريّة بالغة[38]. وهي الفكرة التي يُجملُها

بقوله: «والتّمثيل إذا جاء في أعقاب المعاني، أو برزتْ هي باختصارٍ في مَعْرِضه، ونُقِلتْ عن صُوَرِها الأصليّة إلى صُوْرته، كساها أُبَّهةً (...) وضاعفَ قُواها في تحريك النُّفوس لها»[39].

وعلى غِرار ما سبق يمضي الشّاعرُ مستثمراً العديدَ من الأدوات البلاغيّة والفنيّة في تأكيدِ مقاصدِه، وتدعيمِ ما يتحلّى به ممدوحُه من قِيَم سامية نبيلة في ذهن المخاطب؛ فيوظِّفُ في البيتين (15، 16) الكناية والاستعارة، أولاً للتّعبير عن عِظَم شأنِ مالك الذي «يطيبُ به الزّمانُ ويَكْرُم»، مُصوِّراً مهابتَه وهو يسيرُ بقبابه معَ رهطه. وثانياً للتّعبير عن عِفّته؛ إذ «لا تألفُ الفحشاءُ بُرْدَيه ولا / يسري إليه مع الظّلام المأثُم». وتتّضحُ في الشّطر الثّاني من البيت قدرةُ الشّاعر على تجلية الدّلالة بأحسن تعبير؛ فهو يتخيّرُ المعاني القادرة على استثارة السّامع؛ فينفي عن ممدوحِه اقترافَ الإثم في الليل؛ لأنّ هذا الوقت هو الذي تُرتكبُ فيه المعاصي والآثام في الخفاء؛ فعِفّةُ مالك إذن عِفّةٌ ذاتيّةٌ نابعةٌ من صفاء محتد، لا يتظاهرُ بها أمامَ النّاس ادّعاءً ورياءً.

ويَعْمَدُ الشّاعر في البيتين الأخيرين من المقطع السّابق إلى استثمار بنية التّوازي في تصويرِ تواضعِ ممدوحِه؛ فالشّاعرُ يُقيمُ بين مكوّنات البيت توازياً لافتاً؛ إذ تتناظرُ عناصرُ الشّطر الأوّل – إفراديّاً وتركيبيّاً – معَ عناصرِ الشّطر الثّاني، وقد تبدّى هذا بوضوح في البيت (17)، وإلى حدودٍ معيَّنة في البيت (18) الذي اعتمد على تكرار الفعل المضارع لخَلْقِ هذه البنية المُتوازية. ومن المؤكَّد أنّ التّوازي قادرٌ على لفت انتباه السّامع وإحداث أبعادٍ تأثيريّةٍ في استقباله؛ وذلك بما يحملُه من إيقاع بالغ وموسيقا عالية. كما أنّ حضور الألفاظ في هذا

البناء المتوازي على هذا النّحو من التّقابل كما في: «متبذِّل / مُبجَّل»، و«مُتواضِع / مُعظَّم»، و«يُذيل / يُكرَّم» كفيلٌ بتأكيد الدّلالة وترسيخها. فضلاً عن تخيُّر الشّاعر للمفردات المشدَّدة: «مُتبذِّل، مُبجَّل، مُعظَّم، يُكرَّم» التي ساعد اطّرادُها على «تكثير» المعنى وتعميقه. وإلى جانب ذلك كلِّه فقد كان لتكرار صِيغ اسم الفاعل والمفعول والفعل المضارع في تلك الألفاظ دورٌ في تثبيت قيمة التّواضع التي جَهدَ الشّاعرُ في نسبتِها إلى ممدوحه بمزيدٍ من الألفاظ المتعاضِدة دلاليّاً وإيقاعيّاً.

ثالثاً: بنو تغلب والمجد التّليد:

لعلَّ خصوصيّة العَلاقة التي كانت تربطُ مالكاً بقومه على نحو ما أُشير إلى ذلك قبلاً، دفعت الشّاعرَ إلى أن يحتاطَ في طريقةِ خطابه، فيحفظ للقوم مكانتَهم ومقامَهم اللذين هما – في الأساس – من مكانة الممدوح ومقامه. وبما أنّ الشّاعر يسعى إلى استمالةِ القوم وكَسبِ ثقتِهم ليعودوا إلى سابق عهدِهم من الألفة والوئام، فقد وَجَدَ في «التّاريخ المُشْترك» الذي يجمعُ كلّ أبناء تغلب، والذي يُشكِّلُ مصدرَ فخرٍ وإعزازٍ لكلٍّ منهم وسيلةً مناسبةً لتقديم خطابٍ إقناعيٍّ مؤثِّر. يقول[40]:

19 – مَهْـلاً بَني عَمْرو بـنِ غَنْم إنّكم
هَـدَفُ الأَسِـنَّـةِ والـقَـنـا يَـتَـحَـطَّمُ

20 – المَجْـدُ أَعْـنَـقُ والدّيارُ فَسِـيحَةٌ
والعِـزُّ أَقْـعَـسُ والعَديـدُ عَرَمْـرَمُ[41]

21 - مَـا مِنْكُـمْ إلّا مُـرَدّى بالحجـا

أو مُبْشَـرٌ بـالأَحْـوذيّـةِ مُـوْدَمُ[42]

22 - عَمْرَو بْنُ كُلثُوم بن مالكٍ بنِ عَتْـ

ـتَابِ بـنِ سَـعْدٍ سَـهْمُكُمْ لا يُسْهَمُ

23 - خُلِقَـتْ رَبيعةُ مُذْ لَـدُنْ خُلِقَتْ يَداً

جُشَـمُ بـنُ بَكْـرٍ كَفُّهـا والمِعْصَـمُ

24 - تَغْـزُو فَتَغْلِبُ تَغْلِبَ مِثْلَ اسْـمِها

وَتَسِـيحُ غَنْـمٌ فـي البـلادِ فَتَغْنَمُ

يُوظِّفُ أبو تَمّام - في هذه الوحدة النّصيّة - تقنيةً مُؤثّرةً ذاتَ
دورٍ فاعلٍ في نفس المُخاطَب، وهي ما يُمكنُ أن يُطلقَ عليه اسمُ
«الاستمالة بالتّقريظ»[43]. وهي تقنيةٌ يلجأ إليها المتكلّمُ بُغية استثارةِ
المُخاطَب واستمالته لكَسْبِ قَبوله وتأييدِه؛ فالنّفسُ البشريّةُ بطبيعتها
ميّالةٌ إلى حبّ المديح والتّقريظ[44]. كما أنّ استثارة أهواء المُخاطَب
(الباتوس) هي من الاستراتيجيّات الثّلاث الرّئيسة التي يقوم عليها
الحِجاجُ في نظريّة أرسطو البلاغيّة[45] التي تشترطُ في الخطيب
أو المُتكلّم «أن يكونَ على معرفةٍ بسيكولوجيّة المُخاطَب وبأحواله
النّفسيّة، أو بما يُحرّكُه ويؤثّرُ فيه؛ فهذه المعرفةُ شرطٌ ضروريٌّ
لنجاعةِ الخِطاب»[46] ونجاحِه.

هكذا يتوجّه أبو تمّام إلى بني تَغْلِب قومِ مالك، مُحوّلاً الكلامَ من
الغيبة إلى الخطاب في نوعٍ من الالتفات الذي يأتي به الشّاعرُ «تطريةً
لنشاط السّامع، وإيقاظاً للإصغاء إليه»[47]. فضلاً عن الرّغبة في

إقامة حوارٍ معَ هؤلاء التّغلبيّين بوصفِهم المعنيّين أوّلاً بهذا الحديث بالنّظر إلى ما سيترتَّبُ عليه من نتائجَ وآثارٍ. ولكي يكونَ لهذا الحوارِ أثرُه، فإنَّ الشّاعر يُوظِّف ــ في سبيل استمالة مُخاطَبيه والتّأثير في استجاباتهم وقناعاتهم ــ أسلوبَ المَدْح والإطراء؛ إذ «جعل يَمْدحُهم ويُعدِّدُ محاسنَهم لتكونَ الحُجّةُ عليهم ألزمَ في تَرْك المخالفة لما فيها من عقوق الرّحم ولؤمِ الفعل»[48]، وَفْق شرح الشّنتمري للبيت (19). والخِطابُ يبدأُ بـ «مَهْلاً» في دعوةٍ للتأنّي والتّبصُّر والنّظر في مآلات ما القومُ مُقْدِمون عليه من فوضى وضياع سيبدّدان مَجْدَ قبيلةٍ تغلب العتيد، ويذهبان بمكانتِها التي اكتسبتْها عَبْرَ عهودٍ طويلةٍ وأجيالٍ متعاقبة، ويُتْبِعُ ذلك بأحد الأساليب الإنشائيّة وهو أسلوب النّداء الذي يكشف عن رغبة المُتكلِّم في محاورة المخاطب، «ومحاولته لفت انتباهه وإثارة اهتمامه لمضمون الرّسالة التي يريد إيصالها»[49]. أمّا مضمون هذا النّداء فيُعبِّر عنه الشّاعر بهذه الصُّورة الحسّيّة القاسية: «هدف الأسنّة والقَنا يتحطّم»، في إشارة إلى قوّة القوم وشدّة بلائهم عند اشتدادِ الحرب.

ويَرْسمُ أبو تمّام، مِن بَعْدُ، صورةً مثيرةً لمكانة تغلب العظيمة ونفوذها المُمْتدّ، متوسِّلاً بأُسلوبٍ بلاغيٍّ سبق أنْ استخدمَه من قَبْلُ وهو أُسلوب التّقسيم ليستوفيَ به ملامحَ هذه المكانةِ التي يُحدِّدُها بالمجد والعِزّ التليدين والدِّيار الواسعة الفسيحة والعدد العرمرم الكثير. ومن الواضح أنَّ هذه الصُّورةَ التي يُقدِّمُها الشّاعرُ تحملُ أبعاداً إغرائيّةً تهدف إلى تحفيز التّغلبيّين على التّشبُّث والتّمسُّك بهذه المكانة السّامقة التي سيكون من السَّفَه والحُمْق المساهمةُ في زوالها

وانحسارها بانتهاج الرّعونة والخروج على طاعة سادتِهم وسراتِهم. ويَستعينُ الشّاعرُ في تمثيلِ هذا المعنى أيضاً بالاستعارة: «المجد أعنق، العِزّ أقعس»، وهذا أَدْعى لأن يكونَ للكلام تأثيرُه وإصابتُه؛ ذلك «أنَّ القولَ الاستعاريّ قَولٌ حِجاجيٌّ» [50]، تتأتّى حجاجيّتُه من قدرتِه على تشخيصِ المعنى، وتقريبِه إلى ذهن المتلقّي على نحو حِسّيّ مُشاهَد؛ فتصويرُ المجد والعزّ، بما هما معنيان مُجرَّدان، بصورة رَجُلٍ أعنق؛ أي طويل العنق، ورَجُل أقعس؛ أي «مرتفع لا يذلُّ ولا يضعُ ظهره إلى الأرض» [51] ساعد على جعل المعنى قريباً إلى الإدراك والتّمثُّل، ورسّخ فكرةَ الشُّموخ بهذا المشهد الحِسّيّ المُعبِّر. وهكذا يَلْحظُ المُتمعِّنُ أنّ الاستعارة لا تأتي منفصلةً عن غايتِها الإقناعيّة التي تَسْعى في النّتيجة إلى التّأثير في المتلقّي، وحَمْلِه على الإذعان لدعوى الشّاعر وخطابه.

ويواصل الشّاعرُ هذا النهجَ من التّقريظ، هادفاً إلى استمالة المُخاطَبين، والتأثيرِ في مواقفِهم وأفعالِهم، فيصفُهم برجاحة العقل والحزم والذّكاء، مُتّخذاً في تقديم هذه الصِّفات صورةً لها حظُّها من الابتكار: «ما منكم إلا مُرَدَّى بالحِجا / أو مُبْشَرٌ بالأحوذيّة مُؤْدَم». ولعلَّ تأثيرَ هذه الصُّورة مَصْدرُه هذه المغايرةُ وتجاوزُ المألوف في التّعبير عن هذا المعنى؛ فالشّاعر يَمزجُ المعنويَّ بالماديّ على نحو طريف؛ فيبدو العقل كالرِّداء الذي يُلْبَس، وتبدو الأحوذيّةُ (الحزم والذّكاء) ملاصقةً للمرء كجلده وبَشَرَتِه. وهي صورةٌ كفيلةٌ بأنْ تثيرَ المُتلقّي، وتدفعَه إلى التّمتّع بجِدّتِها وبلاغتِها. وإذا كان الشّاعر يَنْطلِقُ من موقفِ الإعجاب برزانة بني تغلب، والإشادة بوَعْيِهم وحُسْن

تقديرهم للأمور، فإنّ هذا المدح يَستحضرُ بدوره سؤاله ألّا يجب ألّا يغيب عن بالِ القوم وهو: إذا كنتم على ما وُصفتم به من رحابة النّظر وكياسة التّدبير، فما بالكم تَسْعونَ إلى هَدْم مجدِكم بأيديكم واختياركم؟!، إذ من المؤكّد أنّ هذا المدحَ يتضمّنُ ــ في الوقت ذاتِه ــ غايةً تأثيريّةً إقناعيّةً تتمثّلُ في الدّعوةِ إلى تغييرِ المَسْلَكِ وتصويبِ الانحراف، ولا تَنْحَصِرُ مراميه ــ أي المدح ــ في الثّناءِ من أجل الثّناء.

ومن صُوَر الاستثارة التي يلجأ إليها أبو تمّام استدعاءُ المُشترَك[52] الذي يُعَدُّ من الحُجج الفاعلة والقادرة على التّأثير في المخاطَب واستجاباته. والشّاعر يستندُ هنا إلى تاريخ تغلب بما لها من إرثٍ عريقٍ وتاريخٍ زاخرٍ بالأسماء والمواقف والبطولات، وهو الإرث الذي يلتقي عليه مالكٌ وقومُه، وفي استحضارِه ما يُمْكِنُ أن يُؤالفَ بين النُّفوس، ويوقظَ فيها معاني التّوافق والالتقاء والانتماء. وأوّل ما يَبْرُزُ من ذلك استدعاءُ الشّاعر للرّمز الشّهير فارس تغلب وشاعرها الكبير عمرو بن كلثوم، ويتعمّد أبو تمّام إيراد اسمه كاملاً ــ على ما في ذلك من إثقالٍ على الشِّعر ــ تأكيداً على أصالة نَسَبِه الضّارب في التّاريخ. ويأتي هذا الاستدعاءُ مُستلهِماً روحَ القيم الجاهليّة وتقاليدها التي بقيت سلطتُها نافذةً في رؤية أبي تمّام الشّعريّة[53]، إدراكاً منه ربّما لأثرها القويّ في النُّفوس حتّى هذه اللّحظة. وفي هذا الاستدعاء يُذكّرُ الشّاعرُ بمجدِ تغلب الذي بناه وشيّده زعيمُها ابنُ كلثوم فكان مثالاً لا يُدانى في الرّفعة والسّموّ: «سَهْمُكم لا يُسْهَم». وقد تخيّر الشّاعرُ أن يُعبّرَ عن هذه القيمة بالكناية؛ لما لها من وقع أبلغ وأجمل من المباشرة والتّصريح[54].

وإلى جانبِ استدعاءِ اسمِ عمرو بن كلثوم يَستحضرُ الشّاعرُ اسمَ قبيلةِ «ربيعة» بما هي رمزٌ جامعٌ لكلِّ أبنائها. ومن المؤكَّد أنّ للقبيلة – أيّ قبيلة – مكانةً جليلةً في نَفْس العربيّ؛ وذلك لأنّها تُشكِّل الرُّكنَ الحصينَ الذي ظلّ انتماءُ الفرد إليه ثابتاً على الرّغم من كلّ التطوّرات التي أصابتْ بنيةَ الدّولة في العصر العبّاسيّ خاصّة. ويَسْتثمرُ الشّاعرُ التّشبيةَ في التّعبير عن موقع ربيعة وحضورها بين غيرها من القبائل؛ إذ جَعَل ربيعةَ في جَمْعِها قبائلَ العرب كاليد، وجَعَل جُشَم بن بَكْر – رهط مالك بن طوق الأقربين – بمثابة الكفّ والمعصم من تلك اليد. وواضحٌ البُعْد الحِجاجيّ والإقناعيّ في هذا التشبيه؛ وذلك لما لليد من فاعليّة وتأثير من بين أعضاء الجسم، ولما للكفّ والمعصم من أهميّة في اليد نفسِها.

أمّا قوّةُ تغلب – وأحيائها من مِثْل غَنْم – وسطوتُها في الأرض، وغَلَبتُها وقَهْرُها لأعدائها فيعبِّرُ عنه الشّاعرُ بتوظيف المجانسة اللفظيّة: «تغزو فتغلبُ تغلبُ مثلَ اسمِها / وتسيحُ غَنْم في البلاد فَتَغْنَمُ». وهي مجانسةٌ من شأنِها أنْ تشدَّ القارئ بجرسها الموسيقيّ، وتدفعَه إلى النّظرِ في العَلاقات التي يقيمُها الشّاعرُ بين الألفاظ معَ ما يترتّبُ على ذلك من بُلوغِ المَغْزَى الذي ما جاءَ هذا الاستغراق في الصّياغة إلا لإيصاله؛ فتغلبُ قبيلةٌ ذات بأس وشوكة منذ القديم، حتّى لقد قيل «لو أبطأ الإسلامُ قليلاً لأكلتْ بنو تغلبَ النّاسَ»(55)، وقبيلةٌ لها كلُّ هذا التّاريخ وهذه المَنَعة جديرةٌ – في تقدير الشّاعر – بأنْ يلتفَّ حولَها أبناؤها، ويحافظوا على مجدها الذي بدتْ نُذُر الانهيار تَطالُه – في مفارقةٍ لافتةٍ – بسببِ هؤلاء الأبناء أنفسِهم!

رابعاً: فداحة الفَقْد وحَسَد القرابة:

بعد أنْ حاول أبو تمّام ـ في الوحدة النّصيّة السّابقة ـ نَيْلَ ثقة قَوْم مالك، والقيامَ بدورِ النّاصح الأمين لهم، والاستفاضة في مَدْحِهم والثّناءِ عليهم، نجده يتّجه ـ هنا ـ إلى مَنْحَى حِجاجيٍّ جديدٍ يتمثّلُ في قولِه[56]:

25 ـ وَسَـتَذْكُرونَ غَـداً صنائعَ مالِكٍ

إنْ جَـلَّ خَـطْبٌ أو تُـدُوفِـعَ مَـغْـرَمُ

26 ـ فَمَنِ النّقِيُّ مِنَ العُيوبِ وقَدْ غَدا

عَـنْ دارِكُــمْ وَمَـنِ العَفيفُ المُسْلِمُ

27 ـ ما لي رَأَيْـتُ تُرابَكُمْ يَبَساً لَهُ

مَــا لـي أَرَى أَطْـوادَكُــمْ تَـتَهَدَّمُ

28 ـ ما هَذِهِ القُرْبَى الّتي لا تُصطَفى

مَــا هَــذِهِ الـرَّحِـمُ الّتي لا تُـرْحَمُ

29 ـ حَسَـدُ القَرابَـةِ للقَرابَـةِ قَرْحَةٌ

أَعْيَـتْ عَوائِدُها وَجُـرْحٌ أَقْـدَمُ[57]

30 ـ تِلْكُمْ قُرَيشٌ لَـمْ تَكُنْ آراؤها

تَـهْـفُـو ولا أَحْـلامُـها تُـتَقَسَّمُ

31 ـ حتّى إذا بُعِثَ النّبِـيُّ مُحَمَّـدٌ

فِـيهِمْ غَـدَتْ شَـحْناؤهُمْ تَـتَضَرَّمُ

32 ــ عَزَبَتْ عُقُولُهُمْ وَما مِنْ مَعْشَرٍ

إلَّا وَهُـــمْ مِنْــهُ أَلَـــبُّ وَأَحْـــزَمُ

33 ــ لمَّا أَقامَ الوَحيُ بَيْنَ ظُهُورِهِمْ

وَرَأَوا رَسُـــولَ اللهِ أَحْـمَـدَ مِنْهُمْ

34 ــ وَمِنَ الحَزامَةِ لَوْ تَكُونُ حَزامَةٌ

أَلَّا يُـؤَخَّـرُ مَـنْ بِـهِ يُـتَـقَـدَّمُ

35 ــ إنْ تَذْهَبُوا عَنْ مالِكٍ أو تَجهَلُوا

نُـعْمَـاهُ فـالرَّحِمُ القَريبَةُ تَعْلَمُ

36 ــ هِيَ تِلْكَ مُشْكاةٌ بِكُمْ لَوْ تَشْتَكِي

مَـظْـلُـومَـةٌ لَـوْ أَنَّـها تَـتَظَلَّمُ

يُحاوِلُ أبو تمَّام في هذه الوحدة النّصيّة استثارةَ قوم مالك بالتّنبيه
إلى مَبْلَغ الخسارة التي ستنالُهم، وفداحة الفَقْد التي ستعمُّهم، ولا
سيّما في حال «إنْ جلَّ خَطْبٌ أو تُدُوفِعَ مَغرَم»؛ أي وقت الخُطوب
والمغارم التي سيدفعُها كلٌّ عن نفسِه لثَقلِها والإشفاقِ من تحمُّلها،
وهو ما تُعبِّرُ عنه صيغةُ البناء للمجهول. تلك الخطوبُ والمغارمُ التي
كان يكفيهم مالكٌ دائماً أمرَها كما يذهبُ الشّاعرُ، محاوِلاً تذكيرَهم
إنْ كان النّسيانُ قد طالَهم أو طالَ بعضَهم الآن: «وستذكرونَ غداً
صنائعَ مالكٍ..». وحِرْصاً على تعميقِ أثرِ هذه الخسارةِ، وذلك
الفَقْد يَعْمَدُ الشّاعرُ إلى تقديم ممدوحِه المُرتَحِل على صورةِ الإنسان
العفيف المُسْلِم النَّقيّ من الذُّنوب. ومبعثُ تأثيرِ هذه الصُّورة في نفسِ

المُخاطَب يتأتّى من كونِها تُمثّلُ معالمَ الشّخصيّةِ المسلمةِ في صورتِها المُثْلى بما تتّصفُ به من إجلالٍ وقداسة.

ومن الأساليب الإنشائيّة التي يستثمرُها الشّاعر في تأكيدِ نَهْجِه الحِجاجيّ أسلوبَ الاستفهام الذي استخدمَه في ثلاثة أبيات متتالية (26 – 28) استخداماً مكثّفاً. وتتمثّلُ حِجاجيّةُ الاستفهام «في جَعْل موضوع السّؤال محلَّ اتّفاقٍ من حيثُ وجودُه، فيكون طَرْحُ السّؤال إقراراً ضمنيّاً بوجودِ المسؤولِ عنه، وكذلك شأن الجوابِ مهما كان نوعُه»[58]؛ فالشّاعرُ يُقرّ الصّفاتِ التي ذُكرتْ تَوّاً في البيت (26)، ويجعلها من الخِصال الملازِمة لممدوحِه بالاعتماد على هذا الأسلوب البلاغيّ المؤثّر الذي يقومُ أصلاً على افتراضٍ ضمنيٍّ مؤدّاهُ أحقّيّةُ مالكٍ وتملُّكه لهذه الصّفات. كما أبانَ هذا الأسلوبُ في البيتين (27، 28) عن تنكُّر قوم مالك لسيّدهم، وساعد على كَشْفِ قطيعتِهم لصلةِ الرّحِم التي تربطُهم به كما يصرّحُ الشّاعر. وكان للاستفهام بهذا التّكرار المُطّرِد الذي تكرّر ستَّ مراتٍ في ثلاثة أبيات متتالية دورٌ في تأكيدِ الدّلالةِ وتعضيدِها، والوصول في توبيخِ قومِ مالكٍ مبلغاً بعيداً عمّقه تتابُعُ أدواتِ الاستفهام التي أخذتْ بتكرارِها اللافتِ تَقْرعُ أُذُنَ المستمعِ على هذا النّحو المؤثّر القاسي.

وثمّةَ مؤثّراتٌ أخرى يَحرصُ الشّاعرُ على تضمينِها هذه الأبيات، ومن ذلك الاعتمادُ على الكنايات كما في: «ما لي رأيتُ تُرابَكم يَبَساً له»، و«ما لي أرى أطوادَكم تتهدَّم». ويُعزّزُ أبو تَمّام دلالة هذه الكنايات حين يجعل أولاهما تقوم على سَنَد دينيّ؛ فالشّاعر يتناصّ فيها، كما يُشيرُ أحد شُرّاح الدّيوان[59]، مع الحديث الشّريف: «بُلُّوا

أرحامَكم ولو بالسّلام»(60)، لكنّ الشّاعرَ يُحوِّر في صورته، وكأنّه يجعلُها حواراً متعالقاً معَ هذا الحديث الذي يأتي بمثابة الردِّ عليها. ويُؤكِّدُ أبو تمّام المؤثّرَ الدّينيَّ أيضاً بالإلحاح على موضوع «الرَّحِم» لما لهذا الجانب من فاعليّةٍ حِجاجيّةٍ مَبْعَثُها ما تزخرُ به المدوَّناتُ الدّينيّة الإسلاميّة من تأكيدٍ دائمٍ على أهمية الرَّحِم، والحرص على صلتِها. وأبو تمّام واعٍ لسطوة هذا المُشترك الدّينيّ، ومُدرِكٌ لتأثيرِه النّافذِ في النُّفوس، ومن هنا سنجدُه يُعاوِدُ في نهاية هذه الوحدة النّصيّة طرحَ هذا الموضوع، والتّذكير به من جديد.

ويَسوقُ الشّاعرُ المزيدَ من الحجج في هذه الأبيات، ومن ذلك حُجَّةُ الحسد، وخاصّةً الحسد الحاصل بين الأقارب، ممّا يَشْهدُ به النّاسُ، وتُقرُّه معارِفُهم وتجارِبُهم الواقعيّةُ والعمليّةُ. ويَستعينُ الشّاعرُ في طَرْح هذه الحُجّة بالتّصوير؛ فيبدو الحسد ــ مُجَسَّداً ــ كالجُرْح القديم الذي يَسيلُ دمُه دون أن يجفّ، على ما يُضيفُه النّعت (أقدم) من تعميق للمعنى، وما تُحدثُه الصّورةُ من مؤثّرات بصريّة بالغة. ومن الواضح أنَّ الشّاعر يُقدِّمُ هذه الحُجَّة في إطارِ حُجَّةٍ أوسعَ وأشملَ هي حُجَّة المَثَل. والمَثَل ــ كما يُصنِّفُه بعضُ الدّارسين ــ من الحُجج التّجريبيّة لقيامه على الوقائع والتّجارِب المُلاحَظة أو المعيشة(61)، ويُوظَّفُ «لتدعيم أطروحة أو للمساهمة في تأسيسها»(62)، وتكمن فاعليّتُه وتأثيرُه في النّفس بحكم انتشاره الواسع وسيرورته الدّائمة بين النّاس.

ويُدعِّمُ أبو تمّام هذه الحُجَّة بحُجَّة أخرى هي «حُجَّة القدوة» التي تستلهم ــ في بعض وجوهها ــ سير الأنبياء والرُّسل بوصفِهم

نماذجَ بشريّةً مشهوداً لها بالصَّلاح والاستقامة[63]، لأجلِ ذلكَ كلِّه يَعْمَدُ الشَّاعرُ لكي يكونَ لحُجّة الحسد أثرُها في نفوس المخاطَبين إلى استحضارِ حالةٍ مُشابهةٍ من الحسد يتمُّ استدعاؤها بهدفِ تعزيز المثال الذي قدّمَه الشَّاعرُ في وصفِ حسدِ قومِ مالكٍ له، مُنبِّهاً – أي الشاعر – «على أنّ عاقبة أمثالِهم خُسرٌ ونَدامةٌ، وأنّ المحسود لا تزيدُه الأيّام إلا عِزّاً وجلالةً»[64].

وليس ثمّة أبلغ من التَّمثُّل بحالة النبيّ محمّد عليه السّلام، بما يحظى به في الوجدان المُسْلِم من سلطة وتقدير، معَ قبيلته قريش التي كانت قبلَ بعثته مثالاً في الحكمة والتَّآزُر وجَمْع الكلمة، «فلم تكن آراؤها تهفو، ولا أحلامُها تُتقسّم»، لكنّها ما إن «بُعث النّبيُّ محمّد» حتّى «غدتْ شحناؤهم تتضرّم»، فـ«عَزَبَت عقولُهم»، وأصابها الهوى والانحراف، معَ أنّه لم يكن «من معشر إلّا وهم منه منه ألبّ وأحزم»، وكلّ ذلك لأنّهم حسدوا الرَّسول، «وعادَوْهُ والتهبَتْ النّارُ في أحشائهم، فصاروا بين مُنافِقٍ مُداجٍ، وآخرَ مُحارب مُعاندٍ، قد غابتْ عنهم عقولُهم، وفارقتْهم حُلومُهم»[65].

وموقفُ قريشٍ هذا – كما هو موقف قوم مالك – ناطقٌ بالمفارقة؛ المفارقة بين رجاحة عقول القرشيّين، واتّصافِهم «بالدّهاء والعقل والحزامة والرّأي»[66]، وبين معاداتِهم الرّسولَ وكَيْدِهم له، ما أدَّى في المُحصِّلة إلى تفرُّقِ كلمتِهم، وضياعِ مكانتِهم ومجدِهم بين النّاس. والمفارقة – كما هي في تقدير بعض الدّارسين – «إجراءٌ لزعزعة التّوازن، ونفي المعايير، يُصنَّفُ ضمن الحُجج الاستفزازيّة، ما دامَ يهدفُ إلى صَدْم الرّأي العامّ»[67]. وهذا ما تجسّد واضحاً في ذلك

التّباين اللافت بين رجاحةِ عقلِ المرءِ وحُسْنِ تقديرِه للأمور، وبينَ ما قد يتركُه الحَسَدُ في مواقفِه من خَطَل وضلال! ويجب ألّا يغيب عن البال أنّ هذه الحُجَّةَ تستمدُّ قوّتَها أيضاً من المُقدَّس الذي بدا حضورُه في حِجاجيّة هذا النّصّ ـ كما كرّرنا القول ـ لافتاً: (النّبيّ مُحمّد، الوَحْي، رسول الله، بُعث النّبيُّ). ومن المؤكَّد أنّ هذا البُعْد أضفى قوّةً حِجاجيّةً كبيرةً على الخطاب.

أمّا النتيجةُ التي يُريدُ أبو تمّام أنْ يصلَ إليها فتتمثّلُ في الحكمة التّالية: «ومن الحزامة لو تكونُ حزامةٌ / ألا يُوَخَّرَ مَن به يُتقدَّم». وهو ما يُعيدُ صياغتَه الشّنتمريُّ بقوله: «ومن الحزم لك أيّها المذنب القلب المخطئ الرأي ألا تُوخِّر من يتقدّم به، ولا تُخالف من يتشرّف بمكانه، وتعزّ بطاعته»(68). هذا ما كان لقومٍ مالكٍ أنْ يتّخذوه كما يرى الشّاعر؛ لأنّ فيه نَفْعَهم وحِفْظَ مكانتِهم. ويَستمدُّ هذا القولُ «قيمتَه من سيرورة الحكمة الخالدة التي تتأكّدُ بها حجيّةُ الجوابِ ويعزُّ بها معارضتَه أو نقضه، فالحكمةُ ابنةُ التّجربة السّيارة»(69)، وتأثيرُها في قناعاتِ المتلقّي واستجاباتِه واقعٌ وأكيدٌ.

وكما ذُكِر قبلاً فإنّ الشّاعرَ سيعاودُ تكرارَ موضوعِ الرَّحِمِ؛ ذلك أنّ «من طرائقِ عَرْضِ الخطابِ عَرْضاً حِجاجيّاً اعتماد التّكرار لإبرازِ شدّةِ حضورِ الفكرة المقصود إيصالُها والتّأثير فيها»(70). بيد أنّ الشّاعرَ يَعْمَدُ هذه المرّة ـ إمعاناً في المزيد من إثارة انفعالات المُخاطَب ـ إلى تشخيص الرَّحم لتبدوَ على صورةِ امرأةٍ ضعيفةٍ مظلومةٍ تَشكو مَنْ قَطَعَها وتتظلّمُ ممّن هَجَرَها. وإذا كانَ قومُ مالكٍ قد انحرفوا عنه أو جهلوا نعماه، فإنّ هذه الرَّحِم لو كانت ممّن يعقلُ

لاشتكتْ من ظلمِهم وتأذّتْ من أفعالِهم. والشّاعرُ يُلحُّ على استحضارِ هذا الجانب من علاقة أقارب مالكٍ بسيّدهم لقناعته ــ أي الشّاعر ــ بما لهذا التّكرار من وَقعٍ قاسٍ في نفوس هؤلاء القوم. ويتحقّقُ هذا التأثيرُ لارتباطِ هذا الموضوع بأبعادٍ اجتماعيّةٍ ودينيّةٍ كلّها تدعو إلى صلةِ الرَّحمِ وتُحذّرُ مِن قطعِها. ويبقى الأثرُ الدّينيُّ في هذه الصّورةِ فاعلاً؛ فتشبيه الرَّحم بامرأة (أو إنسان) تتظلَّم وتشكو قاطعيها من الصُّور التي تَرِدُ في الموروثِ الدّينيِّ على نَحوٍ دائمٍ⁽⁷¹⁾.

خامساً: الدّمُ المُغترُّ يَحرسُه الدّم:

إذا كان أبو تمّام قد سعى حتّى هذا الموضع إلى ملاينة القوم، ومخاطبتِهم بجميل القولِ وأرقِّه، وهو أمرٌ لم يَخلُ معَ ذلك من تأنيبٍ ولومٍ باديين، فإنّه يلجأُ في هذه الوحدة النّصيّة إلى أسلوبٍ آخرَ أكثرَ حزماً ومواجهةً وصرامةً. يقول⁽⁷²⁾:

37 ــ كانـــتْ لَكُـــمْ أَخْلاقُـــهُ مَعْسُـــولَةً
فَتَـرَكْتُمُـوهـا وَهْــيَ مِــلْحٌ عَـلْقَمُ

38 ــ حتّـــى إذا أَجَنَـــتْ لَكُـــمْ دَاوَتْكُـــمْ
مِــنْ دائِكُـــمْ إنَّ الثِّقَـــافَ يُقَـــوِّمُ⁽⁷³⁾

39 ــ فَقَسـا لِتَزْدَجِـرُوا وَمَنْ يَكُ حازِماً
فَـلـيَـقْـسُ أَحْيـانـاً وَحِينـاً يَـرْحَمُ

40 ــ وَأَخَافَكُـــمْ كي تُغْمِدُوا أَسْـيافَكُمْ
إنَّ الـدَّمَ المُغْتَـرَّ يَحْرُسُـه الـدَّمُ

41 - وَلَقَـدْ جَهَدْتُــمْ أَنْ تُزِيلُــوا عِزَّهُ

فَـإِذا أَبَـانٌ قَـدْ رَسَـا وَيَلَمْلَـمُ(74)

42 - وَطَعَنْتُــمْ فِـي مَجْدِهِ فَثَنَتْكُمُ

زُغْـفٌ يُفَـلُّ بِها السِّــنانُ اللَّهْـذَمُ(75)

وأبو تمّام يُسوِّغُ أسلوبَه الحازم هذا في خطاب التّغلبيّين بحجّة جديدة هي حُجّة الغائيّة التي يرى أوليفيي روبول أنّها تضطلعُ «بدورٍ أساسيٍّ في الأحداث الإنسانيّة»، و«منها نستطيعُ أنْ نَشتقَّ حججاً كثيرةً تؤسّسُ كلّها على الفكرة القائلة بأنّ قيمة الشّيء تَتّصلُ بالغاية التي يكون لها وسيلة»(76). ويُلحظُ أنّ هذه الحُجّةَ قد وردتْ في مدائحَ أُخرى للشّاعر قالها أيضاً في مالك، وانصبّت على الفكرةِ ذاتِها التي تناولتْها القصيدةُ الحاليّة مدار هذه الدِّراسة(77). وعليه، فالشّاعر يرى أنّ استخدامَ القوّة التي لجأ إليها مالك بن طوق مع قومه حين خالفوا أمرَه، وتمادَوا في عصيانِه لم تكن غايته إيقاع الأذى أو الضّرر بهم، وإنّما كان وسيلةً لغايةٍ أبعدَ هي إصلاحُ أمرِهم، وإعادتُهم إلى ما كانوا عليه من تآلفٍ والتئام.

وقبل أن يُفصِّلَ الشّاعرُ في بيانِ هذه الحُجّةِ نجده يهيِّئ لها بالحديث عن رقّة خُلُق مالك، ولين معشره ومعاملته. وهذا الاحتراز يَسوقُه الشّاعرُ لِيُظهِرَ للسّامع أنّ صورةَ مالكٍ لا تنحصرُ في هذا الوجهِ من الشّدّة والقسوة، وما لجوؤه إلى القوّة في تعاملِه مع أبناء عمومته إلّا لأنه دُفعَ إلى ذلك دفعاً، أو كما يقول أبو تمّام من قصيدة أخرى في الموضوع ذاته مخاطباً التّغلبيّين: «أَخْرجتُموهُ بِكُرهٍ من سجيّتِه

/ والنّار قد تُنْتَضى من ناضِرِ السَّلَم»[78] . والشّاعر يبني هذه الحُجّة على علاقة سببيّة ذات قدرةٍ على إقناع المتلقّي؛ فمَسْلَك بني تغلب في المناكفة والنّكوص مع سيّدِهم هو السّبب الذي أوصل إلى هذه النتيجة الصّارمة في التّعامُل معَهم، ولو أنّهم قابلوه بالسّماحة نفسِها التي عاملهم بها، لما وجدوا عنده في المقابل إلّا طيب المورد وجميل الاستجابة والوصل.

أمّا الأداة الفنّيّة البارزة التي ارتكز عليها الشّاعرُ في تقديم هذه الحُجّة فهي الصُّورة، ولا غرابةَ في ذلك؛ فالحِجاج بالصُّورة — كما أُشيرَ إلى ذلك على نحو أو آخر — «يساعدُ على استحضارِ الموضوع في الوعي، وتقديمِه بشكل حسّيّ قادر على إثارة الشُّعور والخيال»[79] . وعليه، فإنّ الشّاعرَ حين يصفُ أخلاقَ مالكٍ يُشبّهُها بالعسل، وأنّ قومَه قد جعلوها بمخالفتِهم وعصيانِهم «كالملح والعلقم في المرارة والفضاعة»[80] . وتتأتّى فاعليّة هذه الصُّورة من قيامِها على معطًى حسّيّ واضح هو «الذّوق»، وهو ما عمل على تحويل المعنى المجرّد إلى صورة حسيّة ذوقيّة مُتمثّلة ومُدْرَكة. وقد ضاعف من تأثير هذه الصُّورة أيضاً اتّكاؤها على التّضادّ الذي ساعد على تأكيدِ المعنى، وجَعْلِه أكثرَ عُلُوقاً في الذّهن.

ويُعبّرُ الشّاعرُ عن التّحوُّل في أخلاق مالك وأسلوبه في التّعامُل معَ قومه بصورة الماء الذي أجِن؛ أي تغيّر، فكان لزاماً أن يكونَ الدّواء — كما يُقال — من جنس الدّاء؛ فسوءُ المعاملة يجلبُ معاملةً سيئةً مثلَها. وقد استمدّ هذا المعنى تأثيرَه من توظيف حُجّة المَثَل في: «داوتكم من دائكم»، و«إنَّ الثّقاف يُقوّم»[81] .

وبَعْدَ توصيف العلاقة بين مالك وقومه، وتفسير دواعي هذا التّحوُّل فيها يَصلُ الشّاعرُ إلى النّتيجة التي اضطرَ مالكٌ إلى انتهاجِها في هذا الجانب. وقد جاء التّعبيرُ عن هذه الفكرة تقريريّاً مباشراً؛ لتكونَ «الرّسالة» ـ ربّما ـ أكثرَ تحديداً وصرامةً: «فقسا لتزدجروا ومَنْ يَكُ حازماً / فليقسُ أحياناً وحيناً يَرْحَمُ»؛ فالشّاعرُ يرى أنّ أسبابَ قسوةِ مالكٍ على قومِه جاءت بدافعِ الزّجر، وهذه حالُ كلّ حازم يُحْسِن سَوْسَ الأمور وتقديرَها: أن يلجأ مرّةً إلى الرّحمة ومرّةً إلى القسوة، وألّا يتركَ الأمرَ يسيرُ على وجهةٍ ثابتةٍ واحدة. ويتّسمُ هذا البيتُ بمنطقٍ حجاجيٍّ بالغ التأثير لاتّفاقه مع ما ينطقُ به واقعُ الحال، وتُصدِّقُه التّجربة، وليس أدلَّ على هذا الحُكْم من أنّ هذا البيتَ شاعَ حتّى اتّخذ شكلَ حكمةٍ سيّارةٍ يتناقلُها النّاسُ ويتمثّلونَ بها في كلّ واقعةٍ وزمانٍ.

ويُتابعُ الشّاعرُ في البيت (40) المعنى ذاته، مبيّناً أنّ مَسْلكَ مالكٍ هذا معَ قومه هو أقربُ إلى مسلكِ الأبِ الصّارمِ معَ أبنائه، إنْ جازَ مِثلُ هذا التّوصيف. ولعلّ المرزوقي في شَرْحه هذا البيتَ يُقرّبُ مثلَ هذا التشبيهِ بقولِه: «توعّدكم مالك بنُ طوقٍ، وقصَدَكم بما قصَدَكم حُنوّاً عليكم وشفقةً لا اشتفاءً ومجازاةً وطلباً لأن تتهيّبوا وتحتشموا فتكفّوا عن القتل الذي يُستحلُّ له دماؤكم وتُستباحُ به حريمُكم»[82].

ويستمدُّ هذا البيتُ مفعولَه الحِجاجيَّ من توظيفِ التّمثيل: «إنّ الدّم المُغترَّ يَحرُسُه الدّم»؛ إذ تأتي هذه الصورةُ الحافلةُ بعناصرِ الحركةِ واللّونِ والصّراع بمثابةِ حُجَّةٍ مُؤكِّدةٍ للمعنى الذي ساقَه الشّاعرُ في الشّطر الأوّل: «وأخافكم كي تُغْمدوا أسيافَكم»؛ ذلك «أنّ دمَ الغافلِ

عن عدوِّه يحرسُه ما شَرَعه الدِّينُ من القِصاص»[83]. وواضحٌ أنَّ الشّاعر يلتفتُ في بناءِ هذا المعنى إلى الآيةِ القرآنيّةِ الكريمةِ: (ولكم في القِصاصِ حياةٌ)[84]. وهو ما زاد هذه الصُّورةَ إقناعاً وتأثيراً.

ويؤكّد الشّاعر في البيتين (41، 42) فكرةً واحدةً تتمثّلُ في وَصْفِ أفعالِ قومِ مالكٍ ومواقفِهم الهادفة إلى تقويض عزّه والطّعن في مجده؛ فالشّاعرُ يُقدِّمُ في الشَّطر الأول من كلا البيتين معنًى مُجرَّداً يتضمَّنُ الكشف عن طبيعة هذه الأفعال والمواقف، ثُمَّ يقابل ذلك بصورة تمثيليّة تأتي على هيئة حُجَّة في الرّدّ على المعنى الوارد في صدر كلّ بيت. وفي البيتين يُبْرِزُ الشّاعرُ سوءَ أفعالِ قومِ مالك وما تهدفُ إليه من كيدٍ وضَرَرٍ. ولعلّ إيرادَ الشّاعرِ لهذه الأفعال وتكرارَها في بيتين متتاليين غايتُه تسويغُ أو تقبُّلُ موقف مالك العنيف، من ثَمَّ، تجاههم.

ومعَ ذلك فإنَّ الشّاعر لا يُخفي قوّة ممدوحه وعَزْمَه في ردِّ كلّ هذه الأفعال والتّعديات، وهو ــ أي الشّاعر ــ يسوق، في تصوير هذه القوّة، صورتين؛ أولاهما تَحْمِلُ معاني الصّلابة والثّبات والرّسوخ: «فإذا أبان قد رسا ويَلَمْلَم»، وثانيتهما تحمل معاني القوّة والبأس والشّدّة: «زعفٌ يُفلُّ بها السِّنان اللَّهذم». وقد اضطلع التّصويرُ هنا بدورٍ إقناعيّ بالغ، و«أسبغ على المعنى المجرَّد لوناً من التّأثير الجماليّ صار به أقربَ إلى النُّفوس وأعلقَ بالأذهان»[85]؛ فالشّاعر حين يُوردُ محاولاتِ قومِ مالكٍ في إزالة عِزّه يُقابلُ هذا المعنى بصورةِ جَبَليْ «أبان» و«يلملم» بثباتهما ورسوخهما الأبديّ، أمّا حين يُصوِّر طعنهم في مجده الذي لم ينالوا منه شيئاً فيقابل ذلك بصورة الدّروع الحصينة التي «يفلّ بها السّنان اللهذم»، على حدّ تعبيره. وهما

صورتان قادرتان – بمؤثّراتهما البصريّة والحركيّة والصّوتيّة وما ينطويان عليه من حسّ ساخر – على تأكيدِ المعنى وتمكينهِ في وَعْي المتلقّي. وقد عبّر حازم القرطاجنيّ عن نجاعةِ هذا التّمثيل الخطابيّ الذي يَجمعُ بين القيمة الحجاجيّة والشّعريّة، وذلك في مَعْرِضِ تعليقِه على أحدِ أبيات أبي تمّام التي تتوسّلُ الأسلوبَ ذاتَه في التّعبير عن هذا المعنى، يقول: «فالأقاويل التي بهذه الصّفة خطابيّة بما يكون فيها من إقناع، شعريّة بكونها متلبّسةً بالمُحاكاة والخيالات» [86].

سادساً: ذكرى الأمس ومواجع النَّدم:

يُعاودُ أبو تمّام في هذه الوحدة النّصيّة استخدامَ استراتيجيّةٍ حجاجيّةٍ سبق أنْ استخدمَها في ما مضى، وهي استراتيجيّة الباتوس بوصفِها إحدى الاستراتيجيّات التي تقوم على إثارة أهواء المخاطَب، وحَمْله على قَبول دعوى المتكلّم أو وجهة نظره. يقول [87]:

43 – أَعْـزِزْ عليهِ إذا ابتَأَسْتُمْ بَعْدَهُ
وَتُـــذُكَّــرَتْ بِـالأَمْسِ تِـلْكَ الأَنْـعُـمُ

44 – وَوَجَدْتُـمُ قَيْظَ الأَذى وَرَمَيْتُمُ
بِعُيُونِكُمْ أَيْـنَ الرَّبِيـعُ المُـرْهِمُ [88]

45 – وَنَدِمْتُمُ وَلوِ اسْتَطاعَ على جَوَى
أَحْـشـائِكُمْ لَـوَقـاكُمْ أَنْ تَـنْدَمُوا

46 – وَلَـوَ أنَّها مِنْ هَضْبَةٍ تَدْنُو لَهُ
لَـدَنـا لَـها أوْ كـانَ عِـرْقٌ يُـحْسَمُ

47 ـ مَا ذُعْذِعَتْ تِلْكَ السُّرُوبُ وَأَصْبَحَتْ

فِرْقَيْنِ فِي قَرْنَيْنِ تِلْكَ الأَسْهُمُ(89)

48 ـ وَلَقَدْ عَلِمْتُ لَدُنْ لَجَجْتُمْ أَنّهْ

مَا بَعْدَ ذاكَ العُرْسِ إلّا المَأْتَمُ

49 ـ عِلْماً طَلَبْتُ رُسُوْمَهُ فَوَجَدْتُها

فِي الظّنِّ؛ إنَّ الأَلْمَعِيَّ مُنَجِّمُ

50 ـ ما زِلْتُ أَعْرِفُ وَبْلَهُ مِنْ عارِضٍ

لمّا رَأَيْتُ سَماءَهُ تَتَغَيَّمُ

ولعلّه بدا واضحاً أنَّ أبرزَ المخاطَبين المباشرين في هذه القصيدة هم قوم مالك، ولذلك نجدُ الشّاعرَ يتوجّهُ إليهم كثيراً في خطابه، ويُلِحُّ في مُحاورتِهم واستدراجِهم؛ فهم مركزُ القضيّة وأساسُها، فبطاعتِهم وامتثالِهم يُمْكِن أنْ تستقرَّ الأحوالُ لممدوحِه وتستقيم، وبشغبِهم ومخالفتِهم وَصَل الأمرُ إلى عَزْلِ مالكٍ عن الولاية ورحيله من ثَمَّ عن المكان. فمن المنطقيّ إذن أن يخصَّهم الشّاعرُ بحديثِه على هذا النّحو من التّخصيص؛ فالقصيدة تنطلقُ ـ في الأساس ـ من أغراضٍ حجاجيّةٍ كما ذُكِر، والشّاعرُ يهدفُ من إنشائها إلى تأليفِ قلوبِ القوم المتفرّقة، وجَمعِ كلمةِ أبناء الدّم الواحد المُتخاصمين، وإذا ما تحقّق شيءٌ من ذلك فإنَّ هذا سيُمكِّنُ ـ في النّتيجة ـ لممدوحه ويُعيده إلى سابق مجده.

وتحقيقاً لهذه الغاية يُولي الشّاعرُ البُعْدَ النّفسيّ في شخص مخاطَبِه اهتماماً ملحوظاً؛ فهو يلجأُ مرّةً إلى أسلوب الثّناء والتّقريظ والإشادة

لإدراكه لما لهذا الجانب من أثر في نفس هذا المخاطَب، والتأثير في استجاباته ومواقفه، وقد بدا هذا جليّاً ــ كما لحظنا ــ في الوحدة النّصيّة الثالثة من هذه القصيدة، والتي مدح فيها التّغلبيّين، وأشاد بمواقفِهم وأمجادِهم ورموزِهم، معتمداً على طاقة التّعزيز بما يمكن أنْ يكونَ لها من فاعليّةٍ في استمالة المخاطَبين ونَيْل تقديرهم ورضاهم. ويلجأ الشّاعرُ مرّةً ثانيةً ــ كما يتبدّى في هذه الوحدة النّصيّة ــ إلى أسلوب التّأنيب والتّحذير وحتّى التّخويف من مغبّة ما القوم مُقْدِمون عليه إذا ما تمادَوا في هذه السّبيل الغارقة باللجج والتّيه والاختلاف.

هكذا يمضي أبو تمّام مُستثمراً أثرَ العواطف والانفعالات التي «تجعل النّاس [كما يرى أرسطو] يُغيّرون رأيهم فيما يتعلّق بأحكامِهم»[90]؛ إذ لا جدالَ في أهمّيّة هذا البُعْد في تركيبة الإنسان الذي قد «يتأثّر بوجدانه أكثر ممّا يتأثّرُ بعقله»[91]. وقد سعى الشّاعرُ ــ في هذا المقام ــ إلى إثارة شعورين في نفس مخاطبه؛ أوّلهما شعور التّعاطُف معَ الممدوح الذي حرص الشّاعرُ أن يُقدّمَ له في قصيدتِه صورةً مُؤثّرةً في وجدان قومه، فقد بدا مالكٌ بصورة القائد الرّؤوف الرّحيم برعيّته، القائد الذي بقي على وفائه لأهله، واهتمامه الدّائم في شأنهم وهَمِّهم برغم كلّ ما فعلوه بحقّه: «أعزِزْ عليه إذا ابتأسْتُم بعده... ولو استطاعَ على جوى أحشائكم لوقاكم... ولو أنّها من هضبةٍ تدنو له لدنا لها...»، وثانيهما شعورٌ مُتعلِّقٌ بالأوّل ومُترتّبٌ عليه، وقد سبق أن أثاره الشّاعرُ كما ذُكر، وهو إثارةُ مشاعر النّدم التي قد تتلبّس التّغلبيّين بعد رحيل مالك ومغادرته، ذلك النّدم الذي سيتعاظمُ كلّما «تُذكِّرت بالأمس تلك الأنعم»، أو حين يجدون أنفسَهم وقد غشيهم

«قيظ الأذى»، ونأى عنهم «الرّبيع المُرْهِم» الذي سيرمونه بعيونهم وهو بعيد عنهم دون أن ينالوه، أو حتّى ينالوا منه شيئاً، على ما يُثيرُه التّعبيرُ عن هذه المضامين بالصُّور الكنائيّة من جماليّةٍ غير منفصلةٍ عن غايات الإصابة والتّأثير.

ثُمَّ يُمْعِن الشّاعرُ في استثارةِ شُعور المُخاطَبين، مُصوِّراً مقدارَ الخسارة التي لحقتْ ببني تغلب، والّتي كان يُمكنُ تجاوزُها لو دَنَوا من سيّدهم، والتفّوا حولَه كما كان يودُّ هو ويأمل، إذ لو تَمّ ذلك لما فُرِّق شَمْلُ الجماعة وضاعت أموالُها، ولما أصبحت القبيلة «فرقين في قرنين» حالها كحال الأسهم حين تُنثر ويتشتّت جمعُها. والشّاعر إذ ينقل هذه الفكرة نقلاً إيحائيّاً مُعبِّراً، مُوظِّفاً الكناية: «ما ذعذعت تلك السُّروب..»، والمثل: «أصبحت فرقين في قرنين تلك الأسهم»، فإنّه بذلك يُعمِّقُ هذه الفكرة التي ستكون – بما تُوفِّرُه لها اللُّغةُ من وسائلَ وجماليّاتٍ – أكثر نفاذاً إلى ذهن المتلقّي وعُلُوقاً بذائقتِه.

ولعلّ موقفَ مالك بن طوق من قومه، وموقف قومه منه – كما بدا في هذه القصيدة، وكما تجلّى في هذه الوحدة النّصيّة تحديداً – سيدفع المتلقّي – إنْ على نحو واعٍ أو غير واعٍ – إلى إقامة شكل من المقابلة بين الموقفين؛ فإذا بدا مالكٌ حريصاً على قومِه، تُحرِّكُه دوافعُ «الخير العامّ» – بتعبيرنا اليوم – تجاههم، فإنّ قومَه بَدَوا على خلاف ذلك؛ فقد استمرّأوا الخلافَ والقطيعة، وقَصُرَ بهم النّظرُ عن الرّؤية الصّائبة السّليمة، فأصبحوا كالسّاعين إلى هَدْم مجدِهم بأيديهم. ومِثْل هذه المقابلة ذاتُ غايةٍ حِجاجيّةٍ لا تَخْفَى؛ فالشّاعر يهدفُ من ورائها إلى إدانة موقفِ بني تغلب، والتّحذيرِ من عواقبِ التّمادي في

هذا النّهج والإصرار عليه. وهذا التّناقض بين الموقفين – بما ينطوي عليه من قدرٍ من المفارقة واضحٍ – هو ما يسعى الشّاعرُ إلى كَشْفِه أمامَ قومِ مالكٍ وفضحِه، عَلَّهُ يُحْدِثُ فيهم تأثيرَه المقصود، ويدفعُهم إلى أن يثوبوا إلى رُشْدِهم، ويعودوا إلى ماضي نهجِهم وسيرتِهم.

ويتوسّل الشّاعر في الأبيات (48 – 50) بأسلوب الالتفات، فيُصرِّف الكلام من ضمير الغائب إلى المتكلّم، وهو الضّمير الذي سيتعَزَّزُ حضورُه في نهاية هذه القصيدة على نحو أوضح ممّا بدا في وحداتها السّابقة. وإذا كانت الأنا الشّاعرة تَحتلُّ – في كثيرٍ من الأحيان – مركزاً أساسيّاً في بناءٍ كثيرٍ من قصائد أبي تمّام المدحيّة، وتتمظهرُ فيها على أكثر من صورة أو شكل[92]، فإنّ حضور الأنا هذا لم يأخذ في هذه القصيدة مثل هذا الحيّز، وهو أمرٌ يلفتُ انتباهَ كلِّ مَن يقرأ هذه القصيدة التي اتّخذت بناءً مخصوصاً – كما ذُكِر – حتّمتْه اعتباراتٌ متعدِّدة، منها قضيّة هذه القصيدة التي أفرغ لها الشّاعرُ جُلَّ قدرتِه الشّعريّة والإقناعيّة في سبيل تعزيزها وإثباتها. ومعَ هذا فإنّ الأنا الشّاعرة من الصّعب أن تختفيَ تماماً في أيّ قصيدة مديح (بل حتّى في غيرها من أغراض وموضوعات)؛ فالأنا لا بدّ أن تحضر، وخصوصاً إذا ما استحضرْنا الغاية التّعاقديّة التي يقومُ عليها نصُّ المديح عموماً، بوصفِه سلعةً تبادليّةً بين طرفين «يتطلّعُ المُرْسِل – الشّاعر [منها] في النّهاية إلى غرض نفعيّ مُحدَّد ينالُه من المتلقّي المُخاطَب يتمثّل في عطاءٍ يمنحُه إيّاه هذا الأخير (الممدوح)»[93].

وعلى كلّ حالٍ، فإنّ الأنا الشّاعرة تَظْهَرُ في هذه الأبيات ظهوراً يُقرِّبُها من صورة «الرّائي الحكيم» الذي يَنْظرُ في الأحداث

ومجرياتِها، فيدلُّه عُمْقُ نَظَرِه إلى التَّنبّؤ بنتائجِها قبلَ وقوعِها. وهذا الشَّكلُ من حضورِ الذَّات (الإيتوس) في الخطاب هو الرُّكْن الثَّاني في نظريّة أرسطو البلاغيّة التي تولي المتكلّم ـ إلى جانب المُخاطَب كما ذُكِرَ ـ أهميةً واضحةً في حجاجيّة الخطاب وتأثيره؛ فقد قدّر أرسطو أنّ شخصيّة الباثّ / المتكلّم / الخطيب ذاتُ دورٍ محوريٍّ في إقناع المتلقّي والتَّأثير في استجاباته نتيجةً ما تتملّكُه هذه الشّخصيّة من ناصية البلاغة وفنون الاستدراج الفعّالة[94].

فالشَّاعرُ إذنْ يتنبّأُ بعواقب ما سيحلُّ ببني تغلب منذ أنْ ألحّوا في مخالفة سيّدهم، وهو ـ أي الشَّاعر ـ يُقدّمُ هذا المعنى مُستثمراً ما تزخرُ به الألفاظ من إمكانيّات صوتيّة ودلاليّة (لججتم)، وما يتضمّنه التَّضادّ القائم بين صورتي «العُرْس والمأتم» من فاعليّة وتأثير، وهي صورة سبق أن استخدم الشَّاعر ما هو قريبٌ منها في موضعٍ سابق. ثمّ يبيّن أنّ عِلْمَه بما سيحدثُ ساقَه إليه ظنُّه الصَّادق، وهذه حال الألمعيّ الذي «يقوم له ظنّه مقام ما يدّعيه المنجّمون من عِلْمٍ ما لم يقع»[95]. وقوله: «إنّ الألمعيَّ مُنَجّم» مَثَلٌ يوردُه ليقوّيَ به حُجّته. ويؤكّد أبو تمّام فراستَه أخيراً بمؤثّر بلاغيٍّ أكثرَ من استخدامِه في هذا النّصّ وهو الكناية؛ إذ يُكنّي بعاقبة ما وقع بحال السّماء التي «تغيمت بعارض من السّحاب فخيل للمطر، فمن نظر إليه علم أنه سيأتي بوبل غزير»[96]. وكأنَّ الشَّاعر يريد أن يَخْلُص من كلّ ذلك إلى القول: إنَّ ما رآه كانت بوادرُه ماثلةً لكلّ ذي بَصَرٍ ـ مثل أبي تمّام ـ يَنظرُ في مجرياتِ الأمور فيقدّرُ مآلاتِها وعواقبَها، وهو ما كانَ يَجدرُ بعقلاء بني تغلب أن يلحظوه، فيتداركوا نتائجَه الوخيمةَ قبل وقوعِها.

سابعاً: جَدَل الخاصّ والعامّ:

يُخصِّصُ أبو تمّام تمَام الوحدة النّصيّة الأخيرة من قصيدته، والتي تشكِّل خاتمتَها للمديح الخالص. يقول[97]:

51 – يـا مـالِ قَـدْ عَلِمَتْ نِـزارٌ كلُّها
مـا كـانَ مِثْلَك في الأراقِـمِ أَرْقَـمُ[98]

52 – طـالـتْ يدي لمّا رأيتُك سالماً
وانْحَتَّ عَنْ خَـدَّيَّ ذاكَ العِظْلِمُ[99]

53 – وَشَمِمْتُ تُرْبَ الرَّحْبةِ العَبِقَ الثَّرى
وَسَقى صَدايَ البَحْرُ فيها الخِضْرِمُ[100]

54 – كَمْ حَلَّ في أكنافِها مِنْ مُعْدِمٍ
أَمْـسـى بـهِ يَـأوي إليـهِ المُـعْدِمُ

55 – وَصَنيعةٍ لكَ قَدْ كَتَمْتَ جزيلَها
فـأبـى تَضَوُّعُهـا الّـذي لا يُكْتَمُ

56 – مَجْدٌ تَـلُـوْحُ فُضُولُه وَفضيلَةٌ
لَـكَ سـافِرٌ والـحَـقُّ لا يَـتَـلَـثَّمُ

57 – تَتَكَلَّفُ الجُلَّى وَمَنْ أَضْحَى لَهُ
بَـيْتَـاكَ في جُشَمٍ فَـلا يَـتَـجَشَّمُ[101]

58 – وَتَشَرَّفُ العُلْيا وَهَلْ بِكَ مَذْهَبٌ
عَنْها وأنـتَ على المـكـارِمِ قَيِّمُ

59 ــ أَثْنِيتُ إِذْ كــانَ الثَّنـــاءُ حِبَالَةً

شَـرَكاً يُـصَـادُ بِــهِ الـكَرِيـمُ الـمُنْـعِمُ

60 ــ وَوَفَـيْـتُ إِنَّ مِـنَ الـوَفَاءِ تِجَارَةً

وَشَـكَـرْتُ إِنَّ الشُّـكْـرَ حَـرْثٌ مُطْعِمُ

ومعَ أنَّ هذا النّمطَ من المديح لم يَغبْ تماماً عن الوحداتِ النّصيّةِ السّابقة كما لحظنا، إلّا أنّه كان يَندرجُ في إطارِ فكرةِ القصيدة وقضيّتِها الأساسيّة؛ بمعنى أنّ مَدْحَ مالكٍ وُظِّفَ في سياقٍ استدعاه المقامُ لتدعيمِ حُجّةِ الشّاعرِ؛ فقد ظَهَرَ مالكٌ ــ في ذلك المديح ــ بصورةِ القائد الذي غَنِيَ به المكانُ وعَمُرَتْ أحوالُه، القائد العفيف الوَرِع المسلم النّقيّ من العيوب، المتواضِع معَ قومه والمُوَقَّر في عيونهم في الوقت ذاته، الرّؤوف والشّفيق بهم، والحريص على نَفْعِهم معَ كثرة تجاوزاتِهم وتعدّياتِهم بحقِّه. وهو ــ إلى جانبِ هذا كلِّه ــ الحازمُ والصّارمُ الذي لا يتوانى عن انتهاجِ القوّةِ والشِّدّةِ معَهم حيثما استدعت الضّرورة ذلك وتطلّبته. وهذه الصّفات التي أسبغها الشّاعرُ على ممدوحِه تتّصلُ أكثرَ ما تتّصل ــ كما هو واضح ــ بأمر الولاية والحكم. ولعلَّ هذا المَنْحَى من المديح أكسب القصيدةَ قدراً من التَّماسُك، فضلاً عن أنّه جَعَل منطقَها الحجاجيّ والإقناعيّ واضحاً وقويّاً؛ فالوالي الحقُّ هو من يَجبُ أن تتوافرَ فيه هذه الصِّفاتُ وتتحقّق؛ لتستقرَّ بذلك أحوالُ البلاد وتستقيمَ شؤونُ العباد.

أمّا المديح في هذا القسم الأخير من القصيدة فيتّجه بعضُه وجهَتَه المُعتادة التي يُشكِّلُ فيها موضوعُ الإشادة بكرم الممدوح المعنى الأكثرَ اطّراداً من بين المعاني الأخرى، إلى جانب ذِكرِ معانٍ مُلازِمةٍ أخرى

من مثلِ الإشارة إلى رفعة النّسب وشَرَف المحتّدّ ممّا هو مألوفٌ أيضاً في مدوَّنة شعر المديح العربيّ. ومن نافلة القول أنْ نذكرَ أنّ تَرَدُّدَ الحديثِ عن الكرم في هذا الشّعر أمرٌ له ما يُسوِّغه إذا ما أدركنا ارتباطَ شعرِ المديح بالعطاء كما ذُكِر، وهو الارتباطُ الذي كثيراً ما أعلنَ عنه أبو تمّام – وغيرُه من شعراء – إعلاناً صريحاً لا يَشوبُه أدنى تحرُّجٍ أو مُواربة[102].

يَفتتحُ أبو تمّام إذن هذه الوحدة النّصيّة من قصيدته بأسلوب النّداء المُرخّم: «يا مالِ» الذي من أخصّ وظائفه إظهار الإعجاب والحبّ[103]. وقد أتاح الشّاعر لذاته أنْ نَظْهَرَ في هذا القسم – كما ذُكِر – على نحو أكثر وضوحاً ممّا سبق، وبدا كأنّه شاهدٌ وحاضرٌ على أفعال مالك وشمائله الكثيرة التي تبدأُ أوّلاً بتميّزه من بين أبناء عمومته. وهو التّميّز الذي أقرّتْ به قبائلُ نزار كلُّها، وكان من الأسباب التي هيّأتْ له القيادة التي لم تكن لتتحقّق إلّا باعتراف قومه الذين سيّدوه وبوّأوه هذه المكانة بينهم. ثُمَّ يُعبِّرُ الشّاعرُ في بيتين متتاليين (52، 53) عن عواطفه تجاه ممدوحِه، موظِّفاً عدداً من الكنايات الدّالة التي تُقَدِّمُ المَعْنى على نَحْو جماليٍّ معبِّر؛ وذلك كتكنيتِه عن العزّة والشُّموخ اللذين استشعرهما بعودة ممدوحِه سالماً غانماً بطول اليد. والكنايةُ باليد سبق أن استخدمها الشّاعرُ – كما بدا – في موضع سابق. وتكنيتِه عن زوال الأسى والحزن عن وجهه بقوله: «وانحتّ عن خدّيّ ذاك العظلم»، مُستثمراً دلالةَ اللّون الأسود بما يُمْكنُ أن يكونَ له من إيحاءاتٍ مؤثّرةٍ في هذا السّياق. ويُضفي الشّاعرُ على المكان شيئاً من أحاسيسِه ومشاعرِه؛ فيبدو ترابُ الرّحبة عَبِقاً طيّبَ الرّائحة يتنسّمُه

بمتعةٍ ورغبة، ويبدو بحرُها عظيماً كثيرَ الماء يشفي غلّة الصَّدْيان. ومن الواضح أنّ الشّاعرَ يقيمُ هنا تلازُماً لافتاً بين الطّبيعة والممدوح الكريم المعطاء.

ويُواصِلُ أبو تمّام ـ من ثَمَّ ـ استكمالَ صورةِ ممدوحِه، مُتَّخذاً من «حُجّة الشّخص وأعماله»[104] منطلقَه في تقديم هذه الصّورة. والشّاعرُ يَنْسبُ ـ في سبيل أن تكونَ هذه الصُّورةُ أكثرَ تأثيراً ـ لممدوحِه مواقفَ وأعمالاً ذاتَ تأثيراتٍ إقناعيّةٍ بالغة؛ وهو يُحقّقُ ذلك في تَخيُّره لصورتين، الأُولى صورة المُعْدِم الفقير الذي ما إنْ حلَّ بفناء مالك حتّى أصبح غنيّاً، فـ«أمسى به يأوي إليه المُعْدِم» في صورةٍ من المبالغة التي تُساقُ لغاية حجاجيّة واضحة[105]. والثّانية صورة الصّنيعة (المعروف) التي يجهد مالكٌ في كتمانِها عن الآخرين احتساباً للأجر والثّواب كما يُفهم من إيراد هذه الصُّورة، ولكنّ خبرَها ـ معَ ذلك ـ يأبى إلّا أنْ ينتشرَ بين النّاس مِثْلُه مِثلُ تضوُّع الطّيب «الذي لا يُكْتَمُ». وقد استخدمَ الشّاعرُ واو «ربّ» للتّدليل على كَثْرَة عَمَلِ ممدوحِه للمعروفَ واعتيادِه عليه[106]. وفي هاتين الصّورتين ـ كما هو بادٍ ـ إبرازٌ للبعد التَّقَويّ الدّينيّ من شخصيّة مالك الذي يَظْهرُ بصورةِ البارّ بالمُعْدمين والفقراء من جانب، والتَّقيّ الذي يَحْرصُ على ألّا يَعْلم النّاسُ بما يُقدّمُه من وجوه المعروف من جانبٍ آخرَ. وواضحٌ ما لهذه الصُّورة التي يرسمُها الشّاعرُ لممدوحِه في بُعْديها المذكورين من أثرٍ إقناعيٍّ في شخصيّة المُتلقّي المُسْلِم الذي تَشكَّلَ وَعْيُهُ الإيمانيُّ على تسجيل مثلِ هذه الأعمالِ الخيّرة، والنَّظر دائماً إلى مَن يقومُ بها بعين الإجلال والتّقدير.

وإذا كانَ مالكٌ يَسْعَى – كما ذُكِر – إلى كتمان جزيلِ صنائعِه التي تأبى عليه إلّا الذُّيوع، فإنّ مَجْدَه – مع ذلك – بيّنٌ «تلوحُ فضولُه»، وفضائله ساطعةٌ سافرةٌ لا يخفى أمرُها على أحد. ويُعزِّز أبو تمّام هذا الحكم بحجّة المثل القائل: «الحقّ لا يتلثّم»؛ أي أنّ «الحقّ أبلج» كما يرد في تحويرٍ آخرَ لهذا المثل[107]، وكما يرد أيضاً لدى أبي تمّام في مقدّمة إحدى مدائحه الشّهيرة[108]. فالشّاعرُ يَذهبُ – إذن – في تدعيم حُجّته إلى الاستناد إلى قوّة الحقّ التي يجدُها القيمةَ الأكثرَ دلالةً في التّعبير عن أفعال ممدوحه ومواقفه العظيمة. وعلى الصّعيد الفنيّ يلجأُ الشّاعرُ – من أجل تأكيد هذا المعنى في نفس المخاطَب – إلى توظيف عنصر التّشخيص: «مجدٌ تلوح فضوله، فضيلةٌ سافِر، الحقّ لا يتلثّم»، وهي صُورٌ كلُّها مشخِّصةٌ للمعاني المجرَّدة التي تحوّلت – أمامَ ناظرَي المتلقّي، بفعل هذه التّقنية – إلى مرئيّات حيّةٍ متمثِّلةٍ ملموسةٍ، وكلّ هذا ساعدَ – كما ذُكِر مراراً – على أن يكونَ تقبُّلُ المتلقّي لها وتفاعلُه معَها أشدَّ وأكبر.

ويؤكِّد الشّاعرُ استحقاقَ ممدوحِه للزّعامة مُستنداً إلى حجّة النّسب المؤصَّل من جهتي الأب والأمّ: «بيتاك في جُشَم..»، وهو الأمر الذي يُحتّم عليه دائماً اختيار الصّعب من المواقف والأفعال؛ فالزّعامة تكليفٌ قبلَ أن تكونَ تشريفاً أو امتيازاً، ومَن كانت له هذه المنزلةُ الرّفيعةُ في النّسَب بين قومه «جديرٌ [به] أن يتحمّلَ الأمور الجليلة ويتجشَّمَها»[109]. ويعتمدُ الشّاعرُ في توصيل هذا المعنى على المجانسة بين «جُشَم» و«يتجشّم»؛ «فبهذا التّجنيس تمّ المعنى وظهرَ حسنُه (...) فصار بعضُ الكلام مرتبطاً ببعضه، ومظهراً

لخفيّ محاسنه»[110]. ويواصل أبو تمّام تأكيدَ استحقاقِ ممدوحِه لهذه الزّعامة حين يجعلُه «ينزل من المعالي في أشرفها»[111]. ويؤدّي الاستفهام في قوله: «وهل بكَ مَذْهَبٌ عنها وأنتَ على المكارِم قيّمُ؟!» وظيفةً حجاجيّةً واضحةً؛ فالشّاعرُ هنا لا يَستفهمُ عن شيءٍ يَجْهلُه، وإنّما هو يَسْعَى إلى تعزيزِ مكانةِ ممدوحِه السّامقة، وتأكيد حيازته على المكارم وتملُّكه لها.

ويُقفل أبو تمّام قصيدتَه وينهيها بالبيتين (59، 60)، مستخدماً – مرّةً أخرى – أسلوبَ الالتفات؛ إذ يتحوّلُ الحديثُ إلى ضمير المتكلّم بعد أن استخدمه في بيتين سابقين في هذه الوحدة النّصيّة كما لحظنا. والشّاعر يُكرّرُ هنا هذا الضّميرَ ثلاثَ مرّاتٍ من خلال إسناد تاء المتكلّم إلى ثلاثة أفعال: «أثنيت.. وفيت.. شكرت»، وكلّها أفعال – كما هو بيّن – تؤكّد علاقة الشّاعر بممدوحه التي تتكشّفُ عن صُوَرٍ من حفظ الجميل وردّ المعروف. كما أنّها تحملُ إشاراتٍ إلى وظيفة المديح وغايته التي أُنشئ من أجلها، وهي رغبة الشّاعر في أن يلتفتَ إليه الممدوحُ ويجزلَ له العطاء. ولعلّ تخيُّرَ أبي تمّام لأنْ يكونَ هذا المعنى هو آخر ما يستقرُّ في أُذن الممدوحِ أمرٌ له مراميه غير الخافية؛ فخواتيمُ الكلام – كما هو ثابتٌ مستقرٌّ – من المواضع التي يوليها المتكلّمُ كثيراً من العناية والتّجويد[112].

وقد تبدّت فكرةُ العطاء واضحةً في هذين البيتين من خلال الحديث عن:

1 – الثّناء وما يستتبعُه من وجوه البذل والسّخاء.

2 – الوفاء الذي يعدُّه الشّاعرُ تجارةً رابحةً.

3 – الشّكر الذي يكون بمثابة الحَرْث المطعم الذي يتواصل عطاؤه بتواصل هذا الشُّكر. ويُلحظُ أنَّ للبنيةِ التركيبيّةِ دوراً في تعميق المَنْحى الحجاجيّ في هذا الجانب؛ فالشّاعر يأتي بجملة فعليّة مسندة إلى تاء المتكلّم كما ذُكر، تليها جملةٌ تفسيريّةٌ شارحةٌ على النّحو التالي:

– أثنيتُ؛ إذْ كان الثّناءُ حبالةً شركاً يُصادُ به الكريمُ المُنْعِم.

– وفيتُ؛ إنّ من الوفاءِ تجارةً.

– شكرتُ؛ إنّ الشُّكرَ حَرْثٌ مُطْعِمُ.

فهذه الجمل يؤدّي كلُّ منها وظائفَ حجاجيّةً تؤكِّدُ قيمةً كلِّ فعلٍ يقوم به الشّاعر والنتائج المترتّبة عليه؛ فهو حين أثنى على ممدوحه كافأه على فعله هذا، وحين وَفَى له كان وفاؤه مثْلَ تجارةٍ مجزية، وحين شكره زاده من النّعم. وإلى جانب هذا كلّه يحرصُ الشّاعرُ – في هذه القفلة – على تجويد تعبيره وإحكام حججه بمزيدٍ من العناصر الأسلوبيّة والبلاغيّة الفاعلة، وذلك من مثل التّوازي بين شطري البيت (60)، والاتّكاء على حجّة المَثَل: «الثناء حبالة...، الوفاء تجارة، الشُّكر حرث مطعم»، والتناصّ معَ القرآن الكريم كما في هذا المعنى الأخير الذي ينظرُ فيه الشّاعرُ إلى الآية القرآنيّة الكريمة: (لَئِنْ شَكَرْتُمْ لَأَزِيدَنَّكُمْ)[113]. وكلّ هذه المؤثّرات سبق أن ظهرت في النّصّ، واستبان أثرُها ودورُها في جماليّته وحجاجيّته.

ومن المؤكَّدِ أنّ مشاعرَ الثّناء والشُّكر والوفاء التي عبّر عنها الشّاعرُ في آخر كلامه تجاه ممدوحِه ستترك – في المقابل – لدى هذا الأخير كلّ معاني الرّضا والامتنان والحبور، وسيجدُ في هذه

القصيدةِ ــ كما وَجَدَ في غيرِها ــ «مرافعةً» قويّةً في الدّفاع عنه وجلاءِ صورتِه التي خدشتْها رعونةُ قومِه الذين «لا رقّةُ الحَضَرِ اللطيفِ غَذَّتْهُمُ / وتباعدُوا عن فِطْنَةِ الأعرابِ»[114]، كما يُعبِّرُ الشَّاعرُ من قصيدةٍ أخرى في الموضوع ذاتِه.

خاتمة:

نَخْلصُ ــ في خاتمة هذا الفصل ــ إلى القول إنَّ أبا تمّام قدّم قصيدةً أعملَ فيها كثيراً من مهاراتِه وقدراتِه البلاغيّة والحجاجيّة في سبيل أنْ تؤدّيَ تأثيرَها في مستقبلِيّ خطابه، ولا سيّما قوم مالك من بني تغلب الذين ظلَّ التفات الشَّاعرِ إليهم حاضراً في كلّ محاور القصيدة.

والمدقِّق في هذه القصيدة يلحظُ فيها ملمحين لافتَين، وذلك بالنّظر إلى طبيعة شعريّة أبي تمّام العامّة، أوّلهما أنّ الشّاعر ابتعد فيها عن الإغراب والتّعقيد في التّراكيب والصُّور والأخيلة ممّا يجدُه القارئُ في أغلب شعر أبي تمّام، ولجأ ــ أي الشّاعر ــ مقابلَ ذلك إلى السّلاسة والوضوح والصُّور الدّانية القريبة التي لا يجدُ متلقّي النّصّ أيَّ صعوبةٍ في استقبالِها والتّفاعل معَها. ولا بدّ من التّأكيد هنا أنّ هذا الملمح يتعلّق بالبُعْد الفنّيّ والتّخييليّ، ولا يشمل البُعْد الفكريّ والمضمونيّ في هذه القصيدة التي تُعَدُّ ــ من وجه آخر ــ تعبيراً عن مذهب أبي تمّام الشّعريّ وثقافته الجدليّة العميقة التي جمعت بين الثقافة العربيّة الموروثة والثقافات الأجنبيّة المتعدّدة التي حفل بها العصر العبّاسيّ. وثانيهما أنّ الشّاعر انتهج في هذه القصيدة بناء جديداً مُفارِقاً للبناء الذي استقرّت عليه ــ كما ذُكر ــ قيَمُ قصيدة

المديح وأعرافُها، ومنها مدائحُ أبي تمّام نفسِه؛ إذ قدّم قصيدةً لها بنيتُها الخاصّةُ وملامحُها المختلفة التي لا تتشابهُ فيها معَ غيرها.

ولعلّ مردَّ هذين الأمرين يعودُ إلى موضوعِ القصيدة وغايتِها المتوخّاة؛ فالشّاعر معنيٌّ – في ما يبدو – بموضوعٍ فرّعَ له كلَّ توجُّهه وطاقته، إلى الحدّ الذي غابتْ عنه – على نحو واضح – المعاني التقليديّةُ التي اعتادها القارئ في شعر المديح، وبرز مقابلُها موضوعٌ «خاصٌّ» شغل الشّاعرَ واستغرق جهدَه؛ فبدت القصيدةُ أقربَ إلى «مقالة» أو «خِطاب» في المحاجّة عمد الشّاعرُ فيها / فيه إلى التّدرُّج في سَوْق حججه وتنويعِها، واستثمار كلِّ الجوانب النّفسيّة والعاطفيّة والسِّياقيّة القادرة على استمالة متلقّي الخطاب والتّأثير فيه، إلى جانب توظيف الحكمة وخلاصة التّجرِبة وصوت العقل في النّظر إلى الأمور وتقدير مآلاتها ونتائجها. ومن المؤكَّد أنَّ كلَّ ذلك لا يتحقّقُ تأثيرُه وعملُه ما لم يُصْهَرْ بمصهر الشّعر ومكوّناته الفنيّة والجماليّة من ألفاظٍ وتراكيبَ وصُورٍ وأخيلةٍ وأساليبَ جاذبةٍ ومؤثِّرةٍ. ومعَ كلّ ذلك فقد برزت «النّزعة الذّهنيّة» في هذه القصيدة على نحو جعلها أقلّ وَهَجاً وحيويّةً من بعض شِعْر أبي تمّام الذي يتّسمُ بمغامرة اللُّغة وانطلاق الخيال.

ومعَ أنّ هذه القصيدةَ قيلت – كما ذُكِر – في حادثةٍ هامشيّةٍ قد لا يجدُ فيها قارئُ اليوم ما يثيرُ فضولَه واهتمامه، إلّا أنّ أبا تمّام تمكّن – في تقدير الباحث – من الارتقاء بحدث القصيدة وتقديم صورة سامقة لممدوحه تجاوزت لحظته الرّاهنة وظرفه التّاريخيّ العابر. وتقديمُ مثلِ هذه الصُّورة المتجاوزِة ممّا تشهدُ به كثيرٌ من النّصوص والأعمال الإبداعيّة التي أكسبت أبطالَها بقاءَ الذِّكر وديمومة الحضور.

ملحق
نصّ القصيدة^(*)

أَرْضٌ مُصَرَّدةٌ وأُخرى تُثْجَمُ

مِنْها الّتـي رُزِقَتْ وأُخـرى تُحرَمُ

فـإذا تأمَّلـتَ البـلادَ رأيتَها

تُثْري كما تُثْري الرِّجـالَ وتُعْدِمُ

حَظٌّ تَعـاوَرَهُ البِقـاعُ لِوَقْتِـه

وادٍ بـهِ صِفْـرٌ وَوَادٍ مُفْعَـمُ

لـولاهُ لـمْ تَكُـنِ النُّبـوَّةُ تَرْتَقـي

شَـرَفَ الحِجازِ ولا الرِّسـالةُ تُتْهِمُ

ولـذاكَ أَعْرَقَـتِ الخلافـةُ بَعْدَمـا

عَمِرَتْ عُصوراً وهْيَ عِلْقٌ مُشْـئِمُ

وَبِـهِ رَأَيْنـا كَعْبَـةَ اللهِ الّتـي

هِيَ كوكـبُ الدُّنيـا تُحِـلُّ وتُحرِمُ

تلـكَ الجَزيـرةُ مُـذْ تَحَمَّـلَ مالِكٌ
أمْسَـتْ وَبـابُ الغَيثِ عَنْها مُبْهَمُ

وَعَلَـتْ قُراهـا غَبْرةً وَلقـدْ تُرى
فـي ظِلّـهِ وكأنَّمـا هِـيَ أنْجُـمُ

غَنِيَـتْ زمانـاً جَنَّـةً فكأنَّما
فُتِحَـتْ إليهـا مُنْـذُ سـارَ جَهَنَّمُ

الجَـوُّ أكْلَـفُ والجَنـابُ لِفَقْـدِهِ
مَحْـلٌ وذاكَ الشِّـقُّ شِـقٌّ مُظْلِـمُ

أقْـوَتْ فَلَـمْ أذْكُـرْ بِها لمَّـا خَلَتْ
إلّا مِنـىً لمَّـا تَقَضَّـى المَوْسِـمُ

وَلقـدْ أراهـا وَهْيَ عِـرْسٌ كاعِبٌ
فاليـومَ أضْحَـتْ وَهْيَ ثَكْلى أيِّمُ

إذْ فـي دِيـارِ رَبيعةَ المَطَـرُ الحَيا
وعلى نَصيبيـنَ الطَّريـقُ الأعْظَمُ

ذَلَّ الحِمى مُـذْ أوطِئَتْ تلـكَ الرُّبا
والغـابُ مُـذْ أخْـلاهُ ذاكَ الضَّيْغَمُ

إنَّ القِبـابَ المُسْـتقلَّةَ بَيْنَها
مَلِكٌ يَطيـبُ بِـهِ الزَّمـانُ ويَكْرُمُ

لا تَأْلَـفُ الفَحْشـاءُ بُرْدَيْـهِ ولا
يَسْـري إليـهِ مَعَ الظَّـلامِ المَأْثَمُ

مُتَبَذِّلٌ فـي القَـومِ وَهـوَ مُبجَّلٌ

مُتواضِـعٌ فـي الحَيِّ وَهـوَ مُعظَّمُ

يَعْلـو فَيَعْلَـمُ أنَّ ذلـكَ حَقُّـه

وَيُذيـلُ فيهـمْ نَفْسَـهُ فَيُكَـرَّمُ

مَهْـلاً بَني عَمْـرو بنِ غَنْـمٍ إتَّكم

هَـدَفُ الأَسِـنَّةِ والقَنا يَتَحطَّـمُ

المَجْـدُ أَعْنَـقُ والدِّيـارُ فَسِـيحَةٌ

والعِـزُّ أَقْعَـسُ والعَديـدُ عَرَمْرَمُ

مـا مِنْكُـمُ إلّا مُـرَدَّى بالحِجا

أو مُبْشَـرٌ بالأَحْوَذِيَّـة مُـوْدَمُ

عَمْـرو بنُ كُلْثُومٍ بـنِ مالكٍ بنِ عَثْ

تَـابِ بنِ سَعْدٍ سَـهْمُكُمْ لا يُسْهَمُ

خُلِقَـتْ رَبيعةٌ مُـذْ لَـدُنْ خُلِقَتْ يَداً

جُشَـمُ بـنُ بُكْـرٍ كفُّهـا والمِعْصَمُ

تَغْـزُو فَتَغْلِـبُ تَغْلِبٌ مِثْل اسْـمِها

وتَسِـيحُ غَنْـمٌ فـي البِـلاد فَتَغْنَمُ

وسَـتذكُرونَ غـداً صَنائـعَ مالِك

إنْ جَـلَّ خَطْـبٌ أو تُدوفِـعَ مَغْرَمُ

فَمَنِ النَّقِـيُّ مِنَ العُيُـوبِ وقَدْ غَدا

عَنْ داركُـمْ ومَنِ العَفيفُ المُسْلِـمُ

ما لـي رأيـتُ تُرابَكـمْ يَبَسـاً لَه
مـا لـي أَرى أطوادَكـمْ تَتَهدَّمُ

ما هـذهِ القُربى التـي لا تُصطَفى
مـا هـذهِ الرَّحِـمُ التـي لا تُرحَمُ

حَسَـدُ القَرابَـةِ للقَرابَـةِ قَرْحَةٌ
أعْيَـتَ عَوائِدُها وَجـرْحٌ أَقْـدَمُ

تِلْكُـمْ قُرَيـشٌ لـمْ تَكُـنْ آراؤها
تَهْفـو ولا أَحْلامهـا تُتَقَسَّـمُ

حتّى إذا بُعِـثَ النّبِـيُّ مُحَمَّـدٌ
فِيهِـمْ غَـدَتْ شَـحْناؤهُمْ تَتَضَرَّمُ

عَزَبَـتْ عُقُولُهُـمُ وما مِنْ مَعْشَـرٍ
إلّا وَهُـمْ مِنْـهُ أَلَـبُّ وأَحْـزَمُ

لمّا أَقـامَ الوَحْـيُ بيـنَ ظُهورِهِمْ
ورأَوا رَسُـولَ الله أَحْمَـدَ مِنْهُـمُ

ومِـنَ الحَزامَـةِ لَوْ تَكُـونُ حَزامَةً
أَلّا يُؤخَّـرَ مَنْ بِـهِ يُتَقَـدَّمُ

إنْ تذهبُـوا عَنْ مالِـكٍ أو تَجهلُوا
نُعْماهُ فالرَّحِـمُ القَريبَـةُ تَعْلَـمُ

هِـيَ تِلكَ مُشْـكاةٌ بكُمْ لَوْ تَشْـتَكي
مَظْلُومَـةٌ لَـوْ أَنَّها تَتَظلَّـمُ

كانَتْ لَكُمْ أَخْلاقُهُ مَعْسُولَةً
فَتَرَكْتُموها وَهْيَ مِلْحٌ عَلْقَمُ

حَتّى إذا أجنَتْ لَكُمْ داوَتْكُمُ
مِنْ دائكمْ إنَّ الثِّقافَ يُقَوِّمُ

فَقَسا لِتَزْدَجِرُوا ومَنْ يَكُ حازماً
فَلْيَقْسُ أحياناً وحيناً يَرْحَمُ

وأخافَكمْ كي تُغْمِدُوا أَسيافَكم
إنَّ الدَّمَ المُغْتَرَّ يَحْرُسُهُ الدَّمُ

وَلَقَدْ جَهِدْتُمْ أنْ تُزيلُوا عِزَّهُ
فإذا أَبانٌ قَدْ رَسا ويَلَمْلَمُ

وطَعَنْتُمْ في مَجْدِهِ فَثَنَتْكُمُ
زُعْفٌ يُفَلُّ بها السِّنانُ اللَّهْذَمُ

أَعْزِزْ عليهِ إذا ابْتَأَسْتُمْ بَعْدَهُ
وتُذُكِّرَتْ بالأَمْسِ تلكَ الأَنْعُمُ

ووَجَدْتُمْ قَيْظَ الأَذى ورَمَيْتُمُ
بِعُيونِكمْ أينَ الرَّبيعُ المُرْهِمُ

ونَدِمْتُمْ وَلو اسْتطاعَ على جَوى
أحشائكُمْ لَوَقاكُمُ أنْ تَنْدَمُوا

ولَوَ أنَّها مِنْ هَضْبَةٍ تَدْنُو لَهُ
لَدَنا لها أو كانَ عِرْقٌ يُحْسَمُ

ما ذُعْذِعَتْ تلكَ السُّروبُ وأصبحَتْ
فِرْقينِ في قَرنينِ تلكَ الأَسْهُمُ

ولَقَـدْ عَلِمْـتُ لَـدُنْ لَجَجْتُـمْ أنَّه
مـا بَعْدَ ذاكَ العُـرْسِ إلَّا المَأْتَـمُ

عِلْمـاً طَلَبْـتُ رُسُـومَهُ فَوَجَدْتُها
في الظَّـنِّ؛ إنَّ الألْمَعِـيَّ مُنَجِّمَ

مـا زِلْتُ أَعرِفُ وَبْلَـهُ مِنْ عارِضٍ
لَمَّـا رَأَيْـتُ سماءَهُ تَتَغَيَّـمُ

يـا مـالِ قَـدْ عَلِمْـتُ نِـزارٌ كُلُّها
مـا كانَ مِثْلَكَ في الأَراقِـمِ أَرْقَمُ

طالـتْ يَـدي لِمَّـا رَأَيْتُكَ سـالِماً
وانْحَـتَّ عَـنْ خَـدَّيَّ ذاكَ العِظْلِمُ

وشَمِمْتُ تُرْبَ الرَّحْبَةِ العَبِقَ الثَّرى
وسَـقَى صَداي البَحْرُ فيها الخِضْرِمُ

كَـمْ حَلَّ في أَكْنافِهـا مِـنْ مُعْدِمٍ
أَمْسَـى بِـهِ يَـأوي إليـهِ المُعْدِمُ

وصَنيعـةٍ لكَ قَـدْ كَتَمْـتَ جزيلَها
فأَبـى تَضَوُّعُهـا الـذي لا يُكْتَـمُ

مَجْـدٌ تَلُـوحُ فُضُولُـهُ وفَضيلَـةٌ
لكَ سـافِرٌ والحَـقُّ لا يَتَلَثَّـمُ

تَتَكَلَّــفُ الجُلَّــى ومَــنْ أَضْحَى لَهُ

بَيْتَــاكَ فِــي جُشَــمٍ فَــلا يَتَجَشَّــمُ

وتَشَــرَّفُ العُلْيــا وهَلْ بِــكَ مَذْهَبٌ

عَنْهــا وأَنْــتَ على المَــكارِمِ قَيِّمُ

أَثْنَيْــتُ إذْ كانَ الثَّنَــاءُ حِبَالَــةً

شَــرَكاً يُصَادُ بِــهِ الكَريــمُ المُنْعِمُ

ووَفَيْــتُ إنَّ مِــنَ الوَفَــاءِ تِجارةً

وشَــكَرْتُ إنَّ الشُّــكْرَ حَرْثٌ مُطْعِمُ

هوامش الفصل الثالث:

1 – ابن منظور، محمد بن مكرم بن علي (ت711هـ / 1311م)، لسان العرب، دار المعارف، القاهرة، د. ت، مادة (حجج).

2 – أعراب، حبيب، «الحجاج والاستدلال الحجاجي: عناصر استقصاء نظريّ»، عالم الفكر، المجلس الوطني للثقافة والفنون والآداب، الكويت، مجلد 30، عدد1، 2001، ص98.

3 – عيد، محمد عبد الباسط، في حجاج النّصّ الشّعريّ، إفريقيا الشّرق، الدار البيضاء، 2013، ص12.

4 – عبدالرحمن، طه، في أصول الحوار وتجديد علم الكلام، ط2، المركز الثقافي العربي، الدار البيضاء، بيروت، 2000، ص65.

5 – صولــة، عبدالله، «الحجاج: أطـره ومنطلقاته وتقنياته من خلال «مصنف في الحجـاج – الخطابة الجديـدة» لبرلمان وتيتيكاه»»، في: أهـمّ نظريّات الحِجاج في التقاليد الغربيّة من أرسطو إلى اليوم، إشـراف: حمّادي صمّود، منشـورات كلية الآداب منوبة، تونس، 1988، ص 299.

6 – الدريدي، سامية، الحجاج في الشّعر العربي: بنيته وأساليبه، ط2، عالم الكتب الحديث، إربد، 2011، ص11.

7 – Rieke, R. D., Sillars, M. O., and Peterson, T. R. 2005. Argumentation and Critical Decision Making, Sixth Edition, Pearson (Publisher).p. 4.

8 – بروتــون، فيليـب، وجوتييه، جيـل، تاريخ نظريّات الحِجاج، ترجمة: محمد صالح الغامدي، ط1، مركز النشـر العلمي، جامعة الملك عبدالعزيز، جدة، 2011، ص32.

9 – القرطاجني، حازم (ت684هـ / 1284م)، منهاج البلغاء وسراج الأدباء، تحقيق: محمد الحبيب بن الخوجة، ط3، دار الغرب الإسلامي، بيروت، 1986، ص361.

10 – الولي، محمد، «مدخل إلى الحِجاج: أفلاطون وأرسطو وشايم بيرلمان»، عالـم الفكر، المجلس الوطني للثقافة والفنـون والآداب، الكويت، مجلد40، عدد2، 2011، ص16.

11 – عادل، عبد اللطيف، الحِجاج في الخطاب: مقاربات تطبيقيّة، ط1، مؤسسـة آفاق للدراسـات والنشـر، مراكش، 2017، ص50؛ وانظر أيضاً: مشبـال، محمد، «بلاغة النص النثريّ العربيّ القديم: المبادئ والمكوّنات»، أنسـاق، جامعة قطر، مجلد1، عدد تجريبي، 2017، ص22.

12 – عبد اللطيف، الحجاج في الخطاب، ص50.

13 – عيد، محمد عبد الباسـط، «مسـتويات الحِجاج في النصّ الشّعريّ: قراءة في داليّة عمر بن أبي ربيعة»، المجلة العربية للعلوم الإنسانية، مجلس النشر العلمي، جامعة الكويت، مجلد 34، عدد 135، 2016، ص185.

14 – هو مالك بن طوق بن عتّاب التّغلبيّ، ولي إمرة دمشـق للمتوكل العبّاسـيّ، بنى بلدة الرّحبة على الفرات وإليه نُسبت، كان فصيحاً، ونُسِب إليه بعض الشّعر، توفي سنة 259هـ. انظر ترجمته في: الكتبي، محمد بن شاكر (ت764هـ / 1363م)، فوات الوفيات، تحقيق: إحسان عبّاس، دار صادر، بيروت، د. ت، ج3، ص231؛ الزركلـي، خير الديـن، الأعلام، ط15، دار العلم للملاييـن، بيروت، 2002، ج5، ص262.

15 – انظر: أبو تمّام، حبيب بن أوس الطائيّ (ت231هـ / 845م) شرح ديوان أبي تمّام (بشـرح الخطيب التبريزي)، تحقيق: محمّد عبده عزام، ط4، دار المعارف، مصر، د. ت ، ج3، ص195 – 202؛ وهذا الشّرح هو المعتمد في توثيق شعر أبي تمّام في هذا الفصل.

16 – حـول هـذه الإشـكاليات التي أثارتْها شـعريّة أبي تمّام انظـر مثلاً: عبّاس، إحسـان، تاريخ النقد الأدبيّ عند العرب: نقد الشّـعر من القرن الثاني حتى القرن الثامـن الهجري، ط4، دار الثقافة، بيروت، 1983، ص147 – 185؛ أدونيس، علي أحمـد سـعيد، الثابت والمتحوّل: بحث في الإبداع والاتبـاع عند العرب، ط2، دار العودة، بيروت، 1979، ج2، ص115 – 120، ص184 – 202.

17 – مشـبال، محمد، فـي بلاغة الحِجاج: نحـو مقاربة بلاغيّـة حجاجيّة لتحليل

الخطابات، ط1، دار كنوز المعرفة للنشر والتوزيع، عمّان، 2017، ص39.

18 – انظـر: أبـو تمّـام، ديوانه (شـرح التبريـزي)، ج1، ص75، ص311؛ ج2، ص234؛ ج3، ص184، ص195، ص259.

19 – انظر: أبو تمّام، ديوانه (شرح التبريزي)، ج1، ص309؛ ج3، ص47.

20 – انظر: أبو تمّام، ديوانه (شرح التبريزي)، ج2، ص234.

21 – انظر: أبو تمّام، ديوانه (شرح التبريزي)، ج3، ص257.

22 – انظر: أبو تمّام، ديوانه (شرح التبريزي)، ج3، ص195.

23 – عيد، محمد عبد الباسط، مستويات الحجاج في النّصّ الشّعريّ، ص185.

24 – أبو تمّام، ديوانه (شرح التبريزي)، ج3، ص195 – 196.

25 – مصرَّدة: يقطع شربها ويقلل. تثجم: يدوم عليها المطر.

26 – أبو تمّام، حبيب بن أوس الطائيّ (ت231هـ / 845م) شـرح ديوان أبي تمّام: حبيب بن أوس الطائي لأبي الحجاج يوسف بن سليمان بن عيسى الأعلم الشّنتمري (ت476هـ / 1084م)، دراسـة وتحقيق: إبراهيم نادن، منشـورات وزارة الأوقاف والشؤون الإسلاميّة، المغرب، 2004، ج1، ص544.

27 – انظر: أبو تمّام، ديوانه (شرح التبريزي)، ج3، ص195.

28 – الدريدي، سامية، الحجاج في الشّعر العربيّ: بنيته وأساليبه، ط2، عالم الكتب الحديث، إربد، 2011، ص137.

29 – الدريدي، الحجاج في الشّعر العربيّ، ص28.

30 – أبو تمّام، ديوانه (شرح التبريزي)، ج3، ص196 – 197.

31 – نَصِيِبين: بفتح ثمّ كسر، يصفها ياقوت الحموي بقوله: «مدينة عامرة من بلاد الجزيـرة علـى جادّة القوافل من الموصل إلى الشّـام، وفيها وفي قراها – على ما ذَكَر أهلُها – أربعون ألف بستان...». انظر: الحموي، ياقوت بن عبدالله (ت626هـ / 1228م)، معجم البلدان، دار صادر، بيروت، 1977، ج5، ص288.

32 – يقـول عبدالله البهلول في تأكيـد فاعليّـة المقابلة في الخطاب: «تعتبر المقابلة من التقنيات الخطابيّة المهمّة المولّدة للسّـؤال والباعثة على النّظر والتّدبُّر، بل إنّ حقائـق الأشـياء لا تتّضح بجلاء حتى تنتظم بينها علاقـات التّضادّ بما هي عمليّة قائمة في الأصل على تقريب متباعدين والمزاوجة تركيبيّاً بين نقيضين. وللمقابلة

في الخطاب الحجاجيّ قوة تأثيريّة بالغة وطاقة إبلاغيّة مهمّة». انظر: البهلول، عبدالله، الحجاج الجدليّ: خصائصه الفنيّة وتشكُّلاته الإجناسـيّة في نماذج من التراث اليونانيّ والعربيّ، ط1، قرطاج للنشـر والتوزيع، صفاقس، تونس، 2013، ص255 – 256.

33 – أبو تمّام، ديوانه (شرح الشنتمري)، ج1، ص545.

34 – عن حضور الماء في شعر أبي تمّام انظر: العزاوي، نادية، «الماء في صور أبي تمّام الشّعريّة: دراسة وتحليل»، مجلة المورد، وزارة الإعلام العراقيّة، بغداد، مجلد29، عدد2، 2001، ص55 – 66.

35 – انظر: القيرواني، الحسن بن رشيق (ت456هـ / 1070م)، العمدة في محاسن الشـعر وآدابـه ونقده، تحقيـق: محمد محيي الديـن عبدالحميـد، ط5، دار الجيل، بيروت، 1981، ج2، ص20 – 31.

36 – عـن هـذا النّمط مـن الحجج انظر: الدريـدي، الحجاج في الشّـعر العربيّ، ص215.

37 – مشبال، في بلاغة الحجاج، ص29.

38 – انظـر: الجرجانـي، عبدالقاهر (ت471هـ / 1078م) أسـرار البلاغة، قرأه وعلّق عليه: محمود محمد شاكر، ط1، دار المدني، جدة، 1991، ص115 – 156.

39 – الجرجانيّ، أسرار البلاغة، ص115.

40 – أبو تمّام، ديوانه (شرح التبريزي)، ج3، ص197 – 198.

41 – أعنق: طويل، أقعس: ثابت متمكّن، عرمرم: كثير.

42 – مُرَدَّى بالحِجـا: يتّخذه رداءً، والحِجا: العقل؛ مُبْثَـر بالأحوذيَّة مُوْدَم: اتّخذ منها بشـرته وأدمه (جلده)، والأحوذيّ: المشـمّر في الأمور القاهر لها لا يندُّ عليه منها شيء.

43 – عبد اللطيف، عماد، «إطـار مقترح لتحليل الخطـاب التراثيّ: تطبيقاً على خطب حادثة السّـقيفة»، مجلة الخطاب، منشـورات مخبر تحليل الخطاب، جامعة مولود معمري – تيزي وزو – المغرب، عدد14، 2013، ص202.

44 – عبد اللطيف، إطار مقترح لتحليل الخطاب التراثي، ص202.

45 – عن هذه الأركان في نظريّة أرسطو البلاغيّة انظر: بروتون، فيليب، وجيل جوتيه، تاريخ نظريّات الحِجاج، ترجمة: محمد صالح الغامدي، ط1، جامعة الملك عبدالعزيز، جدة، 2011، ص32.

46 – مشبال، في بلاغة الحجاج، ص257.

47 – ابن الأثير، ضياء الدين (ت637هـ / 1239م)، المثل السـائر في أدب الكاتب والشاعر، قدّمه وعلّق عليه: أحمد الحوفي وبدوي طبانة، دار نهضة مصر للطبع والنشـر، القاهـرة، د. ت، ج2، ص168. وعن الالتفـات ووظائفه انظر: المصدر نفسه، ج2، ص167 – 186.

48 – أبو تمّام، ديوانه (شرح الشنتمري)، ج1، ص546.

49 – نزال، فوز سهيل، لغة الحوار في القرآن الكريم: دراسـة وظيفيّة أسلوبيّة، ط1، دار الجوهرة للنشر والتوزيع، عمّان، 2003، ص218.

50 – عبدالرحمن، طه، اللسـان والميزان أو التكوثر العقليّ، ط1، المركز الثقافي العربـي، الدار البيضاء، بيـروت، 1998، ص310؛ ويؤكّـد عبدالقاهر الجرجاني حجاجيّـة الاسـتعارة بقوله: «فإنك لترى بها الجمادَ حيّـاً ناطقاً، والأعجمَ فصيحاً، والأجسام الخُرْس مُبينةً، والمعانيَ الخفيّة باديةً جليّةً..». انظر: الجرجاني، أسرار البلاغة، ص43.

51 – أبو تمّام، ديوانه (شرح الشنتمري)، ج1، ص546.

52 – انظـر: بروتـون، فيليـب، الحجاج في التواصـل، ترجمة: محمد مشبال وعبدالواحد التهامي العلمي، ط1، المركز القومي للترجمة، القاهرة، 2013، ص89 – 98؛ الدريدي، الحجاج في الشّعر العربيّ، ص287.

53 – انظر:

Stetkevych, Suzanne Pinckney. "The ʿAbbāsid Poet Interprets History: Three Qasīdahs by Abū Tammām." Journal of Arabic Literature, vol.10,1979, p. 52.

54 – انظر: الجرجاني، عبدالقاهر (ت471هـ / 1078م) دلائل الإعجاز، قرأه وعلّق عليه: محمود محمد شاكر، ط5، مكتبة الخانجي، القاهرة، 2004، ص71 – 72.

55 – الأنباري، أبو بكر محمد بن القاسم (ت328هـ / 940م)، شرح القصائد السّبع الطّوال الجاهليّات، تحقيق: عبدالسلام محمد هارون، ط5، دار المعارف، القاهرة، د. ت، ص369.

56 – أبو تمّام، ديوانه (شرح التبريزي)، ج3، ص198 – 200.

57 – عوائد: جمع عائد، يُقال: عَنَدَ العِرْقُ أو الجُرْحُ: سال دمُه ولم يجفّ.

58 – الدريـدي، سـامية، «الحجاج فـي هاشـميّات الكميت»، حوليّـات الجامعة التونسيّة، تونس، عدد40، 1996، ص262.

59 – أبو تمّام، ديوانه (شرح الشنتمري)، ج1، ص547.

60 – الألبانـي، محمد ناصر الدين، سلسلـة الأحاديث الصحيحة، مكتبة المعارف للنشر والتوزيع، الرياض، 1995، ج4، ص378.

61 – طروس، محمد، النظريّة الحجاجيّة من خلال الدّراسـات البلاغيّة والمنطقيّة واللسانيّة، ط1، دار الثقافة، الدار البيضاء، 2005، ص33.

62 – طروس، النظريّة الحجاجيّة، ص35.

63 – بنيخلف، حسـن، «بلاغة التوقيعات»، في: البلاغة وأنواع الخطاب، تحرير وإشراف: محمد مشبال، ط1، رؤية للنشر والتوزيع، القاهرة، 2017، ص77.

64 – المرزوقـي، أحمـد بن محمد (ت421هـ / 1030م)، شرح مشكلات ديوان أبـي تمّام، تحقيق: عبدالله سـليمان الجربـوع، ط1، دار المدني للطباعة والنشر والتوزيع، جدّة، 1986، ص155.

65 – المرزوقي، شرح مشكلات ديوان أبي تمّام، ص155.

66 – المرزوقي، شرح مشكلات ديوان أبي تمّام، ص155.

67 – طروس، النظريّة الحجاجيّة، ص39.

68 – أبو تمّام، ديوانه (شرح الشنتمري)، ج1، ص548.

69 – عيد، مستويات الحجاج في النّصّ الشّعريّ، ص193.

70 – صولة، الحجاج أطره ومنطلقاته وتقنياته، ص318.

71 – مـن ذلـك مثلاً ما ورد في الأثر: «الرَّحِم مُعلَّقـةٌ بالعرش تقول: مَن وصلَني وصلَه الله، ومَن قطَعني قطَعه الله». انظر: مسـلم النيسابوري (ت261هـ / 875م)، صحيح مسلم، نظر: محمد الفاريابي، دار طيبة للنشر والتوزيع، الرياض، 2006، م2، ص1190 (حديث رقم 2555).

72 – أبو تمّام، ديوانه (شرح التبريزي)، ج3، ص200.

73 – أجنـت: تغيّـرت، من قولهم: أجن الماء إذا تغيّر. الثِّقاف: أداة من خشـب أو حديد تثقَّف بها الرِّماح لتستوي وتعتدل.

74 – أبان ويلملم: جبلان في الجزيرة العربية. انظر: الحموي، معجم البلدان، ج1، ص62؛ ج5، ص441.

75 – الزُّعف: الدّروع الحصينة. اللهذم: المحدود.

76 – أوليفيـي روبول (Olivier Reboul)، مدخل إلى الخطابة (Introduction à la rhétorique)، المطابع الجامعيّة الفرنسيّة (Presses Universitaires de France)، ط2 منقّحـة، 1994، (2eme édition corrigée)، ص179؛ نقـلاً عـن: الدريـدي، الحجاج في الشّعر العربيّ، ص221.

77 – انظـر: أبو تمّام، ديوانه (شـرح التبريزي)، ج1، ص317 – 318؛ ج3، 189 – 190.

78 – أبـو تمّام، ديوانه (شـرح التبريزي)، ج3، ص189؛ وناضر: ناعم. السَّلَم: ضَرْب من شَجَر البادية.

79 – مشبال، في بلاغة الحجاج، ص332.

80 – أبو تمّام، ديوانه (شرح الشنتمري)، ج1، ص549.

81 – يؤكّـد أبـو تمّام هذا المعنى في قصيدة أخرى في مدح مالك بن طوق تناولت الموضوع ذاته، يقول:

إذ لا مُعَوَّلَ إلّا كُلُّ مُعْتَدِلٍ   أصَمَّ يُبْرِئُ أقواماً مِن الصَّمَمِ

انظر: أبو تمّام، ديوانه (شرح التبريزي)، ج3، ص189.

82 – المرزوقي، شرح مشكلات شعر أبي تمّام، ص156.

83 – المرزوقي، شرح مشكلات شعر أبي تمّام، ص156.

84 – سورة البقرة: 179؛ وقد أشار المرزوقي إلى أنّ أبا تمّام أخذ المعنى من هذه الآية القرآنيّة. انظر: المرزوقي، شرح مشكلات شعر أبي تمّام، ص156.

85 – مشبال، محمد، الحجاج والتأويل في النّصّ السّرديّ عند الجاحظ، ط1، نادي القصيم الأدبي ودار محمد علي للنشر، القصيم، تونس، 2015، ص18.

86 – القرطاجني، منهاج البلغاء وسراج الأدباء، ص67.

87 – أبو تمّام، ديوانه (شرح التبريزي)، ج3، ص200 – 201.

88 – المُرْهِم: المُمْطِر.

89 – ذعذعت: فرقت؛ السّروب: جمع السّرب وهو الإبل؛ القرن: الجعبة.

90 – أرسطو (ت323 ق. م)، الخطابة، ترجمة: عبدالرحمن بدوي، وزارة الثقافة والإعلام العراقية، دار الرشيد للنشر، بغداد، 1980، ص103 – 104.

91 – مشبال، في بلاغة الحجاج، ص263.

92 – انظر: الواد، حسين، اللّغة الشّعر في ديوان أبي تمّام، دار الجنوب للنشر، تونس، 1997، ص92 – 104.

93 – سويدان، سامي، في النّصّ الشّعري العربيّ: مقاربات منهجيّة، ط1، دار الآداب، بيروت، 1989، ص108.

94 – الولي، محمد، «في خطابة أرسطو الباتوسية»، مجلة علامات، المغرب، 2006، عدد26، ص47.

95 – أبو تمّام، ديوانه (شرح الشنتمري)، ج1، ص550.

96 – أبو تمّام، ديوانه (شرح الشنتمري)، ج1، ص551.

97 – أبو تمّام، ديوانه (شرح التبريزي)، ج3، ص201 – 202.

98 – الأراقم: حيّ من تغلب.

99 – حتّـه: أذهبَه. العظلم: صبغ أحمر يضرب إلى السّـواد، يقال: ليل عظلم، أي متراكم شديد الظلمة.

100 – الخضرم: الماء الكثير.

101 – الجُلّى: الأمر الجليل.

102 – يقول أبو تمّام مثلاً في ممدوحٍ آخرَ:

وقد حرّرتُ في مديحِكَ جَهْدِي   فَحَرِّرْ بالنّدى صِلَةَ القَصيدِ

انظـر: أبو تمّام، ديوانه (شـرح التبريزي)، ج2، ص135؛ وفـي مثل هذا المعنى انظر: المصدر نفسه، ج2، ص125؛ ج4، ص476.

103 – عبابنة، يحيـى، «التركيب الانفعاليّ بين القواعد النحويّة التركيبيّة والقيود الدلاليّـة: التّرخيـم أنموذجـاً»، مجلة اتحـاد الجامعات العربيّة لـلآداب، الجمعية العلمية لكليّات الآداب، مجلد16، عدد1، 2019، ص38.

104 – تقوم هذه الحجّة على ربط الشّخص بأعماله التي تُشكِّل جزءاً لا يتجزّأ منه، والتي يمكن من خلالها تكوين تصوُّر ما عنه؛ فـ «الشّخص هو مجمل المعلوم من أعماله، أي بتعبير أدقّ هو العلاقة بين ما ينبغي أن نعتبرَه جوهر الشّخص، وبين أعمالـه التي هي تجلّيات ذلك الجوهر». انظـر: صولة، الحجاج أطره ومنطلقاته وتقنياته، ص334.

105 ــ عن أثر المبالغة في حجاجيّة الخطاب انظر: البهلول، عبدالله، المبالغة بين اللّغة والخطاب: ديوان الخنساء أنموذجاً، ط1، مطبعة التسفير الفنّي، صفاقس، تونس، 2009، ص10.

106 ــ قد تفيد «ربّ» التكثير بقرينة لفظيّة أو معنويّة. انظر: الحمد، علي ويوسف الزعبــي، المعجم الوافي في أدوات النّحــو العربيّ، ط2، دار الأمل، إربد، 1993، ص170.

107 ــ ورد فــي المثل: «الحقّ أبلجُ والباطـل لَجْلَجٌ»؛ أي أنّ الحقّ واضح. انظر: الميداني، أحمد بن محمد النيسابوري (ت518هـ / 1124م)، مجمع الأمثال، تحقيق: محمد محيي الدين عبدالحميد، مكتبة السّنة المحمديّة، القاهرة، 1955، ج1، ص207.

108 ــ إشارة إلى قول أبي تمّام في مدح المعتصم بمناسبة إحراق الأفشين:

الحقُّ أبلجُ والسُّيوفُ عَوارِ   فَحَذارِ مِنْ أَسَدِ العَرينِ حَذارِ

انظر: أبو تمّام، ديوانه (شرح التبريزي)، ج2، ص198.

109 ــ أبو تمّام، ديوانه (شرح الشنتمري)، ج1، ص552.

110 ــ القيرواني، العمدة، ج1، ص329.

111 ــ أبو تمّام، ديوانه (شرح الشنتمري)، ج1، ص552.

112 ــ يقول ابن رشـيق في تأكيد أهميّــة الخاتمة في الكلام: «وخاتمة الكلام أبقى في السّــمع، وألصق بالنّفس؛ لقرب العهد بها؛ فإن حَسُنتْ حَسُن، وإن قَبُحتْ قَبُح، والأعمال بخواتيمِها، كما قال رسول الله صلّى الله عليه وسلّم». انظر: القيرواني، العمدة، ج1، ص217.

113 ــ سورة إبراهيم: 7.

114 ــ أبو تمّام، ديوانه (شرح التبريزي)، ج1، ص84.

(*) أبو تمّام، ديوانه (بشرح الخطيب التبريزي)، ج3، ص195 ــ 202.

الفصل الرابع

تجاوز الهزيمة

بلاغة الحجاج في قصيدة المتنبي:
«غيري بأكثر هذا النّاس ينخدعُ..»

مقدّمة:

تتعدَّدُ المداخلُ القرائيّةُ أمامَ الباحث عند محاولتِه تناولَ نصٍّ ما، وإذا كان كثيرٌ من هذه المداخل صالحاً لأن يكونَ أداةً إجرائيّةً وقرائيّةً في دراسة عددٍ من النّصوص وَفْقَ زاوية النّظر التي يتبنّاها الباحث، فإنّ بعضَ هذه النُّصوص يتطلّبُ — منذُ النّظرة الأُولى — مدخلاً قرائيّاً بعينِه لاتّساق مضمونِ هذا النّصِّ وبنائه مع إجراءات ذلك المنهج وأدواته، معَ التأكيد على أنّ مثلَ هذا النّصّ يبقى قابلاً لاستيعابِ مزيدٍ من القراءات والمقاربات المتعدّدة؛ إذ إنّ «هناك على الأقل [كما يرى روبير إسكاربيت] ثلاثة آلاف طريقةٍ لارتياد الحدثِ الأدبيّ ودراستِه»[1]، ما يعني وَفْرة الخيارات ورحابتها في مقاربة النّصوص ودراستها.

وقد تبدّى للباحث حين نَظَرَ في قصيدة أبي الطيّب المتنبّي التي مطلعُها: «غيري بأكثر هذا النّاس ينخدعُ...»[2] أنّ المقاربة الحجاجيّة تُعدُّ من أنسب المقاربات القرائيّة لدراسة هذه القصيدة. وإذا كان المستوى النّظريّ في الحِجاج قد بُسط فيه شيءٌ من القول في الفصل السّابق، فإنّه قد يبدو الأمر مهيّئاً للانطلاق مباشرة إلى البُعْد التّطبيقيّ الذي تتشكّلُ — من خلاله — ملامحُ أدواتِ الباحث وخصوصيّتها،

وطريقة توظيفه لمنجزات النّظريّة في قراءة هذه القصيدة من شعر المتنبّي، على أنّ الإفادةَ من النّظريّة ستكونُ، معَ ذلك، حاضرةً في التّطبيق، ولكن في السِّياق الذي يستدعيها ويتطلّبها.

والمتنبّي أحد «شعراء المعاني» الكبار الذين يحضر المرتكز الفكريّ في شعرهم حضوراً واضحاً[3]. ومن المؤكَّد أنّ شعراً بهذا الوصف سيكون من أكثر الشّعر احتفاءً بالحُجّة والإقناع[4]؛ ذلك أنّه بمحموله الفلسفيّ، ووضوح ما يسمّيه دارسوه «بالحكمة» فيه، واتّكاؤه على النّظر العقليّ والخبرة العمليّة، حتّى إنّه، كما يرى القاضي الجرجانيّ (ت392هـ / 1001م)، قد «خرج عن رَسْم الشّعر إلى طريق الفلسفة»[5]. كلُّ ذلك يعزِّز حضور المَنْحى الحِجاجيّ في هذا الشّعر وتمكُّنه منه. وقد سُئِلَ المتنبّي عن أبي تمّام وعن البحتري وعن نفسه فقال: «أنا وأبو تمّام حكيمان والشّاعر البحتري»[6]، وهو قولٌ، بقدر ما يكشف عن فَهْم وتصوُّر معيّنين للشّعر، فإنّه يدلُّ على أنّ المتنبّي نفسَه قد فطن إلى ما ينماز به شعرُه وشعرُ أبي تمّام من حمولة فكريّة وبُعْد معرفيّ واضحَين.

وليس أدلّ أيضاً على وضوح هذا البعد الحِجاجيّ والتّداوليّ في شعر المتنبّي من كثرة ما يتداولُه الناسُ من مأثور شعره في ما يعرض لهم من مواقفَ وحالاتٍ، وهو مأثورٌ يأتي دالّاً في التّعبير عمّا يجول في أعماق أنفسهم من مشاعرَ واختلاجاتٍ. وقد «قيل في تفسير سيرورة شعر المتنبّي بل خلوده إنّه كان كأنّما كان ينطق بلسان كلّ إنسان في كلّ زمان ومكان»[7]. وقد اتّخذت كثيرٌ من أبياته (أو أشطر منها) صفة الأمثال السّائرة، والحِكَم المتداوَلة على مرِّ الزّمان، فمَن مثلاً لا

يورد أو يتمثّل بأحد أبياته التالية أو غيرها في موقف عابر أو حادثة عارضة بقصد التّأثير والإقناع: «.. مصائبُ قومٍ عند قومٍ فوائدُ»، «.. وخير جليسٍ في الزّمان كتابُ»، و«ما كلُّ ما يتمنّى المرء يدركه / تجري الرّياح بما لا تشتهي السُّفن»، «وطعمُ الموتِ في أمرٍ صغيرٍ / كطعمِ الموتِ في أمرٍ عظيمٍ» و«.. ما لجُرْح بميّت إيلام».. إلخ. وهي حكم متداوَلة إلى الحدِّ الذي يدفع الباحث إلى عدم توثيقها لشهرتها وذيوعها بين النّاس. كما أنّها أكثر من أن يُحصيَها الباحث ويوردَها كلَّها في هذا المقام.

الحجاج في قصيدة: «غـيري بأكـثر هـذا النّـاس يَنْخَدعُ..»:

تأتي هذه القصيدة في ذِكْر المَوْقَعة التي نُكب فيها جيشُ سيف الدّولة أمام الرّوم بالقرب من بحيرة الحَدَث سنة 339هـ[8]. ومعَ أنّ هذه المَوْقَعة قد شهدتْ في بدايتها انتصاراً لسيف الدّولة، إلا أنّها آلتْ في نهايتها إلى هزيمة مؤلمة. فالقصيدة إذن جاءت، على ما بدا فيها من حديث عن النّصر، في وصف هزيمة، وذلك على غير ما اعتاد أبو الطيّب أن يقول الشّعر في سيف الدّولة الذي اتّجه أغلبُ شعره فيه إلى وصف النّصر والانتشاء به. وإذا كان الحديث عن النّصر حديثاً أثيراً على النّفس، تدفع نشوتُه الشّاعرَ إلى القول، وتمدُّه بفيوضٍ من الطّاقة لا تنفد، فإنّ الحديث عن الهزيمة، على نقيضه، حديثٌ قاسٍ على النّفس، تضيق فيه مسالكُ القول، وتصعب فيه مهمةُ الشّاعر في ما يمكن أن يقدِّم أو يقول.

من هذه الزّاوية تحديداً تبدو الحاجة إلى توظيف «الحِجاج»، واستثمار فاعليّته في تهوين آثار الهزيمة، أمراً له ما يسوِّغه في هذه القصيدة، بل إنّ الأمر يتطلّبه ويستدعيه؛ فمُصاب سيف الدّولة كبير، ووَقْع ما حدث على نفسه كان مؤلماً وشديداً، فلا بدَّ إذن أن يكون ثمّة مَن يواسيه، ويخفّف عنه في نكبته هذه. ومعروف أنّ للكلمة دورَها وأثرَها الكبيرين في مثل هذا المقام، وربّما أخذ هذا الدّورُ منحًى مختلفاً لدى العرب خاصّة؛ ذلك أنّهم «يُسندون للكلمة أهميّةً أكبر ممّا تفعله مجتمعاتٌ عديدة أخرى لأسباب مختلفة قابلة للاكتناه والتّحديد، بين أكثرها أهمّيّةً الطبيعةُ القدسيّةُ للكلمة والنّصّ الذي شكّلت نصوصُه الأولى منبعاً رئيسياً من منابع اللُّغة والكتابة والقول والإنشاء بكلِّ أشكالها»[9].

وإذا كان هذا المسوِّغ يتعلَّق بالمحفِّزات والمؤثِّرات والأهداف التي دفعت إلى إنشاء هذا النّصّ، فإنّ مضمون النّصّ نفسه يعبِّر في الأساس عن موقف تواصليّ محدَّد؛ إذ يخضع لمقصديّةٍ عمليّةٍ تتحكّم في إنتاجه، وهذا شأن أغلب النّصوص التي تتوخّى المدح أو الهجاء أو السُّخرية كما أُشير إلى ذلك في الفصل السابق. وتتمثّل مقصديّة هذا النّصّ الحِجاجيّة في: 1 – الفخر بالذّات وإبراز ملامح تفرُّدها 2 – مدح البطل / سيف الدَّولة. 3 – السُّخرية من الرّوم وقائدهم. 4 – السُّخرية من الفئة المنهزمة من جيش سيف الدّولة. 5 – التّعريض ببعض الشُّعراء المُنافِسين؛ فالنّصُّ إذن يضطلع – كما تنبئ محاورُه المذكورة – بوظيفة حِجاجيّة تداوليّة غايتُها الإقناعُ والتّأثير.

ومعَ أنّ محاور النّصّ متداخلة، ويصعب تقسيمُه على وجه الدِّقّة

إلى أجزاءٍ متعدّدةٍ؛ باعتبار أنّ المعنى الواحد فيه قد يمتدُّ فيدخل في نسيج غيره ويتماهى به، إلّا أنّه يمكن مع ذلك تقسيمُ النّصّ، إجرائيّاً وعلى سبيل التّجوّز، إلى الوحدات النّصيّة التالية التي أُدرجَ كلٌّ منها تحت عنوان مقترَح. وقد روعي في تحديد هذه الوحدات غَلَبةُ معنًى ما، ومركزيّتُه بالنّظر إلى غيره من معانٍ.

أولاً: الاستهلال وتدشين صورة الذّات:

1 – غَيْرِي بأكْثَرِ هذا النّاسِ يَنْخَدِعُ

إنْ قَاتَلُوا جَبُنُوا أَو حَدَّثُوا شَـــجُعُوا

2 – أَهْـلُ الحَفِيْظَـةِ إلّا أَنْ تُجَرِّبَهُمْ

وَفِي التَّجــارِبِ بَعْدَ الغَــيِّ مَا يَزَعُ

3 – وَمَا الحَيَاةُ وَنَفْسِي بَعْدَ مَا عَلِمَتْ

أنَّ الحَيَــاةَ كَمَا لا تَشْـــتَهِي طَبَعُ[10]

4 – لَيْسَ الجَمَالُ لِوَجْهٍ صَحَّ مارِنُهُ

أنْفُ العَزِيزِ بِقَطْــعِ العِزِّ يُجْتَدَعُ[11]

5 – أَأَطْرَحُ المَجْدَ عَنْ كِتْفِي وَأَطْلُبُهُ

وَأَتْــرُكُ الغَيْثَ فِي غُمْـدِي وَأَنْتَجِعُ

6 – وَالمَشْــرَفِيَّةُ لا زَالَتْ مُشْـــرَفَةً

دَوَاءُ كُلِّ كَرِيــمٍ أَوْ هِـــيَ الوَجَعُ[12]

أوّل ما يلحظُه النّاظر في هذه القصيدة أنّ المتنبّي لم يلتزم في

بنائها – على نحو ما رأينا لدى أبي تمّام في الفصل السّابق – البناءَ التقليديّ للقصيدة العربيّة القديمة؛ ذلك البناء الذي يقوم، وَفْق تحديد ابن قتيبة (ت 276هـ / 889م) الذي ينقله عن «بعض أهل الأدب»، على البدء بذكر الأطلال، فالنسيب، فالرّحيل، وصولاً إلى المديح[13]؛ وإنّما هي قصيدةٌ تقارب موضوعَها مباشرة دون مقدِّمات أو إضافات. ولعلّ في هذا ما يدلُّ على أنّ هذه القصيدة مشغولةٌ في الأساس بموضوعها بعيداً عن التزام الأعراف والشّروط الفنيّة الموروثة التي ظلّت تلتزمُها في الغالب قصيدةُ المديح. وقد يكون لمناسبة القصيدة بما تعبِّر عنه من موقف مؤثِّر تمثّل في هزيمة مؤلمة مُني بها سيف الدّولة دورٌ في اختيار هذا البناء تحديداً؛ فالشّاعر يُوْثِر هذا البناء المباشر الذي يربط أبياتَ القصيدة، ويوحِّد بين أجزائها وَفْقَ منطقٍ بنائيٍّ مُحْكَم.

يبدأ النّصُّ بحديث الذّات العارفة القادرة على مَيْز الناس، وكَشْف جوهرِهم الذي يتخفّى دائماً على الآخرين: «غيري بأكثر هذا النّاس ينخدعُ...». ويوظِّف الشّاعرُ تقنية المفارقة القائمة على أسلوب الشّرط والتّضادّ في كشف هذا الجوهر وفضحِه: «إنْ قاتلوا جبنوا أو حدّثوا شجعوا»؛ فالمفارقة الحاصلة بين سلوكين متنافرين: جُبنهم عند القتال، وشجاعتهم عند الحديث، هي التي تُظهر هذا التّناقض الذي ستتكفّل التّجربة وحدَها بكشفه؛ ولذا يؤكِّد الشّاعر في البيت الثاني هذا المعنى ويفصِّله؛ فهؤلاء النّاس هم أهل الحفيظة (الحميّة والأنفة)، وهم يكونون على ذلك ما لم يُجرَّبوا: «إلا أن تجرِّبهم...»، أمّا إذا جرّبتَهم فلن تجدَهم على ما يصفون به أنفسَهم؛ ففي التّجارِب

تتكشّف الحقائق، وينماز «الفعل» من «القول / الادّعـاء»: «وفي التّجارِب بعد الغَيّ ما يَزَع». وواضحٌ أنّ الشّاعر هنا يستند إلى «حجّة التّجرِبة»[14] بما هي حجّة تقوم على ممارسة فعليّة خَبَرَها النّاس، وتيقّنوا من صحّة حكمها ودقّة نتيجتها.

ولعلّ اتّخاذ الشّاعر هذا الموقفَ الحِدّيّ من النّاس كان بتأثير من الهزيمة التي لحقت بسيف الدّولة وجيشه؛ فكأنّ شدّةَ وَقْع هذه الهزيمة اقتضت هذا المدخل الحِجاجيّ؛ وذلك لدفع أيٍّ إشارة قد توحي بأنّ الهزيمة كانت بسبب تقصير سيف الدّولة أو سوء تدبيره. ومعَ أنّ الحديث يتّخذ معنًى عامّاً في وَصْفِ طبيعة النّاس كما يراها الشّاعر، إلا أنّ ارتباطَه بمناسبة هذا النّصّ واضحٌ لا يخفى؛ فالتّعريض بتلك الفئة من النّاس التي تجبن عند القتال تحديداً أمرٌ يتعالق وفحوى الخطاب الذي يصدر عنه النّصّ. ومن هنا جاء وَصْف عزالدين إسماعيل لمطلع هذه القصيدة بـ«المثير»؛ فكأنّ الشّاعر يلخّص به «الدّرس المُستفاد من تلك التّجرِبة التي انتهت بهزيمة سيف الدّولة»[15].

وإذا كان موقف المتنبّي من النّاس له ما قد يسوّغه في هذا النّصّ باعتبار أنّ مفاجأةَ الحدث وقسوتَه دفعتا إلى إصدار هذا «الحكم التّعميميّ» على «أكثر» النّاس، فإنّ لهذا الموقف أيضاً جذورَه الممتدّةَ التي تعود أصلاً إلى موقف الشّاعر السّلبيّ من النّاس عموماً، وهو موقفٌ متوجّسٌ شاكٌّ يلمسُه كلُّ من يقرأ متنَه الشّعريّ الذي اتّسم، في مجمله، بقدر من الارتياب وسوء الظّنّ والحذر من عموم الجنس البشريّ، وليس أدلّ على ذلك وضوح هذا المعنى واطّراده في كثير من شعره[16].

إنّ حديث الذّات العارفة بالنّاس الذي بدأ به الخطابُ الشِّعريّ، كما بدا، يرمي أيضاً إلى تقديم صورة متعالية لهذه الذّات التي تَظْهر على تمايز وافتراق دائمين عن الآخرين، وكأنّ الشّاعر يهدف إلى تأكيد ذاته منذ مفتتح النّصّ، وهو إجراءٌ كثيراً ما يلجأ إليه المتنبّي، بل إنّه ملمحٌ بات من الخصائص القارّة في قصيدته؛ أعني حديثه المتكرِّر عن ذاته وبروز هذه الذّات الممتلئة في كثير من نصوصه. وقد وقف الدّارسون كثيراً على هذا الجانب في شعره وحياته وأوسعوه بحثاً وتحليلاً[17] . والحال في هذا النّصّ لا يُفارق هذا التّصوُّر كثيراً؛ فالذّات تبدو هنا على قدر كبير من التّسامي والتّرفُّع عن كلّ ما من شأنه أن يُدنِّسَ صفاءها ويخدشَ نقاء صورتها: «وما الحياة ونفسي بعدما علمتْ / أنّ الحياةَ كما لا تشتهي طبعُ»، وكأنّ الذّات هنا تسعى إلى مفارقة المجموع الذي قدّمت له صورةً على وجه بالغ من السّلبيّة والخواء كما بدا في البيتين الأول والثاني. واللافت أنّ هذا المعنى سيعاود حضورَه في الوحدة النّصيّة الأخيرة من النّصّ، حين تُفصح الذّاتُ عن غايتها ومقصدها من هذا الحضور بوضوح لا يخالطُه أدنى لَبْس.

في الأبيات الثلاثة التالية من هذه الوحدة النّصيّة يحشد الشّاعر عدداً من الأساليب البلاغيّة والإيقاعيّة التي يهدف من استخدامها إلى تحقيق الوظيفة التأثيريّة في المخاطَب؛ ذلك أنّ هذه الأساليب ذاتُ أثر بالغ في هذا الجانب بالنّظر إلى تعدُّد مكوّناتها الحِجاجيّة[18]، وهي مكوِّنات يهدف الشّاعر من توظيفِها جميعِها إلى تعزيز توجُّهه الحِجاجيّ المتمثّل هنا في رغبته في تأكيد صورة ذاته بما هو نِدٌّ حاضرٌ في كلّ قصيدة مديح له؛ ففي البيت الرابع يوظِّف التّمثيل:

«ليس الجمال لوجه صحّ مارنه...»، بما يمكن أن يكون له من أثر في توكيد الدّلالة، والتّأثير في متلقّي الخطاب وإقناعه؛ ذلك أنّ التّمثيل، كما يقرّر عبدالقاهر الجرجاني (ت471هـ / 1078م)، «إذا جاء في أعقاب المعاني، أو بَرَزَتْ هي باختصار في مَعْرِضه، ونُقِلتْ عن صُوَرها الأصليّة إلى صورته، كساها أُبّهةً، وكَسَبها مَنْقَبةً، ورفع من أقدارها، وشبَّ من نارها، وضاعف قُواها في تحريك النُّفوس لها، ودعا القُلوب إليها، واستثار لها من أقاصي الأفئدة صبابةً وكَلَفاً، وقَسَر الطِّباعَ على أن تُعطيَها محبّةً وشَغَفاً، فإن كان مدحاً، كان أبهى وأفخم، وأنبل في النّفوس وأعظم... وإن كان ذمّاً، كان مَسُّهُ أوجعَ... وإن كان حِجاجاً، كان بُرهانُه أنور، وسلطانُه أقهر، وبَيَانُه أبهر»[19].

وفي البيت الخامس يلجأ الشّاعر إلى أكثر من وسيلة بلاغيّة؛ فثمّة توظيفٌ لأسلوب الاستفهام: «أأطرح المجد عن كتفي وأطلبه / وأترك الغيث في غمدي وأنتجع»، والاستفهام رابط حِجاجيّ فاعل[20]، وفي توظيف الشّاعر له هنا، بما يتضمّنه من معنًى استنكاريٍّ في هذا السّياق، نزوعٌ حِجاجيٌّ إلى تأكيد قيمة القوّة، وإقرارٌ ضمنيٌّ بجدواها وأثرها في رحلة الحياة هذه. ويكتمل هذا المعنى في البيت التالي: «والمشرفيّة لا زالت مشرّفة...»؛ فحياة المرء، إن أراد العيش بعزٍّ أو الموت بكرامة، لا تكون إلا في اختيار هذه السّبيل. وهو يعزِّز هذا المعنى ويؤكِّده، ما يعني تمكُّن هذه الرّؤية لديه. ولعلّ من نافلة القول الإشارةَ إلى أنّ تمجيد القوّة كان معنًى كثيرَ التّوارد في شعر المتنبّي[21]، وهو من الملامح الواضحة التي ظلّت تصدر عنها رؤيتُه الشِّعريّة في شعره كلِّه.

ومن المؤثِّرات الإيقاعيّة التي يستثمرها الشّاعر أيضاً في هذا البيت (الخامس) بنية التّوازي؛ إذ تتوازى البنية التركيبيّة وتتشابه على المستوى النّحويّ والصّرفيّ بين شطريّ البيت؛ لتحقّق إيقاعاً نغميّاً يمكن أن يكون له دورُه في التّأثير في مُستقبِل الخطاب؛ ذلك «أنّه لا يمكن دراسة البنى الأسلوبيّة منفصلة عن أهدافها الحِجاجيّة، فحتّى ما ينشأ في الخطاب من تناغم وإيقاع وغير ذلك من الظّواهر الشّكليّة المحضة يمكن أن يكون له تأثيرٌ حِجاجيٌّ من خلال ما يتولَّد عنه من إعجاب ومرح وانبساط وحماس [كذا] لدى جمهور السّامعين»[22].

وفي البيت السّادس (الأخير من هذه الوحدة النّصيّة) يعمد الشّاعر أيضاً إلى توظيف أكثر من أسلوب بلاغيّ؛ فهو يوظِّف أولاً المجانسة اللفظيّة في: المَشرفيّة ـ مشرَّفة، وقد عمَّق هذا الجناسُ بين المَشرفيّة ومشرّفة التي رُويت بفتح الرّاء المشدَّدة أو كسرها الجانبَ الصّوتيّ والإيقاعيّ في النّصّ بما يمكن أن يكون له من أثر أيضاً في شدّ انتباه السّامع / القارئ وإثارة انتباهه. وهو يوظِّف ثانياً الدُّعاء في جملة: «لا زالت مشرَّفة»، والدُّعاء من الأساليب الإنشائيّة ذات الطّاقة الانفعاليّة المؤثِّرة؛ فالدُّعاء للسّيوف بأن تبقى شريفة فيه ما يقوّي توجُّه الشّاعر الحِجاجيّ في الدّعوة إلى الشّجاعة، والاستبسال في تحقيق الغاية مهما صعبت. وهو يوظِّف ثالثاً التّضادّ في: دواء / وجع، والشّاعر هنا في جمعه بين هذين الضّدّين يحدِّد مسلكَه في هذه الحياة، وهو مسلكٌ يتمثَّل، وَفْقَ تقديره، في خيارين لا ثالث لهما؛ فالسُّيوف قد تكون داءَ الكريم (المتنبّي) أو دواءه؛ بمعنى أنّ المرء يحقّق بها غاية وجوده على كلّ الأحوال؛ فإذا نال بها مرادَه كانت له حينئذٍ بمثابة

الدَّواء، وإذا قُتل بها في سبيل هذه الغاية كانت له بمثابة الدَّاء. ومن الواضح أنّه يرى ألّا تثريب عليه في كلتا الحالين، فهو يحقّق المجد في أيّهما سلَك. وعليه، فإنّ توظيف الشّاعر لهذه الأساليب البلاغيّة كان من أجل «إكساب قوله قوّة تأثيريّة تساعد على ترسيخ المضمون التّداوليّ، وتحقيق المقصد الإقناعيّ الذي رسمه لخطابه» [23].

ثانياً: صورة البطل وخوارق الفعل:

7 – وَفَارِسُ الخَيْلِ مَــنْ خَفَّتْ فَوَقَّرَها
فِي الــدَّرْبِ وَالــدَّمُ فِي أَعْطَافِهــا دُفَعُ

8 – وَأَوْحَدَتْــهُ وَمَــا فِــي قَلْبِــهِ قَلَقٌ
وَأَغْضَبَتْــهُ وَمَــا فِــي لَفْظِه قَــذَعُ [24]

9 – بِالجَيْــشِ تَمْتَنِــعُ السَّــادَاتُ كُلُّهُمُ
وَالجَيْــشُ بِابْنِ أَبــي الهَيْجَــاءِ يَمْتَنِعُ

10 – قَادَ المَقَانِبَ أَقْصَى شُــرْبِها نَهَلٌ
عَلَى الثَّــكِيمِ وَأَدْنَى سَــيْرِها سِرعُ [25]

11 – لا يَعْتَقِــي بَلَدٌ مَسْــرَاهُ عَــنْ بَلَدٍ
كَالمَــوْتِ لَيْسَ لَــهُ رِيٌّ وَلا شِــبَعُ [26]

12 – حَتَّى أَقَامَ عَلَى أَرْبَاضِ خَرْشَــنَةٍ
تَشْــقَى بِهِ الرُّومُ وَالصُّلْبانُ وَالبِيَعُ [27]

13 – لِلسَّبْيِ مَا نَكَحُوا وَالقَتْلِ مَا وَلَدُوا
وَالنَّهْبِ مَــا جَمَعُوا وَالنَّــارِ مَا زَرَعُوا

14 ‑ مُخْلًى لَهُ المَرْجُ مَنْصُوباً بِصَارِخَةٍ
لَـــهُ المَنَابِـــرُ مَشْـــهُوداً بِهَـا الجُمَـعُ

15 ‑ يُطَمِّـعُ الطَّيْرَ فِيهِمْ طُـولُ أَكْلِهِمْ
حَتَّـى تَـكَادَ عَلَـى أَحْيائِهِـمْ تَقَـعُ

16 ‑ وَلَـوْ رَآهُ حَوارِيُّوهُـمْ لَبَنَـوا
عَلَـى مَحَبَّتِهِ الشَّـرْعَ الذي شَـرَعُوا

يقدّم الشّاعر في هذه الوحدة النّصيّة من الأبيات صورةَ البطل /
سيف الدّولة، ولئن جاءت صورةُ تلك الفئة من النّاس على ما جاءت
عليه من ادّعاء وجُبن كما بدا في مستهلّ هذا النّصّ، فإنّ صورة
سيف الدّولة تأتي على النّقيض من ذلك، فتجمع قيمتي الشّجاعة
والبطولة المقترنتين بالإنجاز والفعل. ويسعى الشّاعر إلى انتهاج
مسلك حِجاجيّ في تقديم هذه الصّورة وإبرازها، منطلقاً في البداية
من «حجّة الشّخص وأعماله»[28]؛ فالشّاعر لا ينطلق في تصوير
هذه البطولة من فراغ، ولا يخاطب المتلقّي وذهن هذا الأخير خالٍ
عمّن يُدار عنه الحديث. صحيح أنّ الشّاعر يقدّم صورة بطله على
نحوٍ من المبالغة واضحٍ، وهو أمرٌ يعود على كلِّ حال إلى طبيعة
الشّعر واستراتيجيّته الحجاجيّة التي تَعُدُّ المبالغة إحدى أدوات التّأثير
النّافذة فيه[29]، ولكنّه ‑ أي الشّاعر ‑ يتّكئ قبل ذلك على مخزون
كبير من المواقف والبطولات التي عُرف بها سيفُ الدّولة، واستقرّت
في الذّاكرة عنه، حتى بات لقبُه الذّائع (سيف الدّولة) يُشكِّل علامة
سيميائيّة دالّة على قيم البطولة والقتال؛ فالثعالبي مثلاً يصفه بـ «غُرَّة
الزّمان، وعماد الإسلام، ومَنْ به سداد الثُّغور، وسداد الأمور...

وغزواتُه تدرك من طاغية الرّوم الثّار، وتحسم شرَّهم المثار»[30]، ويذكر أنّه «غزا الرّوم أربعين غزوةً له وعليه»[31].

هكذا يجد المتنبّي الأرضَ أمامَه موطّأةً لمديح سيف الدَّولة، وكأنّ ثمّة اتفاقاً ضمنيّاً بين الشّاعر والمتلقّي على مشروعيّة هذا المديح واستحقاق سيف الدَّولة له. وقد استقرّ في مدوّنة التلقّي العامّ لشعر المتنبّي تقبُّل هذا المديح، والتّعامل معه تعاملاً متسامحاً يختلف عن التّعامل معَ عامّة شعر المديح العربيّ الذي نُظر إليه في المجمل بقدر من الاستياء وعدم الرِّضا، بل إنَّ هذا التّعامل يختلف حتّى عن مدائح المتنبّي نفسه في ممدوحيه الآخرين؛ فالقارئ يحسُّ بحقٍّ، كما يستنتج حسين مروّة، «في أنّ قصائد أبي الطيّب عند سيف الدّولة أنّه ينطلق فيها من جانب يختلف كثيراً عن تلك الجوانب التي كان يصدر عنها شعرُه في غير سيف الدّولة من جميع ممدوحيه، سواء منهم الذين مدحهم قبل لقائه سيفَ الدّولة، أم الذين مدحهم بعد ذلك، إلى أن لقي حتفه»[32].

والمتنبّي إذ يحرص على تجويد هذه الصُّورة، وإخراجِها هذا الإخراجَ المُتْقن بما وفَّر لها من وسائلَ فنيّةٍ، ومؤثّراتٍ جماليّةٍ بالغةٍ كما سيتّضح بَعْدُ، فإنّما لتكون أداة حِجاجيّة يهوّن فيها مرارةَ ما حدث، وكأنّه باستجلاب هذه الصُّورة المضيئة المحفّزة يَسْعَى إلى حجب قتامة الصُّورة السّلبيّة التي بدا عليها بعضُ جند سيف الدّولة في هذه المَوْقَعة. والتّخفيف، في الوقت نفسه، من شدّة المصاب وما تركه من آثار مُحْبِطة في نفس سيف الدّولة وبقيّة جنده كما لُحِظَ في الوحدة النّصيّة الأولى من هذا النّصّ. وكأنّ الشّاعر أيضاً يحاول أن يصرف

متلقّي خطابه عن أمر الهزيمة وينسيه إياها، وذلك بالإسهاب في الوقوف على هذا الوَهَج البطوليّ اللافت. والشّاعر في أبياته يحاجج ويذكر أنّ حَدَثَ الهزيمة ما هو إلا جانبٌ محدودٌ من صورةٍ أعمَّ وأشمل، أو هو هامشٌ صغيرٌ على متن أكبر؛ ولذا فهو «يستغني عن وصف الهزيمة، بل يهمله إهمالاً، ويكتفي بالاعتراف بها في شيء من الإجمال والغموض»[33]؛ ذلك أنّ سيف الدّولة كان في هذه الموقعة غازياً؛ أي أنّه كان المبادرَ في مهاجمة الرّوم وقتالهم، وقد حقّق بالفعل النَّصرَ في موقعته هذه، وتمكّن من إحراق ربض خرشنة وكنائسها، وأقام فيها أياماً كما تصوّره الأبيات، ثمّ لقي الدّمستق في ألوف من الخيل، ودار قتالٌ عنيف بين الفريقين انتهى بهزيمة الدّمستق، وقَتْل عددٍ كبير من فرسانه[34]. هكذا يتوسّع الشّاعر في حديث النّصر، ويفصّل في سَرْد مجرياته وآثارِه، ويشذّب، في المقابل، من حديث الهزيمة، ويحصر حضورَه في مجال ضيّق يتمثّل في تخاذل «فئة قليلة» من جند سيف الدّولة الذين لا يستحقّون، وَفْق الشّاعر، الانتساب إلى قائدهم الهمام أصلاً، فلقوا بذلك «جزاءهم» بما آلوا إليه من مصير! وَفْقَ ما سيتّضح ذلك في حديث قادم.

وقد وفّر الشّاعر لهذه الصّورة العديد من الوسائل والأساليب الحجاجيّة والبلاغيّة الهادفة إلى تدعيم موقفه التّواصليّ، ومن ذلك توظيفُه تقنية السَّرْد، وهو سَرْدٌ يفيد ممّا توفّره له عناصرُ الشّعر النّوعيّة من صورة وإيقاع ووصف في تمكين مقصده الإقناعيّ وتأثيره العاطفيّ في نفس المتلقّي؛ فالشّاعر يحكي سيرة سيف الدّولة / فارس الخيل كما يصفُه، ويسرد جوانبَ من بطولته وهو يُخفِّف

من رَوْع خيله، فيثبّتها في المعترك بعد أن همّت بالهزيمة من هَلَع الموقف وشدّته. ويساعد التّضادّ في: خفّت / وَقَرَها ــ بما يكشف عنه من فارق في المعنى بين إحجام الخيل واندفاع فارسها / سيف الدّولة ــ والصّورة في: «والدّم في أعطافها دُفَعُ» ــ بما تتضمّنه من معطيات اللّون والحركة والصّوت ــ على تعميق المعنى وتأكيده في النّفس. ويُضفي الشّاعر على بطله وجوهاً بالغةً من القوّة والشّجاعة، موظّفاً عنصر المبالغة كما ذُكِر بأقصى ما يتوافر عليه من إمكانيّات في الامتداد بالدّلالة إلى أبعد مدّياتها (البيتان الثاني والثالث).

ويوظّف الشّاعر في البيت الثالث وجهاً أسلوبيّاً حجاجيّاً لافتاً هو «قَلْب العبارة» كما يعرّفه فيليب بروتون الذي يحدّد هذا الوجه بأنّه «يرتكز على قلب عبارتين متقابلتين بشكل تعادليّ»[35]، وهو وجهٌ كما يرى «يمكن أن يُستعمَل لدعم الوصف الحِجاجيّ»[36]؛ إذ يَستخدم المبدعُ «وسائل وصف يختار منها ما يمنح الامتياز للفظ من الألفاظ بدلَ لفظ آخر»[37]؛ ففي قول المتنبّي: «بالجيش تمتنعُ السّاداتُ كلُّهُمُ / والجيشُ بابن أبي الهيجاءِ يمتنعُ» استثمارٌ لهذا الوجه البلاغيّ ليؤدّيَ وظيفة حجاجيّة؛ إذ «يمكن أن يُفعِّل القلبُ تقابلاً بين العبارات بقصد إزاحة أحدهما لإبراز الآخر»[38]؛ فحين يذكر المتنبّي أنّ منعةَ الملوك وعزَّهم يكونان بجيوشهم، فإنّه يزيح هذه العبارة ليؤكّدَ العبارةَ الأخرى التي تقول إنّ منعة الجيش تكون بسيف الدّولة نفسه؛ فحين يكون سيف الدّولة في الجيش تتحقّق لهذا الأخير المَنَعة والنَّصر، على عكس أولئك الملوك الذين لا يقوون ويمتنعون إلّا بجيوشهم. وفي هذا المعنى يحقّق الشّاعر لسيف الدّولة التميُّز والاختلاف، ويُظهرُه أمام

من يتلقّى الخطاب بصورة البطل المتفرّد ذي الأفعال الخارقة، والقائد المتجاوزِ لغيره من قادة وملوك.

ثمّ يأخذ السَّرد صفة الحركة والحيويّة حين يبدو سيف الدَّولة وهو يقود جيشَه، ويُسْرِع للقاء العدوّ حتّى كان أقصى شُرْب هذه الخيل مرّة واحدة وهي مُلْجَمَة؛ إذ لم يتمكّن فرسانُها، لشدّة السَّير، من خلع لُجُمها، وهو أمرٌ لم يَحدّ معَ ذلك من اندفاعها وسرعتها.

ويَظْهرُ سيفُ الدَّولة منتصراً وهو يسير بجيشه من بلد يفتحه إلى آخرَ دون أن يعيقَه الأوّل عن مواصلة المسير؛ إذ لا يقنع بفتح بلد من بلدان أعدائه حتى تعاوده الهمّة إلى فتح غيره. ويتخيّر الشّاعر في تصوير اندفاع سيف الدّولة في هذه السّبيل تشبيهاً تمثيليّاً دالّاً: «كالموت ليس له رِيٌّ ولا شِبَع»؛ إذ ليس أبلغ من الموت في التّعبير عن ديمومة هذا الفعل وقسوته وشدّته. وتصف الأبيات، من ثَمَّ، مسير سيف الدّولة حتّى يصل إلى خَرْشَنة، فيُعْمِل فيها القتل والخراب. ويستخدم الشّاعر، لكي يُحْدِث التّأثير المطلوب في نفس المتلقّي، وسيلتين بلاغيّتين في تصوير مشاهد القتل والتّدمير التي أحدثها سيفُ الدّولة في أعدائه؛ أولاهما أسلوب التّقسيم الذي يستوفي به الشّاعر أقسام المعنى؛ إذ يُقسّم البيت إلى أربع وحدات تركيبيّة متوازية يحصر من خلالها المآلاتِ المأساويّة التي انتهى إليها الرّوم: «للسّبي ما نكحوا / والقتل ما ولدوا / والنّهب ما جمعوا / والنّار ما زرعوا». وثانيتهما الصّورة البلاغيّة في قوله: «يُطمّع الطَّيرَ فيهم طولُ أكلهم / حتّى تكادَ على أحيائهم تقعُ». وهي صورة سيكون لها مفعولُها في ذهن المتلقّي بما تحيل عليه من موروث شعريّ قديم قديم من جهة[39]، وما

تحمله من طاقة تأثيريّة قابلة أن تحرّك في المتقبّل مشاعرَ وانفعالاتٍ متضاربةً بعد أَنْ أعاد المتنبّي إنتاجها وإضفاء لمسته الخاصّة لمسته عليها من جهة ثانية. وهكذا تمضي حركة السّرد حتّى يستقرّ بسيف الدّولة المقام في مدينة «صارخة»، فتنصب له المنابر، وتُقام الصّلوات، ويتبدّل واقع المكان من حال إلى حال، ويتحقّق لصانع النّصر ما كان يسعى إليه ويجهد في إنجازه.

ولا شكّ في أنَّ السّرد يؤدّي هنا دوراً حِجاجيّاً ملموساً؛ ذلك «أنّ العلامات الحسّيّة (الصّفات والأفعال والشّخصيّات والأمكنة والأزمنة..) تمنح السّرد القدرة على توصيل المعنى والتّأثير النّفسيّ في المتلقّي لما للحسيّة من عُلقة بالنّفوس؛ فالمعرفة بواسطة الحواسّ تُذكِّر الإنسان بأُصوله الأولى عندما كان يُعبِّر عن أفكاره بالرّسوم والحركات والرّموز... [و] بطبيعته الأولى المفطورة على كلّ ما هو حسّيّ»(40). وقد ساعد على فاعليّة السّرد أيضاً أنّه جاء في هذه الوحدة النّصيّة من الأبيات على شكل حكاية مكثّفة من شأنها أن تدفع المتلقّي إلى التّفاعل معَ الحدث، والاستغراق في تفاصيلِه، وحملِه، من ثَمَّ، على الإعجاب والاعتزاز بما حقّقه سيفُ الدّولة من بطولات وانتصارات.

ومن الحجج التي يتّكئ عليها الشّاعر في هذه العتبة من النّصّ الحُجج التي تستدعي المُشترَك؛ إذ «ثمّةَ نزوعٌ واضحٌ في الخطابات الحِجاجيّة إلى استدعاء المُشترَك، أي الاستناد إلى ما يُشكِّل موضوع اتّفاق بين المتلقّين، أو ما يمثّل جملة من المعارف المُشترَكة الشّائعة بينهم؛ ذلك أنّ للمُشترَك سلطتَه على النُّفوس»(41). وتزداد قيمة هذا

المُشترَك، ويكون تأثيرُه أقوى حين يتعلّق الأمر «بالمُشترَك الدّينيّ» أو المُعتقَد؛ فلا أحد يجادل في سطوة القيم الدّينيّة، وتمكُّنها من نفوس المؤمنين بها. والشّاعر يستثمر هذا المعطى، ويوظِّفه توظيفاً واضحاً في بنية خطابه الحِجاجيّ؛ فهو يُظْهِر في البداية ما أصاب الرّوم من بؤس وشقاء حين قام سيف الدّولة بحرق صلبانهم وتخريب بِيَعهم: «حتى أقام على أرباض خَرْشَنة / تشقى به الرّوم والصُّلبان والبِيَع». وواضحٌ أنه يختار الرّموز الدّينيّة عند الآخر بهدف التّأثير في الفئة المسلمة التي تستقبل خطابه، ولا بدَّ أن ندرك ما يمكن أن يحدثَه فعلُ سيف الدّولة هذا من أثر في نفوس مستمعي الخطاب الممتلئة أصلاً بالحماس والشّعور الدّينيين، في عصر بلغ فيه صراع العقائد أوجه⁽⁴²⁾.

في مقابل ذلك يسعى الشّاعر إلى استثارة الوجدان المُسْلم واستمالته حين يَذْكر أنّ سيف الدّولة، بعد أن خرّب بِيَع الرّوم وصلبانهم، قام بنصب المنابر (شعار الإسلام)، وإقامة صلوات الجُمَع: «مُخلًّى له المرجُ منصوباً بصارخة / له المنابرُ مشهوداً بها الجُمَع»؛ فالشّاعر إذن يقدِّم رموزاً دينيّة مقابلَ رموزٍ دينيّة أخرى؛ فكأنّه بذلك يبني عالَماً جديداً على أنقاض عالَم منهار! والشّاعر حين يقدِّم صورة الرّموز الدّينيّة الإسلاميّة بما أصبحتْ عليه من رسوخ وثبات، فإنّما ليقابلَها بالصُّورة الأولى؛ صورة رموز الرّوم الدّينيّة بما آلت إليه من خراب وزوال. وفي هذا مقابلةٌ بين حالين غايتُها دفعُ مُستقبِل الخطاب إلى مباركة هذا المسعى، فتأنس بذلك نفسُه، ويبيت قريرَ العين، راضياً بما حقّق بطلُه من تمكينٍ لعقيدته ونصرةٍ لدينه؛ إذ بدا

سيف الدّولة في صورة البطل المخلِّص الذي يخوض «حرباً دينيّة» غايتُها صلاحُ الأمة الإسلاميّة، ودَفْع ما يواجهها من أخطار.

وكي لا تتبدّى صورةُ سيف الدّولة في هذا الجانب على وجه واحد هو وجه القوّة والعنف، فإنّ الشّاعر يستحضر من وجهٍ آخرَ قصّة الحواريّين (أصحاب السّيد المسيح): «ولو رآه حواريّوهم..»؛ إذ لو رأى هؤلاء الحواريّون سيفَ الدّولة «لبنوا على محبّته الشّرع الذي شرعوا»، وكلّ ذلك بسبب جُمْلة الفضائل التي يتحلّى بها سيف الدّولة كما يذهب الشّاعر. وفي استخدام مفردة (محبّته) تقديمٌ للوجه الإنسانيّ الذي يَجْهَد الشّاعرُ في إسباغه على شخصيّة بطلِه / سيفِ الدّولة.

ثالثاً: الدُّمستق ومفارقة التّقدير:

١٧ ـ ذَمَّ الدُّمُسْـتُقُ عَيْنَيْـهِ وَقَدْ طَلَعَتْ

سُـوْدُ الغَمَـامِ فَظَنُّـوا أَنَّهـا قَـزَعُ

١٨ ـ فيها الكُمـاةُ التي مَفْطُومُها رَجَلٌ

علـى الجِيـادِ التـي حَوْليُّها جَـذَعُ

١٩ ـ تَـذْري اللُّقانُ غُباراً في مَنَاخِرِها

وَفِـي حَنَاجِرهـا مِـنْ آلِـسٍ جُـرَعُ

٢٠ ـ كأنّهـا تَتَلَقَّاهُـمْ لِتَسْـلُكَهُمْ

فَالطَّعْـنُ يَفْتَـحُ في الأَجْوافِ ما تَسَعُ

٢١ ـ تَهْـدِي نَوَاظِرَها والحَرْبُ مُظْلِمَةٌ

مِـنَ الأَسِـنَّةِ نَـارٌ وَالقَنَـا شَـمَعُ

22 – دُونَ السَّـــهَامِ وَدُونَ القُرِّ طافِحَةً
على نُفُوسِـهِمِ المُقْوَرَّةُ المُـزْعُ ⁽⁴³⁾

23 – إذا دَعا العِلْـــجُ عِلْجاً حَال بَيْنَهُما
أظْمَـــى تُفَـــارِقُ مِنْـــهُ أُخْتَها الضّلَعُ

24 – أَجَـــلُّ مِـــنْ وَلَدِ الفُقَّـــاسِ مُنْكَتِفٌ
إذْ فاتَهُـــنَّ وأَمْضَـــى مِنْـــهُ مُنْصَرِعُ

25 – وَما نَجا مِنْ شِفارِ البِيضِ مُنْفَلِتٌ
نَجا وَمِنْهُـــنَّ فِـــي أَحْشائِهِ فَزَعُ

26 – يُباشِـــرُ الأَمْنَ دَهْراً وَهْوَ مُخْتَبَلٌ
وَيَشْـــرَبُ الخَمْرَ حَـــوْلاً وَهْـــوَ مُمْتَقَعُ

27 – كَمْ مِنْ حُشاشَـــةِ بِطريقٍ تَضَمَّنَها
لِلْبَاتِـــرَاتِ أَمِيـــنٌ مَـــا لَـــهُ وَرَعُ

28 – يُقاتِـــلُ الخَطْوَ عَنْهُ حِيـــنَ يَطْلُبُهُ
وَيَطْـــرُدُ النَّـــوْمَ عَنْـــهُ حِيـــنَ يَضْطَجِعُ

29 – تَغْـــدُو المَنايـــا فَلا تَنْفَـــكُّ واقِفَةً
حَتَّـــى يَقُـــولَ لَهـــا عُـــوْدِي فَتَنْدَفِعُ

تبدأ هذه الوحدة النّصيّة من القصيدة بالمفارقة التي تتلبّس الدّمستق وجيشه حين دهمتْهم خيلُ سيف الدّولة؛ إذ قدّروا أن ما رأوه ليس سوى سُحُب متفرّقة: «فظنّوا أنّها قزع»، لكنّ الموقف كان ينطوي على مفارقة لم تَدُرْ في حسبان الدّمستق وجيشه. وكي يُظْهِر الشّاعرُ

عمقَ المفارقة وحِدَّتَها فإنّه يفصّل القول في تقديم صورة هذه الخيل التي خاب حَدْسُ الدَّمستق في تقديرها، مسترسلاً في رَسْم أبعادها، موظِّفاً الصّورة الشِّعريّة بما يُمكن أن تؤدّيَه من دور حِجاجيّ في هذا المجال؛ فالشّاعر «يلجأ إلى الصُّور لإثارة مشاعر المتلقّي والاستحواذ عليه لإقناعه بخطابه، وهو في سبيل ذلك يستخدم كلَّ ما يُسْهم في الحضور الحسّيّ للمعاني، والقيم التي يحاجج بها»[44].

ومعَ أنّ حضور الخيل لم يغب تماماً عن صورة البطل في العتبة السّابقة من النصّ، إلّا أنّ الصّورة هنا تأخذ حيّزاً أكبر وتفصيلاً أوسع، وهي تأتي لتعضّد صورة البطل وتكملها؛ إذ تتشكّل هذه الصّورة في سياق تخاطبيّ غايتُه إظهارُ قوّة جيش سيف الدّولة، وتدعيم ثقة المخاطبين، من ثَمّ، به. وواضح أنّ الصّورة بما تتضمّنه من وصف دالّ في تقديم صورة هذه الخيل، وإبراز قوّة فرسانها وشدّة بأسهم ذاتُ قيمة حجاجيّة؛ فبهذا الوصف يهدف الشّاعر إلى التّأثير في متلقّي خطابه واستدراجه، وكأنّه يسعى، من وجه موارب، إلى القول: إنّ جيشاً بهذه القوّة والقدرة سيتحقّق له النّصر لا محالة!

هكذا يصوّر الشّاعر عساكر سيف الدّولة بـ «سود الغمام»، وهو تصويرٌ يثير في هذا الموضع، على أقلّ تقدير، دلالتين، أولاهما دلالة الجمع والكثرة التي تُستشفّ من مقابلة «سود الغمام» بـ «القَزَع» (السّحاب المتفرّق). وثانيتهما دلالة الهول والقوّة التي يمكن أن يثيرَها اللون الأسود في نفس المتلقّي؛ فـ «السَّواد [كما يذكر الجاحظ] أبداً أهول.. ودُهْم الخيل أبهى وأقوى»[45]. والشّاعر هنا يكنّي عن الخيل بسود الغمام، ولا يذكر اسمَها تصريحاً. والكناية، وَفْقَ الجرجانيّ،

أبلغ من التّصريح؛ ذلك «رأنك لمّا كَنَيْتَ عن المعنى زدتَ في ذاته، بل المعنى أنّك زدتَ في إثباته، فجعلتَه أبلغَ وآكدَ وأشدَّ» [46].

وهذه العساكر فيها كُماة (شجعان) صبيُّهم رجلٌ في الحرب، وحوليُّ خيلهم جَذَع؛ أي أنّ الصّغير فيهم كبير لعظم أمره. ويصف الشّاعر سرعة جري هذه الخيل التي تشرب الماء من نهر «آلس» فتبلغ موضع «اللُّقان» قبل أن تبتلع ما شربته من ماء ذلك النّهر، على ما بين المكانين من مسافة بعيدة! وتأخذ الصّورة بُعْداً حسّياً مشهديّاً من شأنه أن يُحْدِث في المتلقّي إحساساً مؤلماً مؤثّراً؛ وذلك حين يذهب ـ أي الشّاعر ـ إلى أنّ سَعَة الطّعن الذي تتركه خيل سيف الدّولة في الأعداء يفتح جراحاتٍ تَسَع الخيل لتعبُرَ من خلالها! فكأنما «تتلقّى هذه الخيل [بعبارة ابن الإفليلي] الرّوم لتسلك أجسادهم، وتتّخذ طُرُقاً في جسومهم؛ فطعنُ فرسانها فيهم يفتح ما يسعهم، ويَخْرِق ما لا يضيق بهم» [47].

ويصوِّر الشّاعر نار الأسنّة التي تُشْبه المصابيح لضيائها في رؤوس الرّماح، وهي تهدي عيون الخيل، والحرب مظلمة نتيجة ما تحدثه من غبار. وهي صورة بصريّة سمعيّة تستثمر عناصر الحركة واللون والصّوت في إحداث تأثيرها المطلوب. ويلجأ الشّاعر أخيراً إلى تشخيص المجرّد، فيصوِّر «نفوس» الرّوم وقد وطأتها خيل سيف الدّولة الضّامرة السّريعة بحوافرها بالشّيء الملموس المشخّص؛ وذلك قبل أن تصل إليهم سهام الرّماة ويتمكّنوا من الفرار.

والمُلاحَظ أنّ المبالغة كانت هي السِّمة الفنّيّة البارزة في تقديم صورة الخيل في هذه الوحدة النّصيّة. وقد اتّخذها «الشّاعر للتّعبير

216

عن الغاية التي يطمح إلى تحقيقها، والأبعاد التي يتطلّع إليها؛ فهي ذات صلة بما يُحْدِثُه القول في النّفس من تأثيرٍ آتٍ من جهة التّخييل والمحاكاة والرّغبة في إثارة الدّهشة والاستغراب. وهي، بمخالفتها الحقيقة وخروجها عن المألوف وتجاوزها الحدّ في وصف الشّيء، متينةُ الصِّلة بالشّعر»[48] الذي يتجاوز الواقع دائماً ملتمساً صورة الكمال؛ وكأنّ رغبة الشّاعر تكمن في إضفاء هذه الصّورة على جيش سيف الدّولة وخيله. ولعلّ كلّ ذلك كفيل بأن يثيرَ المتلقّي، ويوقظَ في نفسه وجوهاً من الغرابة والمتعة، فتحقّق بذلك الصُّورةُ وظيفتَها الإقناعيّة ومقصدَها التأثيريّ.

وإذا كانت هذه العتبة من النّصّ قد بدأت، بالمفارقة السّاخرة من الدّمستق على نحو عرضيّ، فإنَّ الشّاعر يعود، بعد أن استوفى صورة الخيل بما تطلّبته منه من تفصيل، إلى حديث المفارقة ثانيةً للسُّخرية من الدّمستق وجنده. ويأتي توظيف المفارقة[49] لأنها تُعَدُّ من الوسائل الفنيّة المؤثّرة في الخطاب بسبب ما تنطوي عليه من حسّ ساخر في النّظر إلى الأشياء والنّاس. والمفارقة أسلوب يقوم «على قانون الضّدّيّة أو مبدأ المسار التّوتريّ الباعث على الدّهشة واللامتوقع»[50]، ومن هنا تأتي إصابتُها وقدرتُها على شدّ المتلقّي ولفت انتباهه. وغالباً ما يقصد بها صاحبُها معانيَ متعدّدةً من مثل الهجاء والسّخرية والتّمثيل وتجريد الخصم من مميّزاته على نحو هزليّ[51].

وتتبدّى فاعليّة هذه التّقنية الفنيّة عند النّظر في الاستراتيجيّة التي اتّخذها الشّاعر في صنع مفارقاته في هذه الوحدة النّصيّة، وهي

استراتيجيّة تجعل من الخصم ضحيّة مستهدَفة؛ ذلك أنّ المفارقة تستلزم وجود ضحيّة لتكون الهدفَ الذي تسعى إلى إصابته[52]. ومن الواضح أنّ لهذا الإجراء وظيفةً تأثيريّةً من شأنها أن تدفع المتلقّي إلى الاستخفاف بجُبْن الآخر الرّوميّ، وإبداء التشفّي بنهايته البائسة التي آل إليها، وكلّ ذلك يخدم الغاية الحِجاجيّة التي يرمي الشّاعر إلى تحقيقها.

تبدأ المفارقة كما تُجسّدُها الأبيات حينما يدعو العلجُ الروميُّ علجاً آخرَ ليغيثَه، لكنّ هذه الدّعوة تُواجَه بوجود أظمى (رمح)، إذا طُعن به فرّق بين الضّلع وأختها، على ما بينهما من تلازم والتحام، فكيف يكون الحال بين شخصين منفصلين! وتبلغ المفارقة حدّتَها حين يبدو الأسير والقتيل من جند الرّوم أكثر شجاعة من قائدهم: «أجلّ من ولد الفقّاس (لقب الدّمستق)..»؛ فقد خاض كلّ واحد من أولئك الجنود المعركة، فلقي ما لقيه من مصير، في حين أنّ القائد ولّى هارباً، مخلّفاً جيشه لهذا القدر المأساويّ، معَ أنّه ينبغي أن يكون القدوة لجنوده في الشّجاعة والإقدام! ويوظِّف الشّاعر اسمي التفضيل: (أجلّ، أمضى) بما يمكن أن يكون لهما من أثر في تجسيد المفارقة بين موقفين يبدو التّباين بينهما لافتاً.

أما النّاجي من الرّوم في هذه الموقعة فليس بأحسن حالٍ من الذي أُسرَ أو قُتل؛ ذلك أنّ نجاته تظلّ منقوصة غير مكتملة؛ فشفار البيض (السُّيوف) تركتْ في أحشائه فَزَعاً لا يفارقه، وهو أمرٌ قد يؤدّي إلى هلاكه ولو بعد حين، أو على أقلّ تقدير، سيجعله يتعذّب ويتألّم مدّةَ ما هو حيّ، ويتبدّى ذلك في المفارقة التي يصنعها الشّاعر لهذا

«النّاجي» الذي يعيش في الأمن حيناً، ولكنّه عَيْشُ الذاهل مختبل العقل، وكلّ ذلك لشدّة ما سكنه من فزع وخوف، فأيّ عيش هذا وأيّ أمان ذاك! وكذا هو حين يشرب الخمر، فهي غير قادرة على تغيير حاله وجلب المسرّة له، فيبقى هلعاً ممتقع اللون. ولعلّ بنية التوازي التي اتّخذت تركيباً تطابقيّاً تامّاً بين شطري البيت الذي عبّر عنه هذا المعنى قد حقّقت أثراً موسيقيّاً ساعد على تقوية الدّلالة وتعضيدها في النّفس؛ فالموازنة في الكلام، كما يذهب ابن الأثير، «نوع من التأليف شريف المحلّ، لطيف الموقع، وللكلام به طلاوة ورونق، وسبب ذلك الاعتدال؛ لأنّه مطلوب في كلّ الأشياء. وحيث كانت مقاطع الكلام معتدلة في الوزن لذّ بها السّمع، ووقعتْ من القلب موقعَ الاستحسان، وهذا لا مراء فيه بحال من الأحوال لبيانه ووضوحه»[53].

وتبدو صورة البطريق (الفارس من الـرّوم) وهو مقيّد ناطقة بالمفارقة السّاخرة، ووجوه المفارقة في هذه الصُّورة متعدّدة، أوّلها أنّ الشّاعر يستخدم لفظة حشاشة (بقيّة الروح)؛ أي أنّ ذلك البطريق لم يبقَ منه إلا رمقُه، فحالُه، إذن، تستدعي العطف والشّفقة، ومعَ هذا فإنّ الباترات (السّيوف) تكون في انتظار هذه البقيّة من روحه! وثانيها أنّ الشّاعر يكنّي عن القيد بلفظ «أمين»، والمفارقة تتمثّل في الجمع بين: «أمين» و«ليس له ورع»، وهذا الوصف كما يذهب العكبري «من أحسن الكلام؛ لأنّ الأمين هو الذي يُؤتمن على الأشياء، فلا بدّ له من ورع»[54]؛ فالمفارقة متولِّدة إذن من هذا التّضادّ الذي يحكم منطق هذه العبارة. وثالثها أنّ هذا القيد يمنع البطريقَ الخطوَ عند السّير، ويمنعه كذلك النّومَ عند الاضطجاع، فهو يسبّب له الإكراه والتنغيص

كلّما رام الحركة أو الرّاحة. ورابعها أنّ هذا القيد يبقى هو المتحكِّم في مصير هذا البطريق؛ فحين «تغدو عليه [البطريق] المنيّةُ فتنتظُرُ: إن كان يُقتَل حكمتْ فيه، وإن كان يُترك القيدُ عليه رجعتْ عنه؛ لأنّ تركه بقيده يدلُّ على أنّ قتله لم يُؤمَر به؛ إذ العادة جارية بأن يُؤخذ قيدُه لينتفعَ به في تقييد سواه»[55].

والشّاعر لا يقدّم هذا المعنى تقديماً صريحاً مباشراً، وإنما هو يلجأ إلى التّصوير، فيستخدم الاستعارة في قوله: «يقاتل الخطو... ويطرد النّوم... تغدو المنايا فلا تنفكّ واقفة...»، والاستعارة، كما يؤكّد بعض الدّارسين، مقوّم حجاجيّ إقناعيّ[56]، وهي قادرة ـ بما تضفيه على المعاني المجرَّدة من ملموسيّة وتشخيص ـ على تقريب المعنى وتأكيده في النّفس، ومن هنا تكتسب قوّتها الحجاجيّة. إلى جانب ذلك يورد الشّاعر هذه الصّور وفق بنية متوازية لافتة: «يقاتل الخطو عنه حين يطلبه / ويطرد النّوم عنه حين يضطجع». والتّوازي ـ كما هو واضح ـ ملمحٌ متمكّن في هذه القصيدة، بل في شعر المتنبّي كلِّه، ودوره الحجاجيّ في النّصّ واحد، ما يغني عن إعادة القول وتكراره في هذا الجانب. وهكذا يتّضح أنّ الشّاعر يستثمر أقصى طاقات اللغة الجماليّة والتّصويريّة والإيقاعيّة بما يمكن أن تحدثه في نفس المتلقّي من تأثير ونشوة، فتكون استجابتُه لها أكبر وتفاعلُه معَها أشدّ.

وهكذا يتّضح أنّ الشّاعر قد استثمر المفارقة في السُّخرية من الآخر استثماراً واضحاً، فكانت سلاحاً هجوميّاً فاعلاً في الحطّ من الدّمستق وجنده، ونزعِ أيِّ قيمة إيجابيّة عنه وعنهم، فبدوا جميعاً على هذه الصّورة من الجُبن والخواء وقلّة العزيمة. وهي صورةٌ سيكون

مفعولُها الحجاجيُّ بالغاً ومؤثِّراً في نفس المتلقّي، ولا سيّما إذا ما استحضر هذا الأخير، من وجهٍ مقابل، صورة البطل / سيف الدّولة كما قدّمها الشّاعر في اللّوحة الثانية من هذا النّصّ؛ إذ ستساعد هذه المقارنة على جلاء كلتا الصّورتين، فيبدو تأثير كلٍّ منهما في النّفس أبلغ وأشدّ؛ إذ «بضدها تتبيّن الأشياء»[57] كما يقرّر المتنبّي نفسُه في موضعٍ آخرَ من ديوانه.

رابعاً: المُسْلَمون[58] والجزاء المستحقّ:

30 - قُلْ لِلدُّمُسْتُقِ إنَّ المُسْلَمِينَ لَكُمْ

خَانُوا الأَمِيرَ فَجَازَاهُمْ بِمَا صَنَعُوا

31 - وَجَدْتُمُوهُمْ نِيَاماً فِي دِمائِكُمُ

كَأَنَّ قَتْلاكُمْ إِيَّاهُمْ فَجَعُوا

32 - ضَعْفَى تَعِفُّ الأَيَادِي عَنْ مِثَالِهِم

مِنَ الأَعَادِي وَإِنْ هَمُّوا بِهِمْ نَزَعُوا

33 - لا تَحْسَبُوا مَنْ أَسَرْتُمْ كَانَ ذَا رَمَقٍ

فَلَيْسَ يَأْكُلُ إِلَّا المَيِّتَ الضَّبُعُ

34 - هَلَّا على عَقْبِ الوادِي وَقَدْ صَعَدَتْ

أُسْدٌ تَمُرُّ فُرَادَى لَيْسَ تَجْتَمِعُ

35 - تَشُقُّكُمْ بِفَتَاها كُلُّ سَلْهَبَةٍ

وَالضَّرْبُ يَأْخُذُ مِنْكُمْ فَوْقَ مَا يَدَعُ[59]

٣٦ – وَإِنَّمَـا عَـرَّضَ اللهُ الجُنُـودَ بِكُم

لِكَــي يَكُونُوا بِـلا فَسْـلٍ إذا رَجَعُوا[60]

٣٧ – فَكُلُّ غَـزْوٍ إِلَيْكُـم بَعْـدَ ذَا فَلَـهُ

وَكُلُّ غَـازٍ لِسَـيْفِ الدَّولَـةِ التَّبَـعُ

٣٨ – يَمْشِـي الكِرَامُ عَلى آثَـارِ غَيرِهِم

وَأَنْـتَ تَخْلُـقُ مَـا تَأْتِـي وَتَبْتَـدِعُ

٣٩ – وَهَـلْ يَشِـيْنُكَ وَقْتٌ كُنْتَ فَارِسَـهُ

وَكَانَ غَيْـرَكَ فَيْهِ العَاجِـزُ الضَّرَعُ[61]

٤٠ – مَنْ كَانَ فَوْقَ مَحَلِّ الشَّمْسِ مَوْضِعُهُ

فَلَيْـسَ يَرْفَعُـهُ شَـيْءٌ وَلا يَضَعُ

٤١ – لَمْ يُسْـلِمِ الكَرُّ فِي الأَعْقَابِ مُهْجَتَهُ

إِنْ كَانَ أَسْـلَمَها الأَصْحَـابُ والشِّـيَعُ

بعد استرسال الشَّاعر في تقديم صور البطولة كما بدا في الوحدات النَّصيّة السَّابقة من القصيدة، كان لا بدّ من الوقوف على موضوع الهزيمة؛ فالقصيدة جاءت، كما ذُكر، بمناسبة هزيمة، وليس من الممكن تجاوز هذا الموضوع أو إغفاله نهائيّاً. ومعَ هذا فإنّ وقوف الشَّاعر على الهزيمة اتّسم بأمرين: الأول ضيق المساحة التي شغلها من النّصّ، وقد أشير إلى شيء من هذا فيما سبق. والثاني حضور البطولة حتّى في هذا الموضع، فبدت البطولة كأنّها تقابل الهزيمة وتعارضها، بل كأنّها تسعى إلى تنحيتها وتهميشها تماماً.

وأوّل ما يبدو على حديث الشّاعر عن الهزيمة هو السّعي إلى التّقليل من قيمة ما أنجزه الرّوم من نصر؛ فالشّاعر يعمد إلى التّشكيك في قوّة الجنود الذين قتلهم الرّوم وأسروهم من جيش المسلمين، والغضّ من شجاعتهم وبأسهم. ويرى أنّ تلك الفئة المُستسلِمة من جنود سيف الدّولة قد نالت جزاءها المستحقّ؛ فكأنّ وقوعَها في يد العدوّ هو «خيانة» لسيف الدّولة وجيشه، ولذا وجب عقابُها بتسليمها لهذا العدوّ. وكي يهوّن الشّاعرُ من قيمة النّصر الذي حقّقه الرّوم، يذهب إلى أنّهم قد وجدوا أولئك الجنودَ نياماً بين قتلاهم الذين أجهز عليهم سيفُ الدّولة، ويصوّر هؤلاءِ الجنودَ بأنّهم بدوا كالمفجوعين بأولئك القتلى من أعدائهم؛ وكأنّ الشّاعر يُذكِّر بأنّ ما أحدثه سيفُ الدّولة بالرّوم من قتل وترويع كان أشدّ وأقسى من أسرهم وقَتْلِهم هذه الفئةَ من جند المسلمين الذين يصفُهم بالضّعف وقلّة العزيمة.

ويواصل الشّاعر حديثه عن جند سيف الدّولة المُستسلِمين؛ فهم، زيادةً على ما ذُكر، من الخِساس الضّعفاء إلى الحدّ الذي جعل سيف الدّولة يعفُّ عن أمثالهم من جند أعدائه حين يقعون في يده. ويدعو الشّاعرُ الرّومَ ألا يفخروا بأسْر هؤلاء الذين لا رمق فيهم ولا بقيّة حياة؛ إذ لو كان فيهم شيءٌ من ذلك لعجز الرّوم عن أسرهم أو قتلهم من الأصل، ويلجأ الشّاعر في تأكيد هذا المعنى الحِجاجيّ إلى التّمثيل: «فليس يأكل إلا الميّت الضّبع»؛ فالتّمثيل هنا ليس سوى حجّة لإثبات الدّعوى التي قرّرها في الشّطر الأول من البيت، وهي حجّة لها سندُها فيما يعاينه النّاس ويَخْبَرونه؛ فالضّبع تهاب الحيّ وتحذره، وتتسلّط في المقابل على الميت وتأكله، وهذا الأسلوب في التّمثيل طريقة

مألوفة لدى الشّاعر؛ فـ «قد كان أبو الطيّب يعتمد هذا كثيراً ويُحْسِن وضع البيت الإقناعيّ من الأبيات المخيّلة؛ لأنّه كان يصدر الفصول بالأبيات المخيّلة ثمّ يختمها ببيت إقناعيّ يعضد به ما قدّم من التّخييل، ويجمّ النُّفوس لاستقبال الأبيات المخيّلة في الفصل التالي، فكان لكلامه أحسنُ موقع في النّفوس بذلك»[62] .

وعند النّظر في طبيعة الحجج التي قدّمها الشّاعر في هذا الجانب يُلاحَظ أنها تنتمي إلى ما يُعرف بـ «الأساليب المغالطيّة»، وهي الأساليب التي «يعتمدها الشّاعر لخداع المتلقّي وإيهامه بصدق ما يقول، وصحّة ما يصوّر ويصف؛ ولا غرابة في ذلك وأعلى رتب البلاغة عند الكثيرين أن يحتجّ للمذموم حتّى يخرجه في معرض المحمود، وللمحمود حتى يصيّره في صورة المذموم»[63]؛ فالشّاعر يتّخذ هذا المَنْحى الحِجاجيّ بهدف التّأثير في متلقّي الخطاب، دون الإصرار على إقرار حقيقةٍ أو إثباتها؛ ذلك أنّ المتمعّن في الحجج التي ساقها الشّاعر في ذمّ أولئك الجنود الأسرى، ووصمِهم بالخيانة والضّعف، يجد أنّ الأمر لم يكن كذلك على وجه التّحديد؛ فثمّة مغالطة وإيهام متعمّدان، بل لعلّ أولئك الجند «الذين أُسْلِمُوا للرّوم كانوا أعظمَ الجيش نصيحةً، وأشدَّهم بُعْداً عن الخيانة»[64] كما يذهب المعرّي، ولكنّ الشّاعر يتخيّر هذا الوجه الحِجاجيّ «من باب الافتراء الذي يُحسَّن به أمرُ الممدوح، ويُقام به العذرُ في الهزيمة»[65]، وَفْق رأي المعرّي أيضاً. إنّه إذن منطق الشّعر الذي كثيراً ما يُقرن بالسّحر والبيان؛ «لأنّ السّحر يخيّل للإنسان ما لم يكن للطافته وحيلة صاحبه، وكذلك البيان يتصوّر فيه الحقّ بصورة الباطل، والباطل بصورة

الحقّ؛ لرقّة معناه، ولطف موقعه، وأبلغ البيانين عند العلماء الشّعر بلا مدافعة» [66]. ومن هنا تكون قدرته على استدراج المتلقّي واستمالته إلى الوجهة التي يريد.

ويبدو أنّ ما ساقه الشّاعر من حُجج لتأكيد ضعف أولئك الجنود من جهة، وتصغير قيمة إنجاز الرّوم من جهة أخرى، لا يزال، حتّى هذا الموضع، يحتاج – في تقديره – إلى مزيد من إضافة؛ ولذا فإنّه يوظّف المقابلة التي تُعدُّ «من التقنيات الخطابيّة المهمّة المولِّدة للسّؤال والباعثة على النّظر والتّدبُّر، بل إنّ حقائق الأشياء لا تتّضح بجلاء حتّى تنتظم بينها علاقاتُ التّضادّ... وللمقابلة في الخطاب الحِجاجيّ قوةٌ تأثيريّةٌ بالغة وطاقة إبلاغيّة مهمّة» [67]، وهي وسيلة لجأ إليها الشّاعر كثيراً في هذا النّصّ. وقد تبدّى ذلك في المقابلة بين سيف الدّولة والدّمستق، وبين جند المسلمين وجند الرّوم، وبين الرّموز الدينيّة عند كلا الطّرفين، وستتبدّى لاحقاً بين الشّاعر وغيره من شعراء. والشّاعر يقيم المقابلة هنا بين هذه الفئة التي وقعتْ في الأسْر من جند سيف الدّولة، وفئة ثانية من جنده يبدأ الحديث عنها بأداة التحضيض «هلّا» التي تفيد من بين دلالاتها التوبيخ [68]؛ وكأنّ سياق الكلام يقول إنّه بدلَ أن يتباهى الرّوم بالنّصر على أولئك الجنود الضّعفاء كان الأوْلى بهم أن يتفاخروا بالنّصر على هؤلاء الجنود الذين سيُفصّل الشّاعر في تقديم ملامح قوّتهم ومناحي اختلافهم.

وإذا كان الشّاعر قد بالغ في التقليل من قَدْر الفئة الأولى من الجند كما بدا، فإنه يبالغ، مقابلَ ذلك، في تصوير قوّة الفئة الثانية، موظّفاً الصّورة البلاغيّة بما تتضمّنه من مؤثّرات عاطفيّة بغيةَ التّأثير في

225

متلقّي الخطاب. هكذا يخاطب الشّاعر الرّوم فيرى أنهم أضعف من أن يُواجِهوا أبطالَ سيف الدّولة الآخرين الذين يُسرِعون إلى الحرب أفراداً لا يتوقّف بعضُهم على بعض لشجاعتهم وثقتهم بقوّتهم: «هلّا على عقب الوادي وقد صَعِدتْ / أُسْدٌ تمرُّ فرادى ليس تجتمع». إنّهم الفرسان الذين يشقُّ كلُّ منهم صفوف الرّوم بفرسه، ممكّناً سيفَه منهم حتّى يكون من يأتي عليه الضّرب أكثر ممّن يدعه: «تتشقّكم بفتاها كلّ سلهبةٍ / والضّرب يأخذ منكم فوق ما يَدَعُ».

ولا يغادر الشّاعر الحديث عن تلك الفئة المستسلِمة من الجند حتّى يقرّر أنّ الخلاص منها كان ضرورة لازمة لنقاء الجيش من العناصر الضّعيفة العاجزة التي هي، وَفْق الشّاعر، السّبب في الهزيمة؛ وكأنّ ما حصل ما هو إلا تدبير إلهيّ ليتخلّص جيش سيف الدّولة من هذه الفئة من الجند؛ فبخلاصه منها لن يُهزم أبداً، وبذا يصبح الجيش نقيّاً لا يضمّ إلا الفرسان الحقيقيين، وهو أمرٌ يقود بالنتيجة إلى القول: إنّ أيّ غزوة قادمة من غزوات سيف الدّولة لبلاد الرّوم سيكون النّصر نتيجتها المؤكّدة: «فكلّ غزو إليكم بعد ذا فله...».

ويتّجه الشّاعر في الأبيات الأربعة المتبقية من هذه الوحدة النّصيّة إلى سيف الدّولة، موظِّفاً ما يُعرف في البلاغة الأرسطيّة بـ «استراتيجيّة الباتوس» التي تقوم على استمالة المخاطَب والتّأثير في نوازعه وأهوائه. وهي استراتيجيّة مهمّة في العملية الحِجاجيّة؛ ذلك «رأنّ القدرة على الحِجاج الجيّد، أي القدرة على الإقناع، تقتضي المعرفة بما يمكن أن يحرّك الذّات التي نتوجّه إليها بالخطاب؛ أي معرفة ما يحرّكها»[69]. وسيف الدّولة هو المخاطَب الأوّل الذي

يتقصّد الشّاعرُ التأثيرَ فيه، وبما أنّه ـ أي سيف الدّولة ـ مكلوم، وأثر الهزيمة بدا عليه قاسياً، فقد كان لا بدّ من مواساته، والتّخفيف من شدّة المصاب الذي لحق به، بل السّعي إلى إبعاد كلّ إيحاء يشي بأيِّ قصور صدر منه؛ ولهذا يلجأ الشّاعر في هذه الأبيات إلى صُنْع صورة متجاوزة له، قوامُها المبالغةُ التي تصوّره ذاتاً متفرِّدة تتمايز عن غيرها بقدرة الخلق والابتداع. إنّه الفارس الشّجاع الذي لا يشينه عجزُ الضّعفاء، ولا تخاذُل الخانعين؛ فقد بلغ الغاية في الرّفعة التي ليس وراءها موضع؛ فهو لا يرتفع بنصرة هذا، ولا يتّضع بخذلان ذاك، وهو إن كان بعض أصحابه قد خذلوه وأسلموه لأعدائه، فإنّ شجاعته وقوّته تجعلانه دائماً في منعة عن أيِّ هزيمة أو انكسار.

هكذا يذهب الشّاعر في رسم هذه الصّورة لسيف الدّولة. وهي صورة متعالية تقدّم نموذجاً لافتاً من نماذج البطولة في صُوَرها الخارقة. ولعلّ هذه الصّورة تأتي بمثابة تعويض لمبلغ الخسارة التي نزلتْ بسيف الدّولة وجيشه، ولعلّ فيها أيضاً دفعاً للإحباط الذي سكن سيفَ الدّولة بسبب ما حصل؛ وكأنّ المتنبّي يداوي بذلك «جراح نفس سيف الدّولة، ويخفِّف من وقع الهزيمة عليه. وماذا يضير سيف الدّولة من هذا كلّه، ومكانته عالية مرموقة، لا يرفعها نصرٌ، ولا يضع منها الهزيمة؟»[70].

وقد عمد الشّاعر في بناء هذه الصّورة المفارِقة لسيف الدّولة إلى توظيف عدد من المحدِّدات الأسلوبيّة والبلاغيّة، كالمبالغة، كما ذُكر، في: «وأنت تخلق ما تأتي وتبتدع»، و«فوق محلّ الشّمس موضعه»، والاستفهام الإنكاريّ في: «وهل يشينك وقتَ كنت فارسه..»، والشّرط

في: «من كان فوق محلّ الشّمس.. فليس يرفعه..»، و«لم يُسلم الكرّ.. إن كان أسلمها..»، ومن المؤكَّد أنّ هذه الوجوه الأسلوبيّة والبلاغيّة تتضمّن أبعاداً حجاجيّة واضحة؛ فالمبالغة بما تدلّ عليه من تجاوز الممكن والمألوف تتوخّى الوصول بالمعنى إلى حدود الكمال. والاستفهام الإنكاريّ ينطوي على موقف حِجاجيّ رافض ينفي عن سيف الدّولة العجز والضّعف حين أُسر أصحابُه. أما الشّرط فيقوم على علاقة تدخل «في نطاق الحِجاج المُضْمَر؛ لأننا إن عقدنا علاقة شرطيّة بين طرفين، فإننا أضمرنا أنّ الشّرط يستوجب الجواب؛ أي يكون الشّرط سبباً لنتيجةٍ هي الجواب»[71]. وواضح من كلّ ذلك ما لهذه الوسائل الأسلوبيّة والبلاغيّة من دور في استثارة وجدان المتلقّي وتحريك عاطفته؛ وذلك بما يمكن أن تحدثه تحوّلاتُ الأسلوب وجماليّاتُ البلاغة في النّفس من تجاوب أو تفاعل أو اعتراض، وهو ما تنهض عليه في الأساس استراتيجيّة الباتوس التي كثيراً ما تقوم على الحجج العاطفيّة في إحداث غايتها المطلوبة وتأثيرها المقصود[72].

خامساً: تأكيد الذّات والعَود على بَدء:

42 – لَيْــتَ المُلُــوكَ عَلى الأَقْــدارِ مُعْطِيَةٌ

فَلَــمْ يَكُــنْ لِدَنِــيءٍ عِنْدَها طَمَــعُ

43 – رَضِيْتَ مِنْهُمْ بِأَنْ زُرْتَ الوَغى فَرَأوا

وَأَنْ قَرَعْتَ حَبيْكَ البِيضِ فَاسْتَمَعُوا[73]

44 – لَقَــدْ أَبَاحَــكَ غِشّــاً فِــي مُعَامَلَــةٍ

مَــنْ كُنْتَ مِنْـهُ بِغَيْــرِ الصِّـدْقِ تَنْتَفِعُ

45 - الدَّهْـرُ مُعْتَـذِرٌ والسَّـيْفُ مُنْتَظِـرٌ

وأَرْضُهُـمْ لَـكَ مُصْطافٌ وَمُرْتَبَـعُ

46 - وَمَـا الجِبـالُ لِنَصْـرانٍ بِحامِيَـةٍ

وَلَوْ تَنَصَّـرَ فِيها الأَعْصَـمُ الصَّدَعُ⁽⁷⁴⁾

47 - وَمَـا حَمِدْتُـكَ فِـي هَـوْلٍ ثَبَـتَّ لَهُ

حَتَّـى بَلَوْتُـكَ والأَبْطـالُ تَمْتَصِـعُ⁽⁷⁵⁾

48 - فَقَـدْ يُظَـنُّ شُجَـاعاً مَنْ بِـهِ خَرَقٌ

وَقَـدْ يُظَـنُّ جَبَانـاً مَـنْ بِهِ زَمَـعُ⁽⁷⁶⁾

49 - إنَّ السِّـلاحَ جَمِيـعُ النَّـاسِ تَحْمِلُهُ

وَلَيْـسَ كُلُّ ذَوَاتِ المِخْلَـبِ السَّبُعُ

تبدأ هذه الوحدة النّصيّة بالشّكوى المتوسّلة بالتّمنّي اليائس: «ليت الملوك على الأقدار معطية...»، وهي شكوى تُذكّر بشكوى الشّاعر المريرة في قصيدته الشّهيرة (واحرّ قلباه)، وتحديداً في قوله منها: «إنْ كان يجمعُنا حبٌّ لغرّته / فليت أنّا بِقَدْر الحبّ نقتسم»⁽⁷⁷⁾ . ويبدو أنّ معاناة الشّاعر معَ خصومه من شعراءَ وغيرِهم في بلاط سيف الدّولة كانت من القضايا الحاضرة في نفسه⁽⁷⁸⁾، والتي كثيراً ما كانت تجد مكانَها في قصائده⁽⁷⁹⁾ . هذا ملحظٌ قد يلمسُه المتأمِّل في مطلع هذه الوحدة النّصيّة ابتداءً. وثمة ملحظٌ آخرُ يمكن استخلاصُه منها أيضاً، وهو «أنَّ الشّعر العربيّ، في العصر العبّاسيّ، بوصفه سلعةً تداوليّةً، كان يحقّق وظائفَ فرديّةً تخصُّ الأبعاد الاجتماعيّة والسّياسيّة والماديّة للشّعراء»⁽⁸⁰⁾ . وفي قول الشّاعر: «ليت الملوك

على الأقدار معطية» ما يؤكِّد هذه الوظيفة؛ فالشّاعر يطالب ممدوحه / سيف الدّولة أن يكون عطاؤه الشُّعراءَ على أقدارهم؛ إذ لو فعل ذلك فلن يكون ثمّةَ مكانةٌ أو حظوةٌ إلا لمستحقّيها. وفي هذا إشارتان دالّتان، الأولى الإلماح إلى قيمة الذّات وتميُّزها، والثّانية التّعريض بالشُّعراء الآخرين والانتقاص من قَدْرهم. وربّما وجد فيه الباحث شيئاً من اللوم الخفيّ أيضاً لسيف الدّولة؛ إذ يبدو كأنّ الشّاعر يأخذ على الأمير أنّه كان يفسح المجال لمثل هؤلاء الشُّعراء، وإلا لما كانت مثل هذه الشّكوى قد صدرت عن الشّاعر من الأساس على هذا النّحو المؤثّر [81].

ولذا؛ فإنّ الشّاعر يعمد في مواجهة ذلك إلى توظيف شكل من أشكال حضور الذّات، أو حجّة الإيتوس في الخطاب، وهي الحجّة التي تحيل «بوساطة جملة من الاختيارات المعجميّة والأسلوبيّة إلى السِّمات المرتبطة بالمتكلِّم، بوصفه صورةً تتوخّى الإقناع والتّأثير؛ وقد تَحْدُث هذه الإحالةُ بما يقولُه المتكلِّم عن ذاته، أو بما يتلفّظ به» [82].

ويمكن تبيُّن ذلك من خلال الصّورة التي قدّمها المتنبّي لذاته في الأبيات السّابقة؛ فقد ظهر في صورة «الشّاعر المختلف» الذي يجمع صفتي القول والفعل معاً، على خلاف أولئك الشُّعراء الذين وقفوا، كما يصوّرهم، عند حدود النّظر إلى قتال سيف الدّولة، والاستماع إلى قراعه في الوغى، ولم يجاوزا ذلك في شيء: «رضيتَ منهم بأن زرتَ الوغى فرأوا / وأن قرعتَ حَبِيك البيض فاستمعوا»؛ فكأنّهم بذلك يعاملون سيف الدّولة بالغشّ حين يقدّمون له أقوالاً غير مصحوبة بأفعال. ويورد الشّاعر هذا المعنى على شكل مَثَل سائر

بغية الإقناع والتَّأثير: «لقد أباحك غِشّاً في مُعاملةٍ / مَن كنتَ منه بغير الصِّدق تنتفعُ»؛ فالشَّاعر إذن يسعى إلى نزع أيِّ قيمة عن خصومه المنافسين، مقابلَ بناء صورة فاعلة ومتميّزة للذات؛ وهو إن لم يكن أشار إلى ذاته على نحو صريح، إلا أنّ تعرُّف فضائل هذه الذّات ومناقبها يكون بمقابلتها بنواقص صورة الشُّعراء الآخرين؛ ذلك «أنّ بناء الإيتوس عمل طباقيّ في أساسه؛ فالخطيب [الشّاعر في الحالة الرّاهنة] يبني صورته الذاتيّة في تعارض مع صُوَر أخرى، سواء أكانت تتعلّق بشخصه أم بأشخاص آخرين يواجههم، ويروم التفوّق عليهم»[83] .

ويرد في هذه الوحدة النّصيّة بيتان (الرابع والخامس منها) هما ألصق بالوحدة السّابقة؛ إذ يأتيان لغاية التّخفيف من وَقْع الهزيمة، ومواساة سيف الدّولة، وشَحْذ روحه وهمّته، كما تبدّى قبلاً؛ فها هو ذا الدّهر يعتذر له عمّا حصل، والسّيف ينتظر بلهفة ليشفيَ غليله، ويأخذَ بثأره في جولاته القادمة، وحينَها ستصبح أرضُ الرّوم «مصطافاً ومرتبعاً» لسيف الدّولة ينزلُها صيفاً وربيعاً متى شاء. ويلجأ الشّاعر إلى الاستعارة في قوله: «الدّهر معتذر والسّيف منتظر»، والاستعارة، كما مرّ، من الوسائل اللغويّة الفاعلة في تقوية حجّة المتكلِّم؛ وذلك بما يمكن أن يكون للجماليّات من قدرة على تمرير الفكرة وإيصالها على نحو يفوق التّعبير العادي. هذا فضلاً عمّا تتّسم به هذه الأداة من تشخيص يجسّد المجرَّد فيبدو على صورة حسيّة مرئيّة يمكن للمتلقّي أن يتأمّلها ويتخيّلها، فتُحْدِث بذلك في النّفس تأثيرَها اللازم. ويستثمر الشّاعر أيضاً الصِّفة الدِّينيّة في تحديد موقفه من الآخر:

«وما الجبال لنصرانٍ بحامية...»»، وهي استراتيجيّة وظّفها الشّاعر سابقاً؛ وذلك لقناعته بالتّأثير الذي قد تحدثه في متلقّي الخطاب الذي ستأخذه الحماسة الدّينيّة لمباركة مسعى سيف الدّولة في قتال الرّوم الذين لن يحميَهم اعتصامُهم بالجبال من بطشه وقوّته.

ويواصل الشّاعرُ، بعد هذه الانعطافة السّريعة، تشييدَ صورة الذّات وتقديمَها على الوجه المرغوب. ولعلّ هذه الثّيمة هي التي كانت تشغله أكثر من غيرها في خاتمة قصيدته، باعتبار أنّ هذه الخاتمة هي آخر ما يعلق في ذهن المتلقّي / سيف الدّولة ويستقرّ، و«خاتمة الكلام [كما يقرّر ابن رشيق] أبقى في السّمع، وألصق بالنّفس لقرب العهد بها»»[84]، وللشّاعر غاياتُه ومراميه التي يحرص على إيصالها. والصُّورة التي يُلحُّ الشّاعر على تثبيتها، كما بدا في مفتتح هذه الوحدة النّصيّة، هي صورة الذّات المستحوذِة على صفة الشّجاعة، في تقابُل واضح معَ صورة الشُّعراء الآخرين الذين يجرّدهم من هذه الصّفة؛ فالشّاعر لم يمتدح شجاعة سيف الدّولة في الحرب، كما يذهب، إلا بعد أن جرّبه: «... حتى بلوتُك والأبطال تمتصع»»، متّخذاً من حجّة التّجرِبة استراتيجيّة مناسِبة في الإقناع والتّأثير؛ إذ ليس أصدق من التّجرِبة في مَيْز الأمور وبيان صحيحها من زائفها. والشّاعر يقدِّم هذا المعنى بشيءٍ من المواربة؛ فمعَ أنّه ــ أي الشّاعر ــ يشيد بشجاعة سيف الدّولة وبطولته، إلا أنّه يهدف أيضاً إلى الإشادة بذاته وإبراز شجاعتها وإقدامها، وللدّارس أن يقف على لفظة «بلوتك» (خبرتك وجرّبتك)؛ فالشّاعر إنما خَبُر سيف الدّولة وجرّبه لأنّه رافقه وخاض معه المعارك مشاركاً وواصفاً[85]. فالإشارة إذن إلى الذّات وتأكيد

أفضليّتها على الخصوم المنافِسين غايةٌ لا تغيب في مقام المديح هذا.

ويدفع الشّاعر بعد ذلك أيّ لَبْس قد يقدّم الأشياء على غير حقيقتها؛ فاعتمادُ الظنّ وسيلةٌ قد تخطئ في تقدير جوهر النّاس الحقيقيّ؛ إذ قد يبدو الأخرق شجاعاً، والشّجاع الذي تعتريه رعدةٌ جباناً! ويؤكّد الشّاعر هذا المعنى بالتّمثيل الذي يقوم على إحداث مشابَهة بين قوله إنّ السّلاح قد يحمله جميع النّاس، دون أن يعنيَ ذلك أنهم كلّهم شجعان، وبين صورة مشخَّصة تتمثّل في أن ليس كلُّ ذي مخلب أسداً؛ «فالتّخييل في قول...[الشّاعر] بما ينطوي عليه من اقتناص لعلاقة التّشابه بين مجالين متباعدين، ونقلٍ للفكرة من دائرة التّجريد إلى حقل المحسوسات أسبغ على المعنى المجرّد لوناً من التّأثير الجماليّ صار به أقرب إلى النُّفوس، وأعلق بالأذهان»[86].

ومعَ خاتمة هذه القصيدة يخطر في ذهن الباحث السّؤال التالي: ما الدّافع الذي جعل المتنبّي يسوق هذا المعنى؛ أعني حرصه على كشف اللَّبس الذي قد يؤدّي إلى الخطأ في تقدير حقيقة النّاس، وعدم القدرة على معرفة الشُّجاع من غير الشُّجاع فيهم؟ من المؤكَّد أنّ هذا الحديث ليس له علاقة بسيف الدّولة؛ فمقام هذا الأخير وشجاعتُه التي تحدّثَ بها الرُّكبان، وسارت أخبارُها في الزّمان والمكان، لا يجعلان لهذا الحديث قيمة أو مغزى. هل لهذا الحديث ارتباطٌ بأشخاص محدَّدين؟ أو أنّ الشّاعر أراده أن يكون حكمة عامّة بعدما تكشّفت له في هذه الموقعة حقائقُ النّاس الذين لا يُخْبِر مظهرُهم دائماً عن صدق جوهرهم! كلّ ذلك جائز ووارد. ولكنّ المرجَّح في تقدير الباحث أنّ هذا المعنى له ارتباط أيضاً بالمتنبّي نفسه؛ وتفسير ذلك أنّ ثمّة حكاياتٍ وروياتٍ

كثيرةً كانت تعمد إلى وَصْم الشّاعر بالجبن[87]. وهي روايات تعدّدت مرامي حابكيها وأهدافُهم، ولا شكّ في أنّ لخصومات الشّاعر التي اشتعلتْ منذ أن وَطِئ بلاطَ سيف الدَّولة أثراً في إنتاجها وانتشارها. وليست الغاية هنا مناقشة هذه الحكايات، وإثبات زيفها من صدقها[88]؛ فلهذا الحديث مجالٌ غير هذا المجال. يكفي القول هنا إنّ هذا الحديث ربّما جاء ردّاً على إحساس دفين ظلّ المتنبّي يستشعره بسبب هذه الصّورة المتداوَلة عنه. وهي صورة من المؤكَّد أنّ لها تأثيراً قاسياً في نفسه، وهو ما دفعه فيما يبدو إلى توظيف استراتيجيّة الحِجاج المعتمدِة على المثل السّائر والتّمثيل الدّالّ في نَقْض ما كان ينعتُه به خصومُه من عيوب، وما يلصقونه به من نواقص.

خاتمة:

وبعد؛ فقد قدّم الباحث قراءة حِجاجيّة لقصيدة المتنبّي العينيّة ذات المطلع: «غيري بأكثر هذا النّاس ينخدعُ / إنْ قاتلوا جَبُنُوا أو حدَّثوا شَجُعُوا». وقد تبيّن أنّ المَنْحى الحِجاجيّ كان بالغَ الوضوح في هذه القصيدة، ابتداءً من مطلعها الذي تقنّع بصوت الحكمة، وانتهاءً بخاتمتها التي أُقفلت على هذا الصّوت أيضاً. وما بين المطلع والخاتمة نوّعَ المتنبّي في أساليبه بغيةَ شدِّ متلقّي خطابه إلى قصيدته، معتمداً بناءً نصيّاً مُحْكماً لم يخرج عن الغاية التي حدّدها قبلاً، فجاء بناءُ قصيدته وَفْقَ تسلسل مُتْقن تُسْلِم كلُّ عتبة فيه إلى أخرى بسلاسة وانسجام.

وإذا كانت اللغة بمكوّناتها الجماليّة المتعدّدة هي وسيلة الشّاعر في

الإقناع والتّأثير، فإنّ المتنبّي قد استطاع توظيف هذا الجانب توظيفاً فاعلاً؛ فعمد إلى استخدام جملة من التقنيات البلاغيّة والأسلوبيّة والمعنويّة والإيقاعيّة التي هي مادة الشّعر وأساسه، ولكنّها أيضاً ذات أثرٍ في استمالة المتلقّي والتّأثير فيه. ومن هذه التقنيات والوسائل التي بدتْ واضحةً في النّصّ: التّمثيل والصّورة والمقابلة والمبالغة والسّرد والوصف والمفارقة والسُّخرية والتّوازي والمجانسة...، وكلّها تقنيات / أدوات تمّ توظيفُها بمهارة وقدرة بالغتين وَفْقَ ما جَهدت الدّراسة في بيانه. ولعلّها كانت وراء انسراب مقاصد النّصّ إلى نفس المتلقّي لتجد مكانَها هناك فتستقرّ وتتمكّن.

وخلص الباحث إلى أنّ الشّاعر سعى في قصيدته إلى تأكيد موقفين: موقف عامّ يتعلّق بالجماعة التي ينتمي إليها، وفيه يقدّم الولاء للممدوح ويعلن عن نُصْرته للجانب المسلم في حربه معَ الآخر الروميّ. ولعلّ هذا الموقف هو الأكثر حضوراً ووضوحاً في النّصّ. وموقف ذاتيّ / شخصيّ يتعلّق بالشّاعر نفسِه بوصفه فرداً ذا كينونة مستقلّة وسط المجموع. وهو موقف وإن بدا أقلّ وضوحاً من سابقه إلا أنّه معَ ذلك كلّه حاضرٌ في النّصّ مستقرّ فيه. وعليه، فإنّه يمكن القول من كلّ ما سبق، إنّ المتنبّي اتّخذ من شعر المديح وسيلةً / سلعةً تداوليّةً حجاجيّةً لها سلطتُها النّافذة التي حرص على استثمارها وتوجيهها في خدمة الجماعة/ السُّلطة من جهة، وخدمة ذاته بما لها من مطامحَ ومآربَ وآمالٍ من جهة أخرى.

ملحق
نصّ القصيدة^(*)

غَيْري بأكْثَـرِ هذا النَّـاسِ يَنْخَدِعُ

إِنْ قَاتَلُوا جَبُنُوا أو حَدَّثُوا شَـجُعُوا

أَهـلُ الحَفِيْظَـةِ إِلّا أَنْ تُجَرِّبَهُـمْ

وَفِي التَّجَارِبِ بَعْدَ الغَـيِّ مَا يَزَعُ

وَمَا الحَيَاةُ ونَفْسِـي بَعْـدَ مَا عَلِمَتْ

أَنَّ الحَيَـاةَ كَمَـا لا تَشْـتَهِي طَبَعُ؟

لَيْـسَ الجَمَـالُ لِوَجْهٍ صَحَّ مَارِئُهُ

أَنْـفُ العَزيـزِ بِقَطْعِ العِـزِّ يُجْتَدَعُ

أَأَطْـرَحُ المَجْدَ عَنْ كِتْفِـي وَأَطْلُبُهُ

وَأَتْرُكُ الغَيْثَ فِـي غُمْدِي وَأَنْتَجِعُ؟

وَالمَشْـرَفِيَّةُ ـ لا زَالَتْ مُشَـرَّفَةً ـ

دَوَاءُ كُلِّ كَرِيـمٍ أَوْ هِـيَ الوَجَـعُ

237

وَفَارِسُ الخَيْلِ مَنْ خَفَّتْ فَوَقَّرَها
في الدَّرْبِ وَالدَّمُ فِي أَعْطَافِها دُفَعُ

وَأَوْحَدَتْهُ وَمَا فِي قَلْبِهِ قَلَقٌ
وَأَغْضَبَتْهُ وَمَا فِي لَفْظِهِ قَذَعُ

بِالجَيْشِ تَمْتَنِعُ السَّادَاتُ كُلُّهُمُ
وَالجَيْشُ بِابْنِ أَبِي الهَيْجَاءِ يَمْتَنِعُ

قَادَ المَقانِبَ، أَقْصَى شُرْبِها نَهَلٌ
عَلى الشَّكِيمِ وَأَدْنَى سَيْرِها سِرَعُ

لا يَعْتَقِي بَلَدٌ مَسْراهُ عَنْ بَلَدٍ
كَالمَوْتِ لَيْسَ لَهُ رِيٌّ وَلا شِبَعُ

حَتَّى أَقَامَ عَلَى أَرْبَاضِ خَرْشَنَةٍ
تَشْقَى بِهِ الرُّومُ وَالصُّلْبَانُ وَالبِيَعُ

لِلسَّبْي مَا نَكَحُوا وَالقَتْلِ مَا وَلَدُوا
وَالنَّهْبِ مَا جَمَعُوا وَالنَّارِ مَا زَرَعُوا

مُخَلًّى لَهُ المَرْجُ مَنْصُوباً بِصَارِخَةٍ
لَهُ المَنَابِرُ، مَشْهُوداً بِهَا الجَمَعُ

يُطَمِّعُ الطَّيْرَ فِيهِمْ طُولُ أَكْلِهِمِ
حَتَّى تَكَادَ عَلَى أَحْيائِهِمْ تَقَعُ

وَلَوْ رَآهُ حَوَارِيُّوهُمْ لَبَنَوا
عَلى مَحَبَّتِهِ الشَّرْعَ الذي شَرَعُوا

ذَمَّ الدُّمُسْـتُقُ عَيْنَيْـهِ وَقَـدْ طَلَعَتْ

سُـوْدُ الغَمَـامِ فَظَنُّـوا أَنَّهـا قَزَعُ

فِيهـا الكُمَاةُ التِـي مَفْطُومُها رَجُلٌ

عَلـى الجِيادِ التـي حَوْلِيُّهـا جَذَعُ

تَـذْرِي اللُّقانُ غُباراً فِـي مَنَاخِرها

وَفِـي حَنَاجِرِهـا مِنْ آلِـسٍ جُرَعُ

كَأنَّها تَـتَـلَقَّاهُمْ لِـتَسْلُكَـهُمْ

فَالطَّعْنُ يَفْتَحُ فِي الأَجْوافِ ما تَسَـعُ

تَهْـدِي نَوَاظِرَها والحَـرْبُ مُظْلِمَةٌ

مِـنَ الأَسِنَّةِ نَـارٌ وَالقَنَا شَـمَعُ

دُونَ السَّـهَامِ وَدُوْنَ القُـرِّ طافِحَةً

عَلـى نُفُوسِـهِمِ المُقْـوَرَّةُ المُزْعُ

إذا دَعَـا العِلْجُ عِلْجاً حَـالَ بَيْنَهُما

أَظْمَى تُفَـارِقُ مِنْـهُ أُخْتَهـا الضِّلَعُ

أَجَـلُّ مِـنْ وَلَـدِ الفُقَّـاسِ مِنْكَتِفٌ

إذْ فَاتَهُـنَّ وَأَمْضَى مِنْـهُ مُنْصَرِعُ

وَمَا نَجَا مِنْ شِـفَارِ البِيضِ مُنْفَلِتٌ

نَجَا وَمِنْهُنَّ فِـي أَحْشَـائِهِ فَزَعُ

يُبَاشِـرُ الأَمْنَ دَهْراً وَهْـوَ مُخْتَبَلٌ

وَيَشْـرَبُ الخَمْرَ حَوْلاً وَهْوَ مُمْتَقَعُ

كَمْ مِنْ حُشَاشَةِ بِطْرِيقٍ تَضَمَّنَها
للبَاتِرَاتِ أَمِينٌ مَـا لَـهُ وَرَعُ

يُقَاتِـلُ الخَطْوَ عَنْـهُ حِيـنَ يَطْلُبُه
وَيَطْـرُدُ النَّوْمَ عَنْهُ حِيـنَ يَضْطَجِعُ

تَغْـدُو المَنايا فَـلا تَنْفَـكُّ واقِفَةً
حَتَّـى يَقُولُ لَهـا: عُـوْدِي فَتَنْدَفِعُ

قُلْ لِلدُّمُسْتُقِ: إِنَّ المُسْـلِمِيْنَ لَكُمْ
خَانُوا الأَمِيـرَ فَجَازَاهُمْ بِما صَنَعُوا

وَجَدْتُمُوهُـمْ نِياماً فِـي دِمائِكُمْ
كَأَنَّ قَتْلاكُمْ إيَّاهُـمُ فَجَعُوا

ضَعْفَـى تَعِفُّ الأَيَادِي عَنْ مِثالِهِمِ
مِنَ الأَعـادِي وَإِنْ هَمُّوا بِهِمْ نَزَعُوا

لا تَحْسَـبُوا مَنْ أَسَرْتُمْ كَانَ ذا رَمَقٍ
فَلَيْـسَ يَـأْكُلُ إِلا المَيِّـتَ الضَّبُـعُ

هَلّا على عَقَبِ الوادِي وَقَدْ صَعِدَتْ
أُسْـدٌ تَمُـرُّ فُـرَادَى لَيْـسَ تَجْتَمِعُ

تَشُقُّكُمْ بِفَتَاها كُلُّ سَـلْهَبَةٍ
والضَّرْبُ يَأْخُذُ مِنْكُـمْ فَوْقَ مَا يَدَعُ

وَإِنَّمَـا عَـرَّضَ اللهُ الجُنُـودَ بِكُـمْ
لِكي يَكُونُـوا بِلا فَسْـلٍ إِذا رَجَعُوا

فَـكُلُّ غَـزْوٍ إِلَيْكُـمْ بَعْدَ ذَا فَلَـهُ

وَكُلُّ غَـازٍ لِسَـيْفِ الدَّولَـةِ التَّبَعُ

يَمْشِـي الكِرَامُ عَلى آثَـارِ غَيْرِهِم

وَأَنْـتَ تَخْلُـقُ مَـا تَأْتِـي وَتَبْتَدِعُ

وَهَـلْ يَشِـيْنُكَ وَقْتٌ كُنْتَ فَارِسَـهُ

وَكَانَ غَيْرُكَ فَيْـهِ العَاجِزُ الضَّرَعُ؟

مَنْ كَانَ فَوْقَ مَحَلِّ الشَّمْسِ مَوْضِعُهُ

فَلَيْـسَ يَرْفَعُـهُ شَـيْءٌ وَلا يَضَعُ!

لَمْ يُسْـلِمِ الكَرُّ فِي الأَعْقَابِ مُهْجَتَهُ

إِنْ كَانَ أَسْـلَمَها الأَصْحَابُ والشِّيَعُ

لَيْـتَ المُلُوكَ عَلى الأَقْـدَارِ مُعْطِيَةٌ

فَلَـمْ يَكُـنْ لِدَنِـيءٍ عِنْدَها طَمَعُ!

رَضِيْتَ مِنْهُم بِأَنْ زُرْتَ الوَغَى فَرَأوا

وَأَنْ قَرَعْتَ حَبِيْكَ البِيضِ فَاسْتَمَعُوا

لَقَـدْ أَبَاحَـكَ غِشّـاً فِي مُعَامَلَـةٍ

مَـنْ كُنْتَ مِنْهُ بِغَيْرِ الصِّـدْقِ تَنْتَفِعُ

الدَّهـرُ مُعْتَـذِرٌ والسَّـيْفُ مُنْتَظِرٌ

وَأَرْضُهُمْ لَـكَ مُصطافٌ وَمُرْتَبَعُ

وَمَـا الجِبـالُ لِنَصْـرَانٍ بِحامِيَـةٍ

وَلَـوْ تَنَصَّرَ فِيها الأَعْصَـمُ الصَّدَعُ

وَمَـا حَمِدْتُـكَ فِي هَـوْلٍ ثَبَتَّ لَهُ
حَتَّـى بَلَوْتُـكَ وَالأَبْطـالُ تَمْتَصِعُ

فَقَـدْ يُظَنُّ شُـجَاعاً مَنْ بِـهِ خَرَقٌ
وَقَـدْ يُظَـنُّ جَبَاناً مَـنْ بِـهِ زَمَعُ

إِنَّ السِّـلاحَ جَمِيعُ النَّـاسِ تَحْمِلُهُ
وَلَيْـسَ كُلُّ ذَوَاتِ المِخْلَبِ السَّبُعُ

هوامش الفصل الرابع:

1 – إسـكاربيت، روبير، سوسـيولوجيا الأدب، ترجمة: آمـال أنطوان عرموني، ط3، عويدات للنشر والطباعة، بيروت، 1999، ص21.

2 – انظر نصّ القصيدة في: المتنبّي، أحمد بن الحسـين (ت354هـ / 956م)، شرح ديـوان المتنبي، وضعــه: عبدالرحمن البرقوقـي، دار الكتـاب العربي، بيروت، 1986، ج2، ص330 – 343. وهذا الشّــرح هو المعتمد في توثيق شـعر المتنبّي في هذا الفصل من الدّراسة.

3 – الخطيب، حسـام، «الأدب والفكر وما بينهما»، عالم الفكر، المجلس الوطني للثقافة والفنون والآداب، الكويت، مجلد24، عدد4، 1996، ص282.

4 – من الدّراسـات التي اطّلع عليها الباحث وتناولت موضوع الحِجاج في شـعر المتنبّي:

– بوخشـرة، خديجـة، الروابط الحجاجية في شـعر أبي الطيـب المتنبـي: مقاربة تداوليّة، رسالة ماجستير، جامعة وهران، 2010.

– عزوزي، البشير، حجاجيّة الاستعارة في الشّعر العربيّ: ديوان المتنبي أنموذجاً، رسالة ماجستير، جامعة أكلي محند أولحاج، 2014.

– قلاتي، فضيلة، الروابط الحجاجيّة في شـعر المتنبي: السّيفيّات أنموذجاً، رسالة ماجستير، جامعة العربي بن مهيدي، 2016.

– التويجري، صالح بن عبدالله بن صالح، «الحجاج في كافوريات المتنبي: مقاربة تحليليّة في أنسـاق الحجج»، مجلة العلوم العربية، جامعة الإمام محمد بن سـعود الإسلامية، عدد45، 2017، ص331 – 406.

– عزوزي، البشـير، «الحجاج المغالط في شعر المتنبي: مقاربة حجاجيّة لآليات المغالطـة في الكافوريـات»، حوليات الآداب واللغات، جامعـة محمد بوضياف، مجلد5، عدد10، 2018، ص330 – 343.

واضحٌ من عناوين هذه الدّراسات التي انصبّتْ على شعر المتنبّي كلّه، أو أجزاء واسعة منه اختلافُها عن توجُّه الدّراسة الحاليّة التي تقف على نصٍّ واحد بعينه، مراعيةً سياقه وبنيته القائمتين، لتناولِ موضوعِ الحِجاج فيه على قَدْر من الإحاطة والشّمول.

5 ــ الجرجانـي، علي بن عبدالعزيز (ت392هـ / 1001م)، الوساطة بين المتنبي وخصومـه، تحقيق: محمد أبو الفضل إبراهيم وعلي محمد البجاوي، ط1، المكتبة العصرية، صيدا، بيروت، 2006، ص160.

6 ــ ابن الأثير، ضياء الدين الجزري (ت637هـ / 1239م)، المثل السّائر في أدب الكاتب والشّاعر، تحقيق: محمد محيي الديـن عبدالحميد، مطبعة مصطفى البابي الحلبي، مصر، 1939، ج2، ص369.

7 ــ الموسـى، نهـاد، «الفتنة باللغة في خطاب محمـود درويش»، مجلـة العربي، وزارة الإعلام، دولة الكويت، عدد650، يناير 2013، ص123.

8 ــ انظـر: ابن كثير، أبو الفداء إسـماعيل (ت774هـ / 1373م)، البداية والنهاية. تحقيق: إبراهيم الزيبق، ط2، دار ابن كثير للطباعة والنشر، دمشق، 2010، ج12، ص183؛ المعرّي، أبو العلاء أحمد بن عبدالله (ت449هـ / 1057م)، شـرح ديوان أبي الطيّب المتنبّي «معجز أحمد»، تحقيق: عبدالمجيد دياب، ط2، دار المعارف، القاهرة، 1992، ج3، ص175 ــ 176.

9 ــ أبو ديب، كمال، كتاب الحريّة، دار فضاءات للنشر والتوزيع والكتابة، عمّان، 2012، ص148.

10 ــ الطَّبَع: الدَّنس.

11 ــ المارن: ما لان من الأنف. اجتدع أنفه: قطعه.

12 ــ المَثْرفيّة: السُّيوف.

13 ــ انظـر: ابن قتيبة، عبدالله بن مسـلم (ت276هـ / 889م)، الشِّعر والشُّعراء، تحقيق: أحمد محمد شاكر، دار المعارف، القاهرة، د. ت، ج1، ص74 ــ 75.

14 ــ انظـر: بروتـون، فيليـب، الحجاج في التواصـل، ترجمة: محمد مشبال وعبدالواحد التهامـي العلمـي، ط1، المركـز القومي للترجمـة، القاهرة، 2013، ص86.

15 ــ إسـماعيل، عزالديـن، في الشِّـعر العبّاسـي: الرؤيـة والفـن، ط1، المكتبة الأكاديمية، القاهرة، 1994، ص150.

16 – انظر مثلاً: المتنبّي، شرح ديوان المتنبي، ج2، ص92 – 93؛ ج3، ص47؛ ج4، ص274؛ وعن الموقف من الآخر في شعر المتنبّي انظر: الحويطات، مفلح، «الأنا والآخر في شعر المتنبّي: دراسة في إشكاليّة الظاهرة وتجلّياتها»، المجلة العربية للعلوم الإنسانية، مجلس النشر العلمي، جامعة الكويت، مجلد33، عدد131، 2015، ص143 – 182.

17 – انظر مثلاً: أدونيس (علي أحمد سعيد)، مقدّمة للشّعر العربيّ، ط3، دار العودة، بيروت، 1979، ص55 – 57؛ الغذامي، عبدالله، النقد الثّقافي: قراءة في الأنساق الثّقافيّة العربيّة، ط2، المركز الثقافي العربي، الدار البيضاء، بيروت، 2001، ص125 – 128.

18 – البهلول، عبدالله، الحِجاج الجدليّ: خصائصه الفنيّة وتشكّلاته الإجناسيّة في نماذج من التراث اليونانيّ والعربيّ، ط1، قرطاج للنشر والتوزيع، صفاقس، تونس، 2013، ص269.

19 – الجرجاني، عبدالقاهر (ت471هـ / 1078م)، كتاب أسرار البلاغة، قرأه وعلّق عليه: محمود محمد شاكر، ط1، دار المدني، جدّة، 1991، ص115.

20 – انظر: الدريدي، الحِجاج في الشّعر العربيّ، ص141.

21 – انظر مثلاً: أمين، أحمد: فيض الخاطر، مكتبة النهضة المصريّة، القاهرة، 1943، ج4، ص91 – 100؛ العقّاد، عبّاس محمود، مطالعات في الكتب والحياة، ط4، دار المعارف، القاهرة، 1987، ص148 – 174.

22 – صولة، الحِجاج: أطره ومنطلقاته وتقنياته، ص317.

23 – الغرافي، مصطفى، «بلاغة الخطبة: خطب كتاب «عيون الأخبار» أنموذجاً»، في: بلاغة النص التراثي: مقاربات بلاغيّة حجاجيّة، إشراف: محمد مشبال، دار عين للنشر، الإسكندرية، 2013، ص64.

24 – القَذَع: الفحش.

25 – المقانب: جمع مقنب، جماعة الخيل زهاء الثلاثمائة. النهل: الشّرب الأول. الشّكيم: جمع شكيمة، الحديدة المعترضة في فم الفرس من اللجام.

26 – لا يعتقي: أي لا يعتاق، يقال: عاقه واعتاقه.

27 – خرشنة: بلد بالروم؛ الأرباض: جمع ربض، ما حول المدينة من العمارة.

28 – الدريدي، الحجاج في الشّعر العربيّ، ص228؛ صولة، الحجاج: أطره ومنطلقاته وتقنياته، ص334.

29 – البهلول، عبدالله، المبالغة بين اللغة والخطاب: ديوان الخنساء أنموذجاً، ط1، مطبعة التسفير الفني، صفاقس، 2009، ص10.

30 – الثعالبي، عبدالملك بن محمد (ت429هـ / 1038م)، يتيمة الدهر في محاسن أهل العصر، ط1، دار الكتب العلمية، بيروت، 1983، ج1، ص37.

31 – الثعالبي، يتيمة الدهر، ج1، ص50.

32 – مروّة، حسين، تراثنا كيف نعرفه، ط2، مؤسسة الأبحاث العربية، بيروت، 1986، ص65؛ وفي خصوصيّة علاقة المتنبّي بسيف الدّولة، وتجاوز هذه العلاقة شكلَها النمطيَّ بين شاعرٍ وممدوح انظر: شاكر، محمود، المتنبّي، ط3، المطبعة المدني، القاهرة، جدة، 1987، ص 325 – 331.

33 – حسين، طه، مع المتنبي، ط 12، دار المعارف، القاهرة، د. ت، ص231.

34 – المعري، شرح ديوان أبي الطيب المتنبي (معجز أحمد)، ج3، ص175.

35 – بروتون، الحجاج في التواصل، ص109.

36 – بروتون، الحجاج في التواصل، ص109.

37 – بروتون، الحجاج في التواصل، ص109.

38 – بروتون، الحجاج في التواصل، ص109.

39 – انظر: الرباعي، عبدالقادر، «الطير والمعتقد في الشّعر الجاهليّ»، المجلة العربية للعلوم الإنسانية، مجلس النشر العلمي، جامعة الكويت، مجلد8، عدد29، 1988، ص118 – 121.

40 – مشبال، محمد، الحجاج والتأويل في النصّ السّردي عند الجاحظ، ط1، نادي القصيم الأدبي، ودار محمد علي للنشر، القصيم، تونس، 2015، ص22.

41 – الدريدي، الحجاج في الشّعر العربيّ، ص287.

42 – إسماعيل، في الشّعر العبّاسي، ص149.

43 – السّهام: حرّ السّموم؛ القُرّ: البرد؛ المقوَرَّة: الضّامرة؛ المُزْع: السّريعة.

44 – مشبال، محمد، في بلاغة الحجاج: نحو مقاربة بلاغيّة حجاجيّة لتحليل الخطابات، ط1، دار كنوز المعرفة للنشر والتوزيع، عمّان، 2017، ص323.

45 – الجاحظ، عمرو بن بحر (ت255هـ / 869م)، رسائل الجاحظ، تحقيق: عبدالسّلام هارون، مكتبة الخانجي، القاهرة، 1964، ج1، ص203.

46 – الجرجانـي، عبدالقاهـر (ت471هـ / 1078م)، دلائل الإعجـاز، قرأه وعلّق عليه: محمود محمد شاكر، ط5، مكتبة الخانجي، القاهرة، 2004، ص70.

47 – ابن الإفليلي، إبراهيم بن محمد (ت441هـ / 1050م)، شـرح شـعر المتنبي، دراسـة وتحقيق: مصطفى عليان، ط1، مؤسسـة الرسـالة، بيروت، 1992، ج1، ص351.

48 – البهلول، المبالغة بين اللغة والخطاب، ص11.

49 – حظيت المفارقة بدراسـات كثيرة على المسـتوى النظريّ والتطبيقيّ، ويبدو أنه بات من المتعذّر الاتفاق على تحديد تعريف دقيق لهذا المصطلح. عن المفارقة انظر مثلاً:

Abrams, M. A. 1999. A Glossary of Literary Terms, Seventh Edition, Heinle& Heinle, USA, PP.134 – 138.

ميويك، د. سـي، «المفارقة وصفاتها»، في: موسوعة المصطلح النقدي، ترجمة: عبدالواحد لؤلؤة، ط1، المؤسسـة العربية للدراسات والنشر، بيروت، 1993، ج4، ص118 – 267.

50 – عليمـات، يوسـف محمود، «مفارقـات الهامش: قراءة فـي نونيّة قريط بن أنيف»، المجلة العربية للعلوم الإنسـانية، مجلس النشـر العلمي، جامعة الكويت، مجلد34، عدد135، 2016، ص42.

51 – قطّوس، بسّام، «المفارقة في متشائل إميل حبيبي: الوقائع الغريبة في اختفاء أبـي النحس»، مجلة مؤتـة للبحوث والدراسـات، جامعة مؤتـة، مجلد7، عدد1، 1992، ص79.

52 – ميويك، المفارقة وصفاتها، ج4، ص145.

53 – ابـن الأثير، ضيـاء الدين الجزري (ت637هــ / 1239م)، الجامع الكبير في صناعـة المنظـوم من الـكلام والمنثور، تحقيـق: مصطفى جواد وجميل سـعيد، المجمع العلمي العراقي، بغداد، 1956، ص270.

54 – المتنبّي، أحمد بن الحسـين (ت354هـ / 965م)، ديوان أبـي الطيّب المتنبّي بشـرح أبي البقاء العكبري المسـمّى التبيان في شـرح الديوان، تحقيق: مصطفى السـقا، وإبراهيم الإبياري، وعبدالحافظ شلبي، دار المعرفة، بيروت، د. ت. ج2، ص229.

55 – المعـري، أبو العلاء أحمـد بن عبدالله (ت449هـ / 1057م)، اللامع العزيزي

شـرح ديوان المتنبي، تحقيق: محمد سـعيد المولوي، ط1، مركـز الملك فيصل للبحوث والدراسـات الإسـلامية، الرياض، 2008، ج2، ص688؛ وقد ذهبتُ أكثرُ شـروح ديوان المتنبي في شـرح قولـه: «تغدو المنايا فلا تنفك واقفةً...» إلى أنَّ البيـت يعود على سـيف الدولة؛ أي أنّ المنايا تأتمـر بأمره في الإقدام أو الرجوع. وقد بدا شـرح المعري في «اللامع العزيزي» لافتاً ومختلفاً؛ إذ إنه يرى أنَّ البيت يجب أن يعود على القيد لأنه متصل بصفته؛ فالبيت مرتبط بما قبله ارتباطاً يشـهد بأنه مشـفوع به. وقد أخذتُ بهذا التأويل لأنه يعزّز فكرة انسـجام الخطاب وترابط أجزاء النّصّ واتّساقها.

56 – العـزاوي، أبو بكـر، الخطاب والحجاج، ط1، مؤسسـة الرحـاب الحديثة، بيروت، 2010، ص47.

57 – المتنبي، شرح ديوان المتنبي، ج1، ص22.

58 – المُسلَمون– بفتح اللام – الذين أسلمهم سيف الدّولة للعدوّ لتخاذلهم عنه.

59 – السَّلهبة: الطويلة من الخيل.

60 – الفَسْل: العاجز الدنيء.

61 – الضَّرَع: الضّعيف.

62 – القرطاجني، منهاج البلغاء وسراج الأدباء، ص293.

63 – الدريدي، الحجاج في الشعر العربي، ص129؛ وانظر: العسكري، أبو هلال الحسن بن عبدالله (ت395هـ / 1005م)، كتاب الصناعتين: الكتابة والشعر، تحقيق: علي البجاوي ومحمد أبو الفضل إبراهيم، ط1، دار إحياء الكتب العربية، القاهرة، 1952، ص53.

64 – المعري، اللامع العزيزي شرح ديوان المتنبي، ج1، ص689.

65 – المعري، اللامع العزيزي شرح ديوان المتنبي، ج1، ص689.

66 – القيرواني، الحسن بن رشيق (ت456هـ / 1070م)، العمدة في محاسن الشعر وآدابـه ونقده، تحقيق: محمد محيـي الدين عبدالحميـد، ط5، دار الجيل، بيروت، 1981، ج1، ص27.

67 – البهلول، الحجاج الجدليّ، ص255 – 256.

68 – الحمد، علي، والزعبي، يوسـف، المعجم الوافـي في أدوات النحو العربي، ط2، دار الأمل، إربد، 1993، ص344.

69 – الولي، مدخل إلى الحِجاج: أفلاطون وأرسطو وشايم بيرلمان، ص30.

70 – إسماعيل، في الشِّعر العبّاسي، ص152.

71 – الدريدي، سامية، «الحِجاج في هاشميّات الكميت»، حوليّات الجامعة التونسيّة، تونس، عدد40، 1996، ص254.

72 – مشبال، في بلاغة الحجاج، ص257.

73 – الحبيك: جمع حبيكة، وهي الطرائق التي في السّيوف.

74 – الأعصم: الوعل الذي في إحدى يديه بياض. الصّدع: الوعل لا بالمسنّ ولا بالصغير.

75 – تمتصع: تتقاتل وتتجالد بالسّيوف.

76 – الخرق: الخفّة والطيش؛ الزَّمَع: الرعدة.

77 – المتنبي، شرح ديوان المتنبي، ج4، ص81.

78 – لعلّ ممّا يؤكّد مثل هذه المعاناة ما كان يُنسَب للمتنبي من أقوال تتّخذ صفة الاتهام الصريح لسيف الدولة، من ذلك قوله: «فهو [سيف الدولة] الذي أعطاني لكافور بسوء تدبيره، وقلّة تمييزه». انظر: البديعي، يوسف (ت1063هـ / 1662م)، الصبح المنبي عن حيثيّة المتنبي، تحقيق: مصطفى السقا ومحمد شتا وعبده زيادة عبده، ط3، دار المعارف، القاهرة، د. ت، ص100.

79 – انظر مثلاً: المتنبي، شرح ديوان المتنبي، ج1، ص394؛ ج2، ص13؛ ج3، ص236.

80 – عبداللطيف، عماد، «ماهيّة الشعر ووظائفه وأدواته»: مراجعة نقديّة لدراسة «مفهوم الشِّعر عند الشُّعراء»، مجلة الذاكرة، مخبر التراث اللغوي والأدبي، جامعة قاصدي مرباح ورقلة، الجزائر، عدد8، يناير 2017، ص260.

81 – في استقراء هذا الجانب من علاقة الشاعر بسيف الدولة انظر: حسين، مع المتنبي، ص261 – 269.

82 – مشبال، في بلاغة الحجاج، ص249.

83 – مشبال، في بلاغة الخطاب، ص176.

84 – القيرواني، العمدة، ج1، ص217.

85 – يقول ابن الأثير في المتنبي: «... ولا شكّ أنّه كان يشهد الحروب مع سيف

الدّولـة ابن حمدان، فيصف لسـانه مـا أدى إليه عيانه». انظـر: ابن الأثير، المثل السّائر، ج2، ص369.

86 – مشبال، الحجاج والتأويل، ص18.

87 – انظر البديعي، الصبح المنبي، ص78 – 79.

88 – في مناقشـة مثل هذه الروايات انظر: اليوسـفي، محمد لطفي، فتنة المتخيّل: الكتابة ونداء الأقاصي، ط1، المؤسسة العربية للدراسات والنشر، بيروت، 2002، ص323 – 327.

(*) المتنبّي، ديوانه (شرح البرقوقي)، ج2، ص330 – 343.

المصادر والمراجع

أولاً: المصادر:

– القرآن الكريم

– ابـن الأثيـر، ضياء الديـن الجزري (ت 637هـ / 1239م)، الجامـع الكبير في صناعـة المنظـوم من الـكلام والمنثور، تحقيـق: مصطفى جواد وجميل سـعيد، المجمع العلمي العراقي، بغداد، 1956.

– ابـن الأثير، ضياء الدّين الجزري (ت 637هـ / 1239م)، المثل السّـائر في أدب الكاتب والشّاعر، قدّمه وعلّق عليه: أحمد الحوفي وبدوي طبانة، دار نهضة مصر للطبع والنشر، القاهرة، د. ت.

– ابـن الأثير، ضياء الدين الجزري (ت 637هـ / 1239م)، المثل السّـائر في أدب الكاتب والشّـاعر، تحقيق: محمد محيي الديـن عبدالحميد، مطبعة مصطفى البابي الحلبي، مصر، 1939.

– أرسـطو (ت 323 ق. م)، الخطابـة، ترجمة: عبدالرحمـن بدوي، وزارة الثقافة والإعلام العراقيّة، دار الرشيد للنشر، بغداد، 1980.

– الأصفهانـي، أبو الفرج علي بن الحسـين (ت 356هـ / 976م)، كتاب الأغاني، تحقيق: إحسان عبّاس، وإبراهيم السعافين، وبكر عبّاس، ط3، دار صادر، بيروت، 2008.

– الأصفهاني، أبو القاسم عبد الله بن عبد الرحمن (بعد 410هـ / 1019م)، الواضح في مشـكلات شـعر المتنبّي، تحقيق: محمّد الطاهر بن عاشـور، الدّار التونسيّة للنشر، تونس، 1968.

– ابن الإفليلي، إبراهيم بن محمّد (ت 441هـ / 1050م)، شرح شعر المتنبي، دراسة وتحقيق: مصطفى عليان، ط1، مؤسسة الرسالة، بيروت، 1992.

- الأنباري، أبو بكر محمد بن القاسم (ت 328هـ / 940م)، شـرح القصائد السّبع الطِّوال الجاهليّات، تحقيق: عبدالسّلام محمد هارون، ط5، دار المعارف، القاهرة، د. ت.

- البديعي، يوسف (ت 1073هـ / 1662م)، هبة الأيام فيما يتعلّق بأبي تمّام، نشره: محمود مصطفى، مطبعة العلوم، القاهرة، 1934.

- البديعـي، يوسـف (ت 1073هـ / 1662م)، الصّبح المنبي عن حيثيـة المتنبّي، تحقيـق: مصطفى السّـقا، ومحمّد شـتا، وعبده زيـاد عبـده، ط3، دار المعارف، القاهرة، د. ت.

- البغـدادي، أحمـد بن علـي (ت 463هـ / 1071م)، تاريخ مدينة السـلام، تحقيق: بشار معروف، ط1، دار الغرب الإسلامي، بيروت، 2001.

- أبـو تمّـام، حبيب بن أوس الطائيّ (ت 231هـ / 845م)، شـرح ديوان أبي تمّام: حبيب بن أوس الطائيّ لأبي الحجاج يوسف بن سليمان بن عيسى الأعلم الشنتمري (ت 476هـ / 1084م)، دراسـة وتحقيق: إبراهيم نادن، منشـورات وزارة الأوقاف والشّؤون الإسلاميّة، المغرب، 2004.

- أبـو تمّـام، حبيب بـن أوس الطائيّ (ت 231هـ / 845م)، شـرح ديوان أبي تمّام (بشـرح الخطيـب التبريـزي)، تحقيق: محمد عبـده عـزام، ط4، دار المعارف، مصر، د. ت.

- التّوحيديّ، أبو حيّان، علي بن محمّد (ت 414هـ / 1023م)، الإمتاع والمؤانسـة، صحّحه وضبطه وشـرح غريبه: أحمـد أمين، وأحمد الزين، منشـورات المكتبة العصريّة، بيروت، صيدا، د. ت.

- التوحيـدي، أبـو حيّان علي بن محمّد (ت 414هـ / 1023م)، الصّداقة والصّديق، تحقيق: إبراهيم الكيلاني، دار الفكر المعاصر، بيروت، ودار الفكر، دمشق، 1998.

- التوحيـدي، أبو حيّان علي بن محمّد (ت414هـ / 1023م)، المقابسـات، تحقيق: حسن السّندوبي، ط2، دار سعاد الصّباح، الكويت، 1992.

- التوحيدي، أبو حيّان علي بن محمد (ت 414هـ / 1023م)، ومسكويه، أحمد بن محمد (ت 421هـ / 1030م)، الهوامل والشـوامل، نشـره: أحمد أمين، والسيد أحمد صقر، الهيئة العامة لقصور الثقافة، القاهرة، د. ت.

- الثّعالبي، أبو منصور عبدالملك بن محمّد (ت 429هـ / 1038م)، يتيمة الدّهر في محاسن أهل العصر، تحقيق: مفيد محمّد قميحة، ط1، دار الكتب العلميّة، بيروت، 1983.

– الجاحظ، أبو عثمان، عمرو بن بحر (ت 255هـ / 869م)، البيان والتّبيين، تحقيق: عبدالسّلام هارون، ط5، مكتبة الخانجي، القاهرة، 1985.

– الجاحظ، أبو عثمان عمرو بن بحر (ت 255هـ / 771م)، رسائل الجاحظ، تحقيق: عبدالسلام هارون، مكتبة الخانجي، القاهرة، 1964.

– الجرجاني، عبدالقاهر (ت 471هـ / 1078م)، كتاب أسرار البلاغة، قرأه وعلّق عليه: محمود محمد شاكر، ط1، دار المدني، جدّة، 1991.

– الجرجاني، عبدالقاهر (ت 471هـ / 1078م)، دلائل الإعجاز، قرأه وعلّق عليه: محمود محمد شاكر، ط5، مكتبة الخانجي، القاهرة، 2004.

– الجرجاني، علي بن عبدالعزيز (ت 392هـ / 1001م)، الوساطة بين المتنبي وخصومه، تحقيق: محمد أبو الفضل إبراهيم، وعلي محمد البجاوي، ط1، المكتبة العصرية، صيدا، بيروت، 2006.

– الحمويّ، ياقوت بن عبد الله (ت 626هـ / 1228م)، معجم الأدباء، تحقيق: إحسان عبّاس، ط1، دار الغرب الإسلاميّ، بيروت، 1993.

– الحمويّ، ياقوت بن عبدالله (ت 626هـ / 1228م)، معجم البلدان، دار صادر، بيروت، 1977.

– الحمويّ، ياقوت بن عبدالله (ت 626هـ / 1228م)، معجم البلدان، تحقيق: فريد عبدالغني الجندي، ط1، دار الكتب العلميّة، بيروت، 1990.

– ابن خلكان، أحمد بن محمد (ت 681هـ / 1282م)، وفيات الأعيان وأنباء أبناء الزمان، تحقيق: إحسان عبّاس، دار صادر، بيروت، د. ت.

– الرازي، أبو حاتم أحمد بن حمدان (ت 322هـ / 934م)، كتاب الزينة: معجم اشتقاقيّ في المصطلحات الدينيّة والثقافيّة، تحقيق سعيد الغانمي، منشورات الجمل، بيروت، بغداد، 2015.

– الصّفدي، صلاح الدّين خليل بن أيبك (ت 764هـ / 1363م)، الوافي بالوفيات، تحقيق واعتناء: أحمد الأرناؤوط، وتركي مصطفى، ط1، دار إحياء التراث العربي، بيروت، 2000.

– الصّولي، محمد بن يحيى (ت 335هـ / 946م)، أخبار أبي تمّام، تحقيق: خليل محمود عساكر، ومحمد عبده عزام، ونظير الإسلام الهندي، ط3، دار الآفاق الجديدة، بيروت، 1980.

- الضّبـي، المُفَضَّـل بن محمّد (ت 178هـ / 794م)، المفضليّات، تحقيق وشـرح: أحمد محمّد شاكر وعبد السّلام هارون، ط10، دار المعارف، القاهرة، 1992.

- العسكري، أبو هلال الحسن بن عبدالله (ت 395هـ / 1005م)، كتاب الصّناعتين: الكتابة والشّعر، تحقيق: مفيد قميحة، ط1، دار الكتب العلميّة، بيروت، 1981.

- العسكري، أبو هلال الحسن بن عبدالله (ت 395هـ / 1005م)، كتاب الصناعتين: الكتابة والشّعر، تحقيق: علي البجاوي، ومحمد أبو الفضل إبراهيم، ط1، دار إحياء الكتب العربية، القاهرة، 1952.

- ابن قتيبة، عبدالله بن مسـلم (ت 276هـ / 889م) الشّـعر والشُّعراء، تحقيق: أحمد محمد شاكر، دار المعارف، القاهرة، د. ت.

- القرطاجنـي، أبو الحسـن حازم بن محمد (ت 684هــ / 1284م)، منهاج البلغاء وسـراج الأدباء، تحقيق: محمد الحبيب ابن الخوجة، ط3، دار الغرب الإسـلامي، بيروت، 1986.

- القيرواني، أبو علي الحسـن بن رشـيق (ت 456هـ / 1070م) العمدة في محاسن الشّـعر وآدابـه ونقده، تحقيـق: محمد محيي الديـن عبدالحميـد، ط5، دار الجيل، بيروت، 1981.

- الكتبي، محمد بن شـاكر (ت 764هـ / 1363م)، فوات الوفيات، تحقيق: إحسـان عباس، دار صادر، بيروت، د. ت.

- ابـن كثير، أبو الفداء إسـماعيل بن عمر (ت 774هــ / 1373م) البداية والنهاية، تحقيق: إبراهيم الزيبق، ط2، دار ابن كثير للطباعة والنشر، دمشق، 2010.

- المتنبّي، أحمد بن الحسين (ت 354هـ / 956م)، شـرح ديوان المتنبي، وضعه: عبد الرحمن البرقوقي، دار الكتاب العربي، بيروت، 1986.

- المتنبِّي، أحمد بن الحسين (ت 354هـ / 965م)، ديوان أبي الطيّب المتنبّي بشرح أبي البقاء العكبري المسـمّى التبيان في شـرح الديوان، تحقيق: مصطفى السّقا، وإبراهيم الإبياري، وعبد الحفيظ شـلبي، مطبعة مصطفى البابي الحلبي، القاهرة، 1926.

- المرزوقـي، أحمد بن محمد (ت 421هـ / 1030م)، شـرح مشـكلات ديوان أبي تمّام، تحقيق: عبدالله سليمان الجربوع، ط1، دار المدني للطباعة والنشر والتوزيع، جدّة، 1986.

- مسكويه، أحمد بن محمد (ت 421هـ / 1030م)، تهذيب الأخلاق، دراسة وتحقيق: عماد الهلالي، ط1، منشورات الجمل، بغداد، بيروت، 2011.

- مسلم النيسابوري (ت 261هـ / 875م)، صحيح مسلم، نظر: محمد الفاريابي، دار طيبة للنشر والتوزيع، الرياض، 2006.

- ابن المعتز، عبد الله بن محمد (ت 296هـ / 909م)، طبقات الشُّعراء، تحقيق: عبد الستار أحمد فرج، ط3، دار المعارف، القاهرة، د. ت.

- المعري، أبو العلاء أحمد بن عبدالله (ت 449هـ / 1057م) شـرح ديوان أبي الطيّب المتنبّي «معجز أحمد»، تحقيق: عبدالمجيد دياب، ط2، دار المعارف، القاهرة، 1992.

- المعري، أبو العلاء أحمد بن عبدالله (ت 449هـ / 1057م) اللامع العزيزي شرح ديـوان المتنبي، تحقيق: محمد سـعيد المولوي، ط1، مركـز الملك فيصل للبحوث والدراسات الإسلامية، الرياض، 2008.

- ابن منظور، محمد بن مكرم (ت 711هـ / 1311م)، لسان العرب، دار المعارف، مصر، د. ت.

- الميدانـي، أحمـد بن محمد النيسابوري (ت 518هــ / 1124م)، مجمع الأمثال، تحقيق: محمّد محيي الدين عبدالحميد، مكتبة السُّنة المحمديّة، القاهرة، 1955.

- أبو نواس، الحسن بن هانئ (ت 198هـ / 813م)، ديوانه، حققه وضبطه وشرحه: أحمد عبد المجيد الغزالي، دار الكتاب العربي، بيروت، 1953.

- الهمذاني، بديع الزّمان أحمد بن الحسـين (ت 398هـ / 1008م)، شـرح مقامات بديـع الزّمان الهمذاني، تأليـف: محمّد محيي الدين عبدالحميد، دار الكتب العلميّة، بيروت، د. ت.

ثانياً: المراجع العربية والمترجمة:

- إبراهيـم، نـوال مصطفى، المتوقّع واللامتوقّع في شـعر المتنبّي: مقاربة نصيّة في ضوء نظريّة التّلقي والتّأويل، ط1، دار جرير للنشر والتوزيع، عمّان، 2008.

- أحمد، محمّد فتوح، شعر المتنبّي: قراءة أخرى، دار المعارف، القاهرة، 1983.

- أدونيس، علي أحمد سـعيد، الثابت والمتحوّل: بحثٌ فـي الإبداع والاتباع عند العرب، ط2، دار العودة، بيروت، 1979.

- أدونيس، علي أحمد سـعيد، مقدمة للشِّـعر العربيّ، ط3، دار العودة، بيروت، 1979.

- أركــون، محمّد، نزعة الأنسنة فـي الفكر العربيّ: جيل مسكويه والتوحيدي، ترجمة: هاشم صالح، ط1، دار السّاقي، بيروت، 1997.

- إسماعيل، عزالدين، في الشِّعر العباسيّ: الرؤية والفن، ط1، المكتبة الأكاديمية، القاهرة، 1994.

- الألباني، محمد ناصر الدين، سلسلة الأحاديث الصحيحة، مكتبة المعارف للنشر والتوزيع، الرياض، 1995.

- الألوسـي، محمود شكري، بلوغ الأرب في معرفة أحوال العرب، عني بشرحه وتصحيحه وضبطه: محمد بهجة الأثريّ، دار الكتب العلميّة، بيروت، د. ت.

- أمين، أحمد، فيض الخاطر، مكتبة النهضة المصريّة، القاهرة، 1943.

- بركات، حليم، المجتمـع العربيّ المعاصر: بحثٌ في تغيُّر الأحوال والمقامات، منشورات وزارة الثقافة، عمّان، 2009.

- بروتون، فيليب، وجوتييه، جيل، تاريخ نظريّات الحجاج، ترجمة: محمد صالح الغامدي، ط1، جامعة الملك عبدالعزيز، جدة، 2011.

- بروتـون، فيليـب، الحجاج في التواصـل، ترجمة: محمد مشبال، وعبدالواحد التهامي العلمي، ط1، المركز القومي للترجمة، القاهرة، 2013.

- بروكلمــان، كارل، تاريخ الأدب العربي، نقلـه إلى العربية: عبد الحليم النجار، ط5، دار المعارف، مصر، د. ت.

- بلاشـير، ريجسير، أبو الطّيّب المتنبّي: دراسـة في التّاريـخ الأدبيّ، ترجمة: إبراهيم الكيلاني، ط2، دار الفكر، دمشق، 1985.

- بلاشـير، ريجسير، «أبو الطّيّب المتنبّي»، دائرة المعارف الإسلاميّة، أصدرها باللغة العربيّة: أحمد الشنتناوي وآخرون، دار الفكر، د. م، د. ت.

- بنيخلف، حسـن، «بلاغـة التوقيعات»، في: البلاغة وأنـواع الخطاب، تحرير وإشراف: محمد مشبال، ط1، رؤية للنشر والتوزيع، القاهرة، 2017.

- البهلــول، عبدالله، المبالغة بين اللغة والخطاب: ديوان الخنســاء أنموذجاً، ط1، مطبعة التسفير الفني، صفاقس، 2009.

- البهلــول، عبدالله، الحجاج الجدليّ: خصائصه الفنيّة وتشكّلاته الإجناسيّة في نمــاذج من التـراث اليونانيّ والعربـيّ، ط1، قرطاج للنشـر والتوزيع، صفاقس، تونس، 2013.

– جبرا، جبرا إبراهيم، «المتنبّي وشعره: التناقض والحلّ»، في: ينابيع الرؤيا: دراسات نقديّة، ط1، المؤسسة العربيّة للدّراسات والنشر، بيروت، 1979.

– جدعان، فهمي، «داعي المشاكلة في نظريّة الحبّ عند العرب»، في: نظريّة التّراث ودراسات عربيّة وإسلاميّة أخرى، منشورات وزارة الثقافة، عمّان، 2010.

– الجعافرة، ماجد، التّناصّ والتّلقّي: دراسات في الشّعر العبّاسيّ، دار الكندي، إربد، 2003.

– الجندي، درويش، ظاهرة التّكسُّب وأثرها في الشّعر العربيّ ونقده، دار نهضة مصر، القاهرة، 1970.

– حرب، علي، التأويل والحقيقة: قراءات تأويليّة في الثقافة العربيّة، دار التنوير للطباعة والنشر والتوزيع، بيروت، 2007.

– حرب، علي، هكذا أقرأ ما بعد التّفكيك، ط1، المؤسسة العربيّة للدّراسات والنّشر، بيروت، 2005.

– حسين، طه، مع المتنبّي، ط12، دار المعارف، القاهرة، د. ت.

– حسين، طه، من حديث الشعر والنثر، ط12، دار المعارف، القاهرة، د. ت.

– حسين، طه، من الشاطئ الآخر: كتابات طه حسين الفرنسيّة، ترجمة: عبدالرشيد الصادق محمودي، ط1، المركز القومي للترجمة، القاهرة، 2008.

– الحمد، علي، والزعبي، يوسف، المعجم الوافي في أدوات النحو العربي، ط2، دار الأمل، إربد، 1993.

– الحويطات، مفلح، شعريّة الصّراع: مقاربة نصيّة في شعر المتنبّي، ط1، هيئة أبوظبي للسّياحة والثقافة، دار الكتب الوطنية، أبوظبي، 2017.

– الدريدي، سامية، الحجاج في الشّعر العربي: بنيته وأساليبه، ط2، عالم الكتب الحديث، إربد، 2011.

– الدسوقي، عبدالعزيز، في عالم المتنبّي، ط2، دار الشروق، 1988.

– أبو ديب، كمال، كتاب الحريّة، دار فضاءات للنشر والتوزيع والكتابة، عمّان، 2012.

– دي مان، بول، العمى والبصيرة: مقالات في بلاغة النّقد المعاصر، ترجمة: سعيد الغانمي، ط1، منشورات المجمع الثّقافيّ، أبوظبي، 1995.

ــ الربّاعي، عبدالقادر، الصّورة الفنيّة في شـعر أبي تمّام، ط1، منشورات جامعة اليرموك، إربد، 1980.

ــ الربّاعي، عبدالقادر، عرار: الرُّؤيا والفنّ، أزمنة للنشر والتوزيع، عمّان، 2002.

ــ الزركلي، خير الدين، الأعلام، ط15، دار العلم للملايين، بيروت، 2002.

ــ سـتيتكيفيتش، سوزان، أدب السّياسة وسياسة الأدب: التّفسير الطّقوسيّ لقصيدة المدح في الشِّـعر العربيّ القديم، ترجمه بالاشتراك مع المؤلفة وقدّم له: حسن البنا عزّ الدّين، الهيئة المصريّة العامّة للكتاب، القاهرة، 1998.

ــ سـتيتكيفيتش، سوزان، القصيدة والسلطة: الأسطورة، الجنوسة، والمراسم في القصيدة العربية الكلاسيكية، ترجمة: حسـن البنا عزالدين، ط1، المركز القومي للترجمة، القاهرة، 2010.

ــ أبو سـريع، أسـامة أسـعد، «الصّداقة من منظور علم النّفس»، عالم المعرفة، المجلـس الوطنـي للثقافـة والفنـون والآداب، الكويـت، نوفمبـر 1993. (نسـخة إلكترونيّة).

ــ ابن سـلامة، رجاء، العشـق والكتابـة: قراءة في المـوروث، ط1، دار الجمل، ألمانيا، 2003.

ــ السّـمرة، محمـود، القاضي الجرجاني: الأديب النّاقد، ط1، منشـورات المكتب التجاري للطّباعة والنشر والتوزيع، بيروت، 1966.

ــ سـويدان، سـامي، في النّصّ الشِّـعريّ العربـيّ: مقاربات منهجيّـة، ط1، دار الآداب، بيروت، 1989.

ــ شاكر، محمود محمّد، المتنبّي، مطبعة المدني، القاهرة، 1977.

ــ ابن شـريفة، محمـد، أبو تمّام وأبو الطيّب فـي أدب المغاربة، ط1، دار الغرب الإسلامي، بيروت، 1986.

ــ ابن الشّـيخ، جمال الدّين، الشِّـعريّة العربيّة: تتقدّمه مقالـة حول خطاب نقديّ، ترجمـة: مبـارك حنون، ومحمد الولـي، ومحمـد أوراغ، ط1، دار توبقال، الدار البيضاء، 1996.

ــ صولـة، عبدالله، «الحجاج: أطره ومنطلقاته وتقنياته مـن خلال «مصنف في الحجـاج ــ الخطابة الجديـدة» لبرلمان وتيتيكاه»، في: أهـمّ نظريّات الحجاج في التقاليـد الغربيّة من أرسطو إلى اليوم، تحرير: حمّادي صمّود، منشـورات كلية الآداب منوبة، تونس، 1988.

– ضيف، شوقي، الفنّ ومذاهبه في الشّعر العربيّ، ط11، دار المعارف، مصر، د. ت.

– طروس، محمد، النظريّة الحجاجيّة من خلال الدّراسات البلاغيّة والمنطقيّة واللسانيّة، ط1، دار الثقافة، الدّار البيضاء، 2005.

– عادل، عبداللطيف، الحجاج في الخطاب: مقاربات تطبيقيّة، ط1، مؤسسة آفاق للدّراسات والنشر، مراكش، 2017.

– عبّاس، إحسان، تاريخ النقد الأدبيّ عند العرب، ط1، دار الشّروق، عمّان، 1993.

– عبّاس، إحسان، تاريخ النقد الأدبيّ عند العرب: نقد الشّعر من القرن الثاني حتى القرن الثامن الهجري، ط4، دار الثقافة، بيروت، 1983.

– عبدالرحمـن، طه، اللسـان والميـزان أو التكوثر العقلـيّ، ط1، المركز الثقافي العربي، الدار البيضاء، بيروت، 1998.

– عبدالرحمـن، طه، في أصول الحوار وتجديـد علم الكلام، ط2، المركز الثقافي العربي، الدار البيضاء، بيروت، 2000.

– العزاوي، أبو بكر، الخطاب والحجاج، ط1، مؤسسة الرّحاب الحديثة، بيروت، 2010.

– عصفور، جابر، الصّورة الفنيّة في التراث النقديّ والبلاغيّ عند العرب، ط3، المركز الثقافي العربي، الدار البيضاء، بيروت، 1992.

– عصفور، جابر، مفهوم الشِّـعْر: دراسـة فـي التّراث النّقـديّ، الهيئة المصريّة العامّة للكتاب، القاهرة، 2005.

– عصفور، جابر، غواية التراث، ط1، الدار المصرية اللبنانية، القاهرة، 2011.

– العقّاد، عبّاس محمود، مطالعات في الكتب والحياة، ط4، دار المعارف، القاهرة، 1987.

– العـلاق، علي جعفر، «مرثيّة الصّداقة الآفلة»، في: الدّلالة المرئيّة، ط1، دار الشّروق، عمّان، 2002.

– عيـد، محمد عبد الباسـط، في حجاج النّصّ الشـعريّ، إفريقيا الشـرق، الدار البيضاء، 2013.

– الغذامي، عبدالله، النقد الثقافيّ: قراءة في الأنساق الثقافيّة العربيّة، ط2، المركز الثقافي العربي، الدار البيضاء، بيروت، 2001.

ـ الغرافي، مصطفى، «بلاغة الخطبة: خطب كتاب «عيون الأخبار» أنموذجاً»، في: بلاغة النصّ التراثي: مقاربات بلاغيّة حجاجيّة، تحرير: محمد مشبال، دار عين للنشر، الإسكندرية، 2013.

ـ الغيطانـي، جمال، خلاصة التوحيدي: مختارات مـن نثر أبي حيّان التوحيدي، المجلس الأعلى للثقافة، القاهرة، 1995.

ـ الكركي، خالد، الرّونق العجيب: قراءة في شعر المتنبّي، ط1، المؤسسة العربيّة للدّراسات والنّشر، مؤسسة عبد الحميد شومان، بيروت، عمّان، 2008.

ـ كيليطـو، عبدالفتاح، الأدب والغرابة: دراسـات بنيويّة في الأدب العربيّ، ط3، دار توبقال، الدار البيضاء، 2006.

ـ كيليطـو، عبدالفتاح، المقامات: السَّـرْد والأنسـاق الثقافيّة، ترجمـة: عبدالكبير الشّرقاوي، ط2، دار توبقال للنشر، الدار البيضاء، 2001.

ـ لحمدانـي، حميـد، القراءة وتوليد الدّلالـة، ط1، المركز الثّقافـيّ العربيّ، الدّار البيضاء، بيروت، 2003.

ـ مـروّة، حسـين، تراثنا كيف نعرفه، ط2، مؤسسـة الأبحـاث العربيّة، بيروت، 1986.

ـ المسدي، عبد السّلام، قراءات مع الشّابي والمتنبّي والجاحظ وابن خلدون، ط4، دار سعاد الصّباح، الكويت، القاهرة، 1993.

ـ مشبـال، محمد، الحِجاج والتأويل في النصّ السَّـردي عند الجاحظ، ط1، نادي القصيم الأدبيّ، ودار محمد علي للنشر، القصيم، تونس، 2015.

ـ مشبـال، محمـد، في بلاغة الحجـاج: نحـو مقاربة بلاغيّـة حجاجيّـة لتحليل الخطابات، ط1، دار كنوز المعرفة للنشر والتوزيع، عمّان، 2017.

ـ مفتاح، محمد، التشـابه والاختلاف: نحو منهاجيّة شموليّة، ط1، المركز الثقافي العربي، الدار البيضاء، بيروت، 1996.

ـ المقدسـي، أنيس، أمراء الشّـعر العربيّ في العصر العبّاسـيّ، ط17، دار العلم للملايين، بيروت، 1989.

ـ المناعي، مبروك، الشّـعر والمال: بحث في آليّات الإبداع الشّـعريّ عند العرب من الجاهليّة إلى نهاية القرن الثالث، ط1، دار الغرب الإسلامي، بيروت، 1998.

ـ ميويك، د. سي، «المفارقة وصفاتها»، في: موسوعة المصطلح النقدي، ترجمة:

عبدالواحد لؤلؤة، ج4، المؤسسة العربيّة للدراسات والنشر، بيروت، 1993.

– نزال، فوز سهيل، لغة الحوار في القرآن الكريم: دراسة وظيفيّة أسلوبيّة، ط1، دار الجوهرة للنشر والتوزيع، عمّان، 2003.

– الواد، حسين، اللغة الشِّعر في ديوان أبي تمّام، دار الجنوب للنشر، تونس، 1997.

– ياكبسون، رومان، قضايا الشّعريّة، ترجمة: محمّد الولي، ومبارك حنون، ط1، دار توبقال للنشر، الدار البيضاء، 1998.

– اليوسفي، محمّد لطفي، فتنة المتخيَّل: الكتابة ونداء الأقاصي، ط1، المؤسسة العربيّة للدّراسات والنشر، بيروت، 2002.

ثالثاً: المراجع الأجنبيّة:

– Abrams, M. A. 1999. A Glossary of Literary Terms, Seventh Edition, USA: Heinle& Heinle.

– Rieke, R. D., Sillars, M. O., and Peterson, T. R. 2005. Argumentation and Critical Decision Making, Sixth Edition, Pearson (Publisher).

– Stetkevych, Suzanne Pinckney. "The ʿAbbāsid Poet Interprets History: Three Qasīdahs by Abū Tammām." Journal of Arabic Literature, vol.10,1979, pp. 49 – 65.

رابعاً: الدوريّات:

– إبراهيم، عبدالله، «النقد الثقافيّ: مطارحات في النّظريّة والمنهج والتّطبيق»، مجلّة فصول، الهيئة المصرية العامة للكتاب، القاهرة، عدد 63، 2004.

– إبراهيم، عبدالله، «الإسلام والسَّرْد: انكسار الوسيط السّرديّ ونزاع الأنساق والقيم»، مجلة أوان، جامعة البحرين، عدد7+8 ، 2005.

– الأزهري، عطاء الله بن أحمد المصري (بعد 1186هـ / 1772م)، «نهاية الأرب في شرح لاميّة العرب»، دراسة وتحقيق: عبد الله محمّد عيسى الغزالي، حوليّات كلّية الآداب، جامعة الكويت، الحوليّة 12، الرسالة 74، 1992.

ـ أعراب، حبيب، «الحِجاج والاستدلال الحِجاجيّ: عناصر استقصاء نظريّ»، مجلـة عالم الفكر، المجلـس الوطني للثقافة والفنـون والآداب، الكويت، مجلد30، عدد1، 2001.

ـ الحويطـات، مفلح، «صراع الأنا والمكان في شـعر المتنبّي»، المجلة العربيّة للعلوم الإنسانيّة، مجلس النشر العلمي، جامعة الكويت، مجلد29، عدد116، 2011.

ـ الحويطات، مفلح، «الأنا والآخر في شـعر المتنبّي: دراسة في إشكاليّة الظاهرة وتجلياتها»، المجلة العربيّة للعلوم الإنسانيّة، مجلس النشر العلمي، جامعة الكويت، مجلد33، عدد131، 2015.

ـ الخطيـب، حسـام، «الأدب والفكـر وما بينهمـا»، مجلة عالم الفكـر، المجلس الوطني للثقافة والفنون والآداب، الكويت، مجلد24، عدد4، 1996.

ـ خليـف، يوسـف، «مطالع الكافوريّـات، وكيف تصوّر نفسـيّة المتنبّي»، مجلّة المجلّة، القاهرة، السنة2، عدد16، إبريل، 1958.

ـ الدريدي، سامية، «الحجاج في هاشميّات الكميت»، حوليّات الجامعة التونسيّة، تونس، عدد40، 1996.

ـ الرباعـي، عبـد القادر، «الطّير والمعتقد في الشّـعر الجاهليّ»، المجلة العربية للعلوم الإنسانيّة، مجلس النشر العلمي، جامعة الكويت، مجلد8، عدد29، 1988.

ـ الربيعـي، محمـود، «مداخل نقديّة معاصرة إلى دراسـة النّصّ الأدبيّ»، مجلة عالم الفكر، المجلس الوطنيّ للثقافة والفنون والآداب، الكويت، مجلد23، عدد1+2، 1994.

ـ روسان، زاهد، «فكرة الصّداقة بين أرسطو وأبي حيّان التوحيدي»، مجلة كليّة الإنسانيّات والعلوم الاجتماعيّة، جامعة قطر، عدد 23، 2000.

ـ الصّادقي، فائقة، «الخيل ودلالتها في شـعر المتنبّي»، مجلة العلوم الإنسانيّة، جامعة البحرين، عدد 18+19، 2010.

ـ الطّيب بن علي بن عبد، «رسالة الطّيب بن علي بن عبد في الدّفاع عن الشّعر»، تحقيـق: زياد الزّعبـي، مجلة أبحاث اليرموك، جامعة اليرمـوك، إربد، مجلد10، عدد1، 1992.

ـ عبابنـة، يحيى، «التركيـب الانفعاليّ بين القواعـد النّحويّـة التركيبيّة والقيود الدّلاليّة: التّرخيـم أنموذجاً»، مجلة اتّحـاد الجامعات العربيّة لـلآداب، الجمعيّة العلميّة لكليّات الآداب، مجلد16، عدد1، 2019.

ـ عبد اللطيف، عماد، «إطار مقترح لتحليل الخطاب التراثيّ: تطبيقاً على خطب حادثة السّقيفة»، مجلة الخطاب، منشورات مخبر تحليل الخطاب، جامعة مولود معمري ـ تيزي وزو ـ المغرب، عدد14، 2013.

ـ عبداللطيف، عماد، «ماهيّة الشّعر ووظائفه وأدواته»: مراجعة نقديّة لدراسة «مفهوم الشّعر عند الشّعراء»، مجلة الذاكرة، مخبر التراث اللغوي والأدبي، الجزائر، عدد8، 2017.

ـ العراقي، عاطف، «مفهوم الإنسان عند أبي حيّان التوحيدي»، مجلة فصول، الهيئة المصريّة العامّة للكتاب، القاهرة، مجلد15، عدد1، 1996.

ـ العزاوي، نادية، «الماء في صور أبي تمّام الشّعريّة: دراسة وتحليل»، مجلة المورد، وزارة الإعلام العراقيّة، بغداد، مجلد29، عدد2، 2001.

ـ عليمات، يوسف محمود، «مفارقات الهامش: قراءة في نونيّة قريط بن أنيف»، المجلة العربيّة للعلوم الإنسانيّة، مجلس النشر العلمي، جامعة الكويت، مجلد34، عدد135، 2016.

ـ عياد، شكري، «صيغة التّفضيل في شعر المتنبّي»، مجلة الآداب، بيروت، عدد11، تشرين الثاني، 1977.

ـ عيد، محمد عبدالباسط، «مستويات الجِجاج في النّصّ الشّعري: قراءة في داليّة عمر بن أبي ربيعة»، المجلة العربيّة للعلوم الإنسانيّة، مجلس النشر العلمي، جامعة الكويت مجلد34، عدد135، 2016.

ـ قطّوس، بسّام، «المفارقة في متشائل إميل حبيبي: الوقائع الغريبة في اختفاء أبي النحس»، مجلة مؤتة للبحوث والدراسات، جامعة مؤتة، مجلد7، عدد1، 1992.

ـ مايكل، أندريه، «المتنبّي شاعر عربيّ»، ترجمة: خليل الخوري، مجلة الأقلام، بغداد، السنة 13، عدد4، كانون الثاني، 1978.

ـ مشبال، محمد، «بلاغة النصّ النثريّ العربيّ القديم: المبادئ والمكوّنات»، أنساق، جامعة قطر، مجلد1، عدد تجريبي، 2017.

ـ الموسى، نهاد، «الفتنة باللغة في خطاب محمود درويش»، مجلة العربي، وزارة الإعلام، الكويت، عدد650، 2013.

ـ الولي، محمد، «في خطابة أرسطو الباتوسيّة»، مجلة علامات، المغرب، عدد26، 2006.

ـ الولي، محمد، «مدخل إلى الحِجاج: أفلاطون وأرسطو وشايم بيرلمان»، مجلة عالــم الفكر، المجلس الوطنيّ للثقافة والفنــون والآداب، الكويت، مجلد40، عدد2، 2011.

ـ اليوسـف، يوسـف، «لماذا صمد المتنبِّي؟» مجلة المعرفة، دمشـق، السنة 17، عدد199، آب 1978.

خامساً: المواقع الإلكترونية:

ـ عـوض، ريتا، «الحرب فـي الزمنين التّاريخـيّ والشِّـعْريّ»، مجلة العربي، عـدد539، أكتوبـر، 2003، موقـع مجلـة العربـي الإلكترونـي: .http://www alarabimag.com/

ـ العدوانـي، معجـب، «جماليّـات النهايـات الإبداعيّة: مدخل نظـريّ»، جريدة الرياض، عدد 14808، 8 يناير، 2009، موقع جريدة الرياض الإلكتروني: //:http www.alriyadh.com/2009/01/08larticle400731.html

الفهرس